Martina Heßler / Günter Riederer (Hg.)
Autostädte im 20. Jahrhundert

Beiträge zur Stadtgeschichte
und Urbanisierungsforschung

----

herausgegeben von
Christoph Bernhardt (geschäftsführend)
Harald Bodenschatz
Christine Hannemann
Tilman Harlander
Wolfgang Kaschuba
Ruth-E. Mohrmann
Heinz Reif
Adelheid von Saldern
Dieter Schott
Clemens Zimmermann

Band 16

Martina Heßler / Günter Riederer (Hg.)

Autostädte im 20. Jahrhundert

Wachstums- und Schrumpfungsprozesse
in globaler Perspektive

 Franz Steiner Verlag

Gedruckt mit Mitteln der Stadt Wolfsburg

Umschlagabbildung: Schrägluftansicht auf das
Geschäftszentrum der Stadt Wolfsburg mit den
Kraftwerkstürmen des Volkswagenwerkes links
im Hintergrund, ca. 1970; Foto: Stadt Wolfsburg

Bibliografische Information der Deutschen
Nationalbibliothek:
Die Deutsche Nationalbibliothek verzeichnet diese
Publikation in der Deutschen Nationalbibliografie;
detaillierte bibliografische Daten sind im Internet über
<http://dnb.d-nb.de> abrufbar.

ISBN 978-3-515-10692-4 (Print)
ISBN 978-3-515-10771-6 (E-Book)

© Franz Steiner Verlag, Stuttgart 2014
Gedruckt auf säurefreiem, alterungsbeständigem Papier.
Druck: Laupp & Göbel GmbH, Nehren
Printed in Germany

INHALT

VON AUTOS UND IHREN STÄDTEN – EIN AUFRISS

Martina Heßler / Günter Riederer

Jede Woche publiziert das Magazin der Wochenzeitschrift DIE ZEIT eine so genannte „Deutschlandkarte". Sie visualisiert mehr oder weniger sinnvolle Statistiken, darunter beispielsweise Pendlerströme, die gefährlichsten Radwege oder die Häufigkeit von Vornamen. Im Juli 2012 erschien die hier abgebildete Karte „deutscher Autostädte". Dazu vermerkte die Redaktion:

> „Die Karte zieht einen Vergleich: Wo wurde welches Auto vor 30 Jahren hergestellt – und wo heute? Das Resultat: In jedem Ort, in dem damals an Karosserien geschweißt und geschraubt wurde, ist das auch heute noch so. Sogar in den Wartburg- und Trabant-Städten fanden sich Nachfolger. Es ist, als gäbe es Globalisierung und Krise gar nicht."[1]

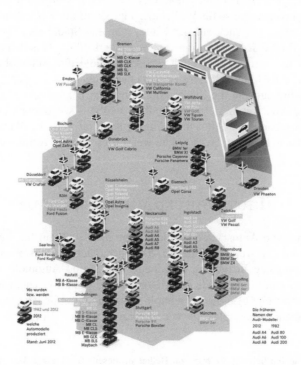

Abb 1: „Deutsche Autostädte". Quelle: ZEIT-Magazin, 5. Juli 2012, Nr. 28

---

1   ZEIT-Magazin, 5.7.2012, Nr. 28.

Tatsächlich verweist die Karte auf die Kontinuität der Standorte der Automobilindustrie, die beispielsweise auch das Ende der DDR überdauerten. Autostädte haben inzwischen eine Geschichte, die in einigen Fällen nun schon fast ein Jahrhundert währt. Gleichwohl zeigt der Blick auf die „Deutschlandkarte" auch, dass Globalisierung und Krise eben doch harte Realitäten für Autostädte darstellen. In Bochum, auf der Karte von 2012 noch zu sehen, wenngleich auch damals schon als Standort von Opel in Gefahr, wird das Werk 2014 geschlossen werden. Dieses und viele andere Beispiele zeigen, dass die Geschichte von Autostädten keine reine Erfolgsgeschichte, sondern vielmehr eine wechselvolle Geschichte ist. Oder genauer: Es ist eine Vielfalt von Geschichten, die über Autostädte zu erzählen sind.

Nimmt man noch einmal den Faden der „Deutschlandkarte" aus dem ZEIT-Magazin auf, so gerät der Begriff der „Autostadt" in den Blick. Die Karte macht es sich leicht: Sie benennt alle Standorte der Automobilproduktion als „Autostädte". Doch wer würde tatsächlich Osnabrück als „Autostadt" bezeichnen? Für wissenschaftliche Zwecke gilt es den Begriff näher zu bestimmen und zu differenzieren.[2] So wird im vorliegenden Band nicht jede Stadt, in der Automobilproduktion stattfindet, als Autostadt bezeichnet. Ein zentrales Kennzeichen ist vielmehr die Wahrnehmung, Repräsentationen und Identität der jeweiligen Stadt als „Autostadt", wie es beispielsweise für Wolfsburg oder Detroit unzweifelhaft der Fall ist. Weiterhin werden, wie auch auf der Karte, nur jene Städte als „Autostädte" bezeichnet, die Produktionsstätten der Automobilherstellung beherbergen. Gemeint ist also nicht die autogerechte Stadt, sondern Städte der Automobilproduktion. Dennoch geht die Geschichte von Autostädten nicht in einer Sozial- und Wirtschaftsgeschichte auf, die die Städte allein mit dem Blick auf soziale Strukturen und wirtschaftliche Kennziffern beschreiben wollte – wenngleich diese für ihre Geschichtsschreibung zweifellos unabdingbar sind, insofern die ökonomische Basis und die soziale Struktur dieser Städte wesentlich von der Autoindustrie geprägt sind.

I. AUTOSTÄDTE UND AUTOMOBILKULTUR

Die Geschichte von Autostädten ist nicht ohne den Blick auf die Bedeutung des Automobils und der Automobilität im 20. Jahrhundert zu verstehen. Rudi Volti hat auf die komplexe Beziehung zwischen Mensch und Automobil hingewiesen und dem Auto eine umfassende identitätsstiftende Funktion zugewiesen: „More than any other artifact of modern technology, the automobile has shaped our physical environment, social relations, economy and culture."[3] Im Kontext des Auto-

---

2   Vgl. dazu ausführlich den Beitrag von Heßler in diesem Band sowie *Martina Heßler*, Geschichte von Automobilstädten in globaler Perspektive: Plädoyer für eine global orientierte Zeitgeschichtsschreibung, in: Informationen zur modernen Stadtgeschichte, 2011, H. 1, S. 91–100.

3   *Rudi Volti*, Cars & Culture. The Life of a Technology, Baltimore 2004, Introduction.

mobils veränderte sich das Freizeit- und Einkaufsverhalten, angefangen von Drive-in-Restaurants, Auto-Kinos und Shopping-Malls über die Fahrt ins Grüne bis hin zu neuen Wohn- und Siedlungsformen, wie die seit den 1950er und 1960er Jahren in den USA und Europa um sich greifende Suburbanisierung.[4] John Urry sprach von einer „automobile culture": „the car [...] is a way of life and not just a transport system for getting from one place to another."[5] Begriffe wie „car culture"[6] „automobile age"[7] oder „auto mania"[8] signalisieren den hohen gesellschaftlichen Stellenwert des Autos und verweisen zugleich auf eine häufig zu findende emotionale Bindung an das Automobil. McCarthy sprach von einer „love affair"[9], Wolfgang Sachs von der Liebe zum Automobil.[10] Die Bedeutung des Autos als Statussymbol ist ein Aspekt, der in keiner Darstellung der Geschichte des Automobils fehlt. Das eigene Auto wurde zum Statussymbol und entwickelte sich beispielsweise in der jungen Bundesrepublik im Kontext des Wirtschaftswunders und des „Wir sind wieder wer" zur Chiffre für Modernität. Ein Auto zu besitzen galt in der zweiten Hälfte des 20. Jahrhunderts, wie auch kürzlich eine Studie über die Automobilisierung in Brasilien unterstrich, als Inbegriff von Fortschritt.[11] Das eigene Auto zeigt für alle sichtbar, dass man, wie McCarthy für die 1920er Jahre der USA betonte, zur „community of the successful" gehörte.[12]

Letzteres spielt zweifellos auch heute im Kontext der globalen Verbreitung des Autos eine wesentliche Rolle. Die Automobilisierung war bis in die 1960er Jahre ein Phänomen der westlichen Industrienationen. In Japan kam 1960 auf 240 Menschen ein Auto, in den späten 1960er Jahren besaß in der Sowjetunion einer von 200 Menschen ein Auto.[13] Bis 1972 wurden dort mehr LKW als Autos hergestellt.[14] Im Jahr 2007 wurde China der drittgrößte Automobilhersteller nach USA und Japan. Volti verglich die vor wenigen Jahren einsetzende Automobilisierung Chinas und Indiens mit der in Europa in den 1950er Jahren und fragte vor allem nach den Folgen hinsichtlich Klima und Unfalltoten.[15]

Die hohe, stetig zunehmende Automobilnutzung und die globale Verbreitung einer Automobilkultur führten dazu, dass sich die Städte weltweit veränderten. Das Auto bestimmte nach dem Zweiten Weltkrieg zunehmend den Städtebau. Un-

---

4 Vgl. z.B. *Kenneth T. Jackson*, Crabgrass Frontier: The Suburbanisation of the United States, New York 1985.
5 *John Urry*, Mobilities, Cambridge 2007, S. 115.
6 *James J. Flink*, The Car Culture, Cambridge 1975.
7 *James J. Flink,* The Automobile Age, Cambridge 1988.
8 *Tom McCarthy*, Auto Mania. Cars, Consumers, and the Environment, New Haven 2007.
9 Ebd., S. xiii.
10 *Wolfgang Sachs*, Die Liebe zum Automobil, Reinbek bei Hamburg, 1984.
11 *Joel Wolfe*, Autos and Progress: The Brazilian Search for Modernity, Oxford 2010.
12 *McCarthy*, Auto Mania, S. xvi
13 *Volti,* Cars & Culture, S. 130
14 Zu Osteuropa vgl. *Lewis H. Siegelbaum*, Cars for Comrades. The Life of the Soviet Automobile, Ithaca/London 2008; *ders.* (Hrsg.), The Socialist Car. Automobility in the Eastern Bloc, Ithaca/London 2011.
15 *Rudi Volti*, A Car for the Great Asian Multitude, in: Technology and Culture 49, 2008, H. 4, S. 995–1001; Zur ‚socialist car culture' vgl. *Siegelbaum*, Socialist Car.

ter dem Schlagwort von der Schaffung der „autogerechten Stadt" erfolgte deren zunehmend autogerechter Umbau. Tankstellen und Autohäuser, überbreite Straßen oder Stadtautobahnen waren Produkt einer zunehmend am Auto orientierten Stadtplanung, die die Städte nachhaltig veränderte.[16] Diese Automobilkultur wäre zukünftig genauer zu untersuchen, insbesondere in Städten, die Ort der Automobilproduktion sind, da anzunehmen ist, dass diese dort besonders ausgeprägt ist und Einfluss auf die Stadtentwicklung und die Identitätsbildung als Autostadt hat.[17]

II. ZUR LITERATURLAGE

Eigenartigerweise ist zu konstatieren, dass die Forschung zu Industriestädten im 19. und 20. Jahrhundert „Autostädte" noch nicht als eigenen Typus in den Blick genommen hat. Weder wurden bislang die Besonderheiten dieses Stadttypus analysiert, noch verschiedene Autostädte einem systematischen Vergleich unterzogen, noch ihre globalen, transnationalen Verflechtungen erforscht. Dies ist umso erstaunlicher, da es eine lange Tradition der Industriestadtforschung gibt, die sich mit Textilstädten, Montanstädten oder Chemiestädten beschäftigt hat. Dass Autostädte bislang nicht in vergleichbarer Weise betrachtet wurden, mag an der Orientierung der Industriestadtforschung an Städten liegen, die im 18. und 19. Jahrhundert im Kontext der Industrialisierung entstanden. Autostädte sind dagegen Städte des 20. und 21. Jahrhunderts.[18]

Gleichwohl waren einzelne Autostädte wie beispielsweise Detroit oder Wolfsburg bereits vielfach Thema der Forschung. Wolfsburg stellt dabei als eine der wenigen Stadtneugründungen im 20. Jahrhundert unter den deutschen Autostädten einen Sonderfall dar. Die Stadt wurde im Jahr 1938 als „nationalsozialistische Mustergemeinde"[19] gegründet und erlebte nach 1945 ein enormes Wachstum, dass sie zum Symbol des bundesdeutschen Wirtschaftswunders werden ließ. Diese Wandlung war zum einen Thema von Publikationen, die sich mit der Stadtplanung und den verschiedenen städte-baulichen Leitbildern, die sich im Wolfsburger Stadtbild ablesen lassen, beschäftigten.[20] Wesentlich ungewöhnlicher ist

---

16   Vgl. z.B. *Barbara Schmucki*, Der Traum vom Verkehrsfluß. Städtische Verkehrsplanung seit 1945 im deutsch-deutschen Vergleich, Frankfurt/Main 2001; jüngst der Ausstellungskatalog des Hamburger Museums für Arbeit: *Sven Bardua/Gert Kähler*, Die Stadt und das Auto. Wie der Verkehr Hamburg veränderte, München/Hamburg 2012. Für die Sowjetunion vgl. *Elke Beyer*, Planning for Mobility: Designing City Centers and New Towns in the USSR and the GDR in the 1960s, in: *Siegelbaum*, Socialist Car, S. 71–91.

17   Vgl. den Beitrag von *Heßler* in diesem Band.

18   Vgl. ausführlich hierzu ebd.

19   *Marie-Luise Recker*, Die Großstadt als Wohn- und Lebensbereich im Nationalsozialismus. Zur Gründung der „Stadt des KdF-Wagens", Frankfurt am Main 1981.

20   Vgl. z.B. *Dietrich Kautt*, Wolfsburg im Wandel, Wolfsburg 1983; *ders.*, Stadtentwicklung in der Polarität städtebaulicher Leitbilder: Das Beispiel Wolfsburg, in: Die Alte Stadt, 15, 1988, H. 2, S. 155–171. *Christian Schneider*, Stadtgründungen im Dritten Reich. Wolfsburg und Salzgitter, München 1979.

zum anderen aber die Tatsache, dass die Stadt seit dem Ende der 1950er Jahre Gegenstand soziologischer Begleituntersuchungen war, die in ihrer Kontinuität über nun 50 Jahre einzigartig sein dürften und für die Geschichtswissenschaft wiederum bereits wertvolles Quellenmaterial darstellen.[21]

Auf internationaler Ebene ist die Forschungslage übersichtlich: Für Detroit existieren einige Überblicksdarstellungen,[22] mehrere wichtige Studien, die aus politikwissenschaftlicher Perspektive Fragen nach dem „urban regime" in Detroit oder der „governance" stellen[23] sowie Publikationen zum Niedergang, von denen die Studie von Thomas Sugrue als herausragend bezeichnet werden kann.[24] Weiter liegen Forschungen zu Birmingham vor, insbesondere im Kontext von Revitalisierungsstrategien, allerdings selten explizit unter dem Label der „Autostadt".[25] Restrukturierungskonzepte in Turin waren Teil einer vergleichenden Studie zu Städten im Strukturwandel.[26] Die sowjetische Stadt Toljatti wiederum geriet jüngst in der umfassenden Studie von Lewis Siegelbaum mit dem Titel „Cars for Comrades" in den Blick.[27] Siegelbaum lieferte damit eine wichtige Pionierarbeit, da auch sozialistische Autostädte bislang nicht Thema der Forschung waren. Er widmet sich der im Vergleich zu westlichen Staaten späten Automobilisierung der Sowjetunion und dabei auch den Orten der Autoproduktion. Toljattis Aufstieg als Stadt der Autoproduktion seit den 1970er Jahren hing mit einem spektakulären Technologieimport von Fiat zusammen, den Siegelbaum als „deal of the century" bezeichnet. Die Stadt beschreibt er, vor allem nach 1989, als eng an das Werk ge-

---

21 *Hermann Hilterscheid*, Industrie und Gemeinde. Die Beziehung zwischen der Stadt Wolfsburg und dem Volkswagenwerk und ihre Auswirkungen auf die kommunale Selbstverwaltung, Berlin 1977; *Ulfert Herlyn* u. a., Stadt im Wandel. Eine Wiederholungsuntersuchung der Stadt Wolfsburg nach 20 Jahren, Frankfurt 1982; *Annette Harth* u.a., Wolfsburg: Stadt am Wendepunkt. Eine dritte soziologische Untersuchung, Opladen 2000; *Ulfert Herlyn/Wolf Tessin*, Faszination Wolfsburg 1939-2000, Opladen 2000; *Annette Harth* u.a., Stadt als Erlebnis: Wolfsburg. Zur stadtkulturellen Bedeutung von Großprojekten, Wiesbaden 2010.

22 *David Lee Poremba*, Detroit in its World Settings: A three Hundred Year Chronology, 1701-2001, Detroit 2001; *ders.*, A Motor City History, Charleston u.a. 2001; *ders.*, Detroit: 1930-1969, Charleston 2003.

23 *Alan DiGaetano/John S. Klemanski*, Urban Regime Capacity: A Comparison of Birmingham, England, and Detroit, Michigan, in: Journal of Urban Affairs, 15, 1993, S. 367–384; *Alan DiGaetono*, Urban Governance and Industrial Decline: Governing Structures and Policy Agendas in Birmingham and Sheffield, England, and Detroit, Michigan, 1980-1997, in: Urban Affairs Review, 34, 1999, S. 546–577; *Joe T. Darden* u.a, Detroit: Race and uneven development, Philadelphia 1987.

24 *Thomas J. Sugrue*, The Origins of the Urban Crisis, Princeton 1995.

25 Vgl. z.B. *Harald Bodenschatz*, Urban Renaissance in Birmingham und Manchester, in: *ders./Ulrike Laible* (Hrsg.), Großstädte von morgen. Internationale Strategien des Stadtumbaus, Berlin 2008, S. 44–65; *Andrew Beer/Holli Evans*, The Impacts of Automotive Plant Closure. A Tale of Two Cities, London/New York 2010.

26 Vgl. *Anne Power/Jörg Plöger/Astrid Winkler*, Phoenix Cities. The fall and rise of great industrial cities, Bristol 2010.

27 *Lewis H. Siegelbaum*, Cars for Comrades. The Life of the Soviet Automobile, Ithaca/New York 2008.

koppelt. Es gäbe wenig in Toljatti, was nicht mit dem Werk in Verbindung ste-
he.[28] Wissen wir somit ansatzweise etwas über die Geschichte sowjetischer Autostädte, so wurden asiatische Städte bislang ebenso wenig erforscht wie skandina-
vische.[29]

Auffällig ist, dass die bestehenden Studien zu einzelnen Autostädten wenig
gemeinsame Perspektiven aufweisen; vielmehr sind die Fragestellungen aus der
jeweiligen spezifischen Situation der Stadt heraus formuliert. Dies bringt zweifellos wichtige Erkenntnisse für deren jeweilige Geschichte. Allerdings birgt dies
über die Geschichten einzelner Städte hinaus Potentiale für die Industriestadtforschung, die aus einer systematischen Erforschung von Autostädten erfolgen könnten und die noch nicht ausgeschöpft wurden.[30] Dazu gehören zweifellos eine globale Perspektive sowie die Frage nach den Spezifika der jeweiligen Branche und
deren Auswirkungen auf die Stadt.[31]

Der vorliegende Band will in dieser Hinsicht Anstöße geben, stellt aber angesichts der Komplexität der Thematik nur einen Anfang dar. Allein die Auswahl
der Städte muss in einem Sammelband beschränkt bleiben. Weitere Restriktionen
in der Auswahl der behandelten Städte ergeben sich durch die Forschungslage.
Gleichwohl bemüht sich der Band um eine internationale Perspektive. Die behandelten Städte umfassen sozialistische Städte wie Eisenach, Naberežnye Čelny und
das chinesische Changchun, die beiden US-amerikanischen Städte Flint und Detroit, die französische Autostadt Boulogne-Billancourt, das britische Birmingham
sowie die bundesrepublikanischen Städte Ingolstadt, Rüsselsheim und Wolfsburg.
Aus internationaler Perspektive sind Autostädte damit keineswegs umfassend repräsentiert. Bislang fehlen beispielsweise Forschungen zu skandinavischen oder
weiteren osteuropäischen, nicht sowjetischen Städten, die japanische „Toyota-
Stadt" ist lediglich in ersten Anfängen untersucht;[32] auch zu Turin gibt es kaum
Literatur, die die Stadt als Autostadt beschreiben würde.

In diesem Band sind Autostädte verschiedener Größe Thema: Dazu gehören –
wie Clemens Zimmermann in seinem Beitrag zeigt – kleinere Städte wie Rüsselsheim, das in einer dynamischen Metropolregion liegt und einem harten innerregi-
onalen Wettbewerb ausgesetzt ist. Zwei Beiträge widmen sich mittleren Städten
wie Wolfsburg und Ingolstadt, die beide in einem eher ländlichen, strukturschwachen Gebiet liegen. Ein Aufsatz analysiert eine „echte" Großstadt wie das in

---

28 Ebd., S. 122; vgl. auch die Dissertation von *Esther Meier*, Massenmobilisierung in der Ära
Brežnev? Das Großprojekt KamAZ/Naberežnye Čelny (noch unveröffentlicht) sowie ihren
Beitrag in diesem Band.

29 Vgl. zu Changchun in diesem Band den Beitrag von *Stein* sowie *Susanne Stein*, „Ein Wald
rauchender Fabrikschornsteine". Rückblicke auf die chinesische „Produktionsstadt" der
1950er Jahre, in: Informationen zur modernen Stadtgeschichte, 2012, H. 1, S. 69–86; für
Toyota-Stadt siehe *Katja Schmidtpott*, Neue Perspektiven der historischen Industriestadtforschung in Japan, in: Informationen zur modernen Stadtgeschichte, 2012, H. 1, S. 87–103.

30 Zum Stand der neueren Industriestadtforschung vgl. *Martina Heßler/Clemens Zimmermann*,
Perspektiven historischer Industriestadtforschung. Neubetrachtungen eines etablierten Forschungsfeldes, in: Archiv für Sozialgeschichte 51, 2011, S, 661–694.

31 Vgl. dazu den Beitrag von *Heßler* in diesem Band.

32 Vgl. *Schmidtpott*, Neue Perspektiven.

jüngster Zeit im Zusammenhang mit den „schrumpfenden Städten" stets zitierte Detroit. Auffällig ist, dass, soweit diese ersten Ergebnisse Schlussfolgerungen zulassen, die Größe der Stadt kaum Auswirkungen auf den Grad der strukturellen Verflechtungen mit der Automobilindustrie, die Frage der Identität oder der wirtschaftlichen Situation hat. Wichtiger ist dagegen, dass es sich bei den meisten der Städte, die hier in den Blick geraten, um monoindustrielle Städte handelt, deren Prägung durch und Verflechtung mit der Autoindustrie hoch ist.

Der Band verbindet mit den verschiedenen Beiträgen folgende vier Fragestellungen: das Verhältnis von Werk und Stadt, die Frage nach der Gründung und Etablierung von Autostädten, das Problem der Schrumpfungs- und Transformationsprozesse sowie die Frage nach der Zukunft von Autostädten. Insgesamt ist der Band interdisziplinär angelegt, indem er historische, wirtschaftsgeographische und soziologische Beiträge vereint.

III. ZUM VERHÄLTNIS VON WERK UND STADT

Das Verhältnis von Werk und Stadt stellt eine klassische Fragestellung der Industriestadtforschung dar, die bereits vielfach behandelt wurde und die auch für die Geschichte von Autostädten zentral ist.[33] Die Beiträge des Bandes zeigen auffällige Ähnlichkeiten im Verhältnis von Werk und Stadt, die auch für andere Industriestädte zu beobachten sind, so zum Beispiel die strukturelle Verflechtung, die sich vor allem in Krisenzeiten der Automobilindustrie als problematisch offenbart und die Städte in erhebliche finanzielle Schwierigkeiten bringt. Die strukturelle Verflechtung zeigt sich aber auch anhand verschiedener kommunaler Politikfelder, wie beispielsweise Tessin für Wolfsburg, Zimmermann für Rüsselsheim und Schlemmer für Ingolstadt zeigen. Auch Bernhardt und Engler betonen die sozialpolitischen Interventionen des Automobilwerks im sozialistischen Eisenach. Sie sprechen von einer „Verbetrieblichung der Stadt" sowie von einer „fordistischen Politik im 20. Jahrhundert unter sozialistischen Vorzeichen".[34]

Es geraten aber auch wichtige Unterschiede in den Blick. So ist in Rüsselsheim eine weitaus weniger enge Bindung des Werks an die Stadt zu beobachten

---

33 Vgl. *Heßler/Zimmermann*, Perspektiven.
34 Dies verweist auf die Diskussion um die „fordistische Stadt" und ihre Bedeutung im 20. Jahrhundert. Dies birgt wichtige neue Perspektiven für die Industriestadtforschung. Vgl. dazu den jüngst erschienen Aufsatz von *Adelheid von Saldern*, Fordist Elements of the Industrial City in Germany and the United States, in: *Clemens Zimmermann* (Hrsg.), Industrial Cities. History and Future, Frankfurt/New York 2013, S. 213–234. Im vorliegenden Band verweisen verschiedene Autoren auf die Bedeutung des Fordismus als Gesellschaftssystem, ohne allerdings die Frage nach einer fordistischen Stadt explizit aufzunehmen. So spricht Clemens Zimmermann für Rüsselsheim von einem „als „fordistisch" zu charakterisierenden Stadtentwicklungsregime" in Rüsselsheim und den Schwierigkeiten der Stadtregierung und der Bevölkerung, sich von diesem zu verabschieden. Anne Volkmann und Uwe-Jens Walther erwähnen den „sozialregulativen Kern des Fordismus", der die Stadt Flint prägte. Sie sehen Flint als ein Beispiel dafür, „wie umfassend das Prinzip des Fordismus nicht nur ökonomisch und gesellschaftspolitisch, sondern auch kulturell wirksam war und bis heute nachwirkt".

als in Wolfsburg, was nahe liegender Weise damit zusammenhängt, dass Rüsselsheim anders als Wolfsburg nicht die Konzernzentrale beheimatet. Über die Beschreibung der Abhängigkeiten der Stadt von der Automobilindustrie hinaus wären zukünftig die Akteurskonstellationen in den Städten genauer zu beschreiben.
Insbesondere wäre zu fragen, inwieweit die in der Forschung zumeist betonte ein-
seitige Abhängigkeit der Stadt von der Autoindustrie eine adäquate Beschreibung
darstellt oder ob dieses Verhältnis nicht komplexer ist. Tessin schildert beispielsweise drei Phasen des Verhältnisses von Stadtpolitik und Unternehmen, wobei er
die letzte Phase seit 1999 mit der Gründung einer public-private-partnership als
Phase „grundlegender Veränderung" bezeichnet.[35] Gerade diese Phase, die keineswegs konflikt- und machtfrei ablief, wirft die Frage auf, inwieweit das Verhältnis Werk und Stadt viel stärker als ein wechselseitiges zu beschreiben ist, in
dem auch das Unternehmen gleichermaßen auf die Kooperation städtischer Akteure angewiesen ist. Des Weiteren müsste die stark auf das Verhältnis Werk und
Stadt konzentrierte Forschung mit dem Blick auf weitere Akteure, seien es Gewerkschaften, politische Opposition, vor allem aber auch die Bürger oder, wie der
Beitrag von Bailey zeigt, die Einflüsse nationaler Akteure, erweitert werden.

IV. GRÜNDUNG, ETABLIERUNG UND ENTWICKLUNG VON AUTOMOBILSTÄDTEN

Auch wenn alle im Band behandelten Städte heute als Autostädte wahrgenommen
werden und sich selbst als solche bezeichnen, so war diese Identität nicht immer
von Anfang an gegeben. In einigen Städten wuchs sie langsam über die Jahre. Die
wenigsten Städte waren, wie beispielsweise Wolfsburg, eine Stadtneugründung
zum Zweck der Automobilproduktion. Wolfsburg als Neugründung während des
Nationalsozialismus stellt eine extreme Variante dar; aber auch für die von Esther
Meier behandelte Stadt Naberežnye Čelny war die Gründung des Lastwagenwerks
KamAZ das Motiv der Stadtgründung auf „freiem Feld". Die in den 1970er Jahren errichtete Stadt galt, ähnlich wie Wolfsburg, als „Stadt der Zukunft". Mit den
beiden Zwillingsstädten Toljatti und Naberežnye Čelny entstanden in der Sowjetunion zwei Autostädte neu, während zur gleichen Zeit im Westen Autostädte mit
Krisen und Schrumpfungsprozessen konfrontiert waren.

  Die meisten Städte, die uns heute als Autostädte bekannt sind, bestanden aber
bereits, bevor sich die Autoindustrie ansiedelte. Von den im Band behandelten
sind das Rüsselheim, Ingolstadt, Eisenach, Birmingham, Detroit, Flint, Bou-
lougne-Billancourt und Changchun. Bernhardt und Engler betonen, dass Eisenach,
im Unterschied zu anderen sozialistischen Autostädten, „eine altindustrielle Autostadt" sei. Interessant ist hier vor allem, wie sich die moderne Identität als Autostadt mit der historischen Tradition der Stadt, also mit dem Kulturerbe Wartburg,
Luther und Bach verbindet. Eisenach ist damit ein Beispiel für eine Autostadt, die
verschiedene Identitäten hat. Stein zeigt in ihrem Beitrag wiederum, wie die

---

[35] Vgl. Tessin in diesem Band.

„Neukodierung Changchuns als sozialistische Industrie- und Autostadt" zu Beginn der 1950er Jahre mit der Ansiedlung eines Automobilwerks einherging. Nicht immer verlief der Prozess aber so unproblematisch. Loubet beispielsweise analysiert in seinem Beitrag am Beispiel von Boulogne-Billancourt die schwierigen Beziehungen zwischen der Stadt und dem Peugeot-Werk. Für die Kommune brachte die Automobilproduktion nicht nur positive Entwicklungen, sondern führte zu zahlreichen Spannungen: Loubet verweist in diesem Zusammenhang beispielsweise auf die Probleme des Wohnungsmarkts, auf den zunehmenden Verkehr oder Umweltbelastungen. Eine Identität als „Autostadt" konnte sich auch wegen der unmittelbaren Nähe zur Hauptstadt Paris nur zögerlich entwickeln. Viele, darunter vor allem die auswärtigen Beobachter, nehmen Boulogne-Billancourt gar nicht als „Autostadt" war. Auch in Ingolstadt bildete sich die Identität als Autostadt erst langsam heraus. Wie Thomas Schlemmer in seinem Beitrag betont, blieben sich Stadt und Automobilwerk in den ersten beiden Jahrzehnten ihrer Entwicklung fremd. Die Auto-Union siedelte sich zwar nach dem Zweiten Weltkrieg in Ingolstadt an, doch fehlte dort eine industrielle Tradition genauso wie Arbeitskräfte, die vom Land rekrutiert werden mussten. Dies habe, so Schlemmer, zu einer Distanz zwischen Stadt und Werk geführt. Erst in den 1970er Jahren habe sich eine Identität als Autostadt ausgebildet.

V. SCHRUMPFUNGS- UND TRANSFORMATIONSPROZESSE

Industriestädte werden derzeit vor allem mit Schrumpfungsprozessen assoziiert. Sie scheinen ein historisches Phänomen geworden zu sein und gelten – zumindest in der westlichen Welt – als ein Stadttypus, der langsam verschwindet. Inbegriff dieses mit dem Schlagwort des *„urban decline"* bezeichneten Prozesses ist Detroit, eine Autostadt, deren einstige Vorbildfunktion längst verloren gegangen ist. Und tatsächlich waren und sind einige Autostädte, vor allem britische und US-amerikanische, mit dramatischen Prozessen der Schrumpfung, der Krise und des Niedergangs konfrontiert. Krisen der Autoindustrie im Kontext des globalen Wettbewerbs ließen die Finanzbasis der Städte wegbrechen. Im Falle Detroits hatte der Niedergang, wie Sugrue aufzeigte, bereits in den 1950er Jahren mit der Abwanderung von Automobilfabriken in das Umland von Detroit und der Automatisierung der Fertigungsprozesse begonnen.[36] Die Rassenunruhen, insbesondere der *riot* 1967, führten zu einer Flucht der weißen Bevölkerung in die suburbs. Weitere Krisen der Automobilindustrie folgten, bis hin zum Bankrott von Chrysler und GM im Jahr 2007 und der Insolvenz der Stadt im Jahr 2013. Im vorliegenden Band gerät Detroit allerdings nicht als das „klassische" Symbol für den Niedergang von Autostädten in den Blick, sondern die unweit von Detroit gelegene Autostadt Flint. Anne Volkmann und Uwe-Jens Walther beschreiben, wie Flint mit der Automobilindustrie aufstieg, Wohlstand und Wachstum genoss und schließlich seit den 1970er Jahren mit der zunehmenden Automatisierung und der

---

36 Vgl. *Sugrue*, Origins.

Verlegung der Produktion in das Ausland einem spektakulären Niedergang ausgesetzt war. Im Beitrag über Flint wird vor allem die anhaltende Wachstumsorientierung der städtischen Akteure deutlich, die erst sehr spät einen Masterplan für die schrumpfende Stadt entwarfen, und auch dies teils nur halbherzig. Ähnlich deutet auch Zimmermann späte Versuche der Neuorientierung in Rüsselsheim an. Hier wurde erst im Jahr 2000 ein neues Leitbild, nämlich das der Wissenschaftsstadt, entworfen.

Während die Forschung zu schrumpfenden Städten häufig die Bemühungen um den Strukturwandel der Städte untersucht, also die Strategien der Neuorientierung und Transformation, die üblicherweise in Versuchen der Eventisierung, Festivalisierung der Stadt bzw., wie auch am Beispiel Rüsselsheim zu sehen, der Umorientierung hin zu einer Wissenschaftsstadt bestehen,[37] geraten Fragen nach den sozialen Auswirkungen oder insbesondere nach den Bevölkerungsgruppen, die nicht von der *urban renaissance* profitieren, viel zu selten in den Blick. Häufig sind es Migrantengruppen und schlecht qualifizierte Arbeitskräfte, die nicht von städtischen Revitalisierungsbemühungen profitieren. Alltagsgeschichtliche Studien, die diese Prozesse in den Blick nehmen, fehlen bislang gänzlich. Mit den unterschiedlichen Wirkungen von Restrukturierungsmaßnahmen auf regionaler und lokaler Ebene in Birmingham beschäftigen sich Bailey, Bentley, de Ruyter, Hall und MacNeill. Sie fragen nach den sozialen und ökonomischen Auswirkungen von Werksschließungen, hier konkret der Werksschließung von MG Rover in Longbridge. Sie untersuchen insbesondere die Reaktionen von politischer Seite und machen deutlich, dass regional erfolgreiche Initiativen Probleme auf lokaler Ebene nicht gleichermaßen lösen können.

VI. ZUKUNFT

Detroit gilt, wie oben schon erwähnt, als Inbegriff des „urban decline", als Schreckgespenst städtischer Negativentwicklungen. Tituliert als „murder town" – in Anspielung auf die mit Wohlstand konnotierte „motor town" –, konfrontiert mit Leerstand, urbanen Brachen, fehlendem Geld selbst für elementare Infrastrukturen, wurde Detroit inzwischen sogar zum Ziel von „Katastrophentouristen". Bildbände dokumentierten den Niedergang der Stadt, die Rede ist vom „Ruin Porn", der den Verfall in ästhetisch schöne Bilder umsetzt. Der amerikanische Literaturwissenschaftler John Patrick Leary hat dieses Phänomen unter dem Schlagwort des „Detroitism" kürzlich genauer untersucht.[38] In einem Essay, der diesen Band abschließt, entwirft der Detroiter Journalist John Gallagher ein anderes Bild von Detroit. Er zeichnet eine positive Zukunft, konzipiert Detroit als Modell des 21. Jahrhunderts. Denn anstatt auf den Zerfall zu schauen, auf die Krisen,

---

37 Hierzu die vergleichenden Arbeiten von *Power, Plöger, Winkler*, Phoenix Cities.
38 *John Patrick Leary*, Detroitism. What does „ruin porn" tell us about the motor city, ourselves, other American cities? in: Guernica. A magazine of art and politics, online zugänglich unter: http://www.guernicamag.com/features/leary_1_15_11/ [zuletzt aufgerufen am 14.02.2014]

Probleme und den Niedergang, betont er das, was sich neu bildet in Detroit, was aus Leerstand und Ruinen erwächst und was ihm als eine hoffnungsvolle, lebenswerte Zukunft jenseits der Autostadt erscheint. Detroit werde auf diese Weise zum Experimentierfeld für neue Ideen der Stadtentwicklung. Gallagher sieht vor allem das mittlerweile populäre „urban gardening" in Detroit als Basis einer nachhaltigen, grünen Stadt: „Detroit can grow into the greenest, most environmentally sustainably city in the world." Gleichfalls betont er neue Formen der Selbstorganisation, die teils an Postwachstumskonzepte erinnern. Vor allem mit seinen Fotografien zeigt er ein anderes Detroit – ein Detroit von Künstlern, Menschen auf Farmen, neuen Fahrradwegen, renaturierten Flüssen.

Die Tagung zu Autostädten, aus der dieser Sammelband hervorgeht, endete mit einer Podiumsdiskussion, an der John Gallagher, Stadtbaurätin Monika Thomas aus Wolfsburg, Kurt Röder, der Leiter der Wirtschaftsförderung und Stadtentwicklung in Rüsselsheim sowie Julius von Ingelheim, der Vorstandsvorsitzende der Wolfsburg AG, teilnahmen. Die letzte Frage war die nach der Zukunft von Autostädten, nach einer Vision, die die Vertreter der Städte für ihre Stadt in 50 Jahren hatten. Einig waren sich alle, dass die industrielle Autostadt im heutigen Sinne so nicht mehr existieren werde. Einig waren sich aber alle auch darin, dass ihre Städte in 50 Jahren gut dastehen werden. Alle glaubten zudem, dass sie weiterhin „Autostädte" sein würden, wenn auch in anderer Weise, mit neuen Mobilitätskonzepten und einer diversifizierten Wirtschaftsstruktur. Nur einer glaubte nicht mehr an die Autostadt. John Gallagher überlegte vielmehr, ob Autostädte dann nicht gänzlich der Vergangenheit angehören würden, so wie wir es von vielen Industriestädten in der westlichen Welt derzeit glauben. Trotzdem war er sich sicher: Detroit werde weiter bestehen und: „Detroit will be a better place."

AUTOMOBILSTÄDTE UND IHRE GESCHICHTE(N) – PERSPEKTIVEN UND LEITFRAGEN DER FORSCHUNG

Martina Heßler

I. EINLEITUNG

„Automotive cities are like movie stars. The better you get to know them, the more you will be disappointed."[1] Dieses auf den ersten Blick merkwürdig erscheinende Zitat eines Detroiter Journalisten erklärt sich leicht mit dem Blick auf die Geschichte westlicher Autostädte. Denn sie waren innerhalb der nationalen Städtesysteme tatsächlich so etwas wie „Stars": Detroit als Boomtown der Vereinigten Staaten, Wolfsburg als Wirtschaftswunderstadt der Bundesrepublik, Turin als Stadt Fiats – diese Städte standen insbesondere in den 1950er und 1960er Jahren für Wachstum, Wohlstand und Modernität. Spätestens seit den 1970er Jahren sind sie jedoch – und weitere Autostädte mit gleichem Schicksal ließen sich nennen – Krisen ausgesetzt, stehen vor den Herausforderungen eines Strukturwandels oder sind gar, wie Detroit, inzwischen zum Inbegriff des „urban decline" geworden. Im Laufe ihrer Geschichte erwiesen sich einige frühere „Stars", wie eben auch so mancher „movie star", mithin als krisengeschüttelte, mit Problemen und Niedergang konfrontierte Phänomene.

Autostädte scheinen sich somit kaum von anderen westlichen Industriestädten zu unterscheiden, die seit den 1970er Jahren von teils dramatischem Niedergang gekennzeichnet sind. Die Industriestadtforschung, insbesondere die soziologische, hat sich daher in jüngster Zeit vor allem mit Schrumpfungs- und Transformationsprozessen beschäftigt, während sich die historische Industriestadtforschung lange Zeit vor allem der Entstehung, Gründung und dem Aufstieg der westlichen Industriestädte im 19. und im frühen 20. Jahrhundert gewidmet hatte.[2] Damit entstand tendenziell das Bild vom Aufstieg und Niedergang westlicher Industriestädte.

---

1 So der Detroiter Journalist *John Gallagher* auf der Tagung „Autostädte. Wachstums- und Schrumpfungsprozesse in globaler Perspektive" am 27.–29.06.2012 in Wolfsburg.

2 Vgl. dazu genauer *Heinz Reif*, Städte und Städteagglomerationen der Montanindustrie in Deutschland, 1850–1914, in: Informationen zur modernen Stadtgeschichte 2012, H. 1, S. 15–28. Sofern Industriestädte des 20. Jahrhunderts erforscht wurden, gerieten häufig Planstädte in den Fokus der Forschung. Ausführlich zum Stand der Industriestadtforschung: *Martina Heßler/Clemens Zimmermann*, Perspektiven historischer Industriestadtforschung. Neubetrachtungen eines etablierten Forschungsfeldes, in: Archiv für Sozialgeschichte 51, 2011, S. 661–694.

Indem im Folgenden Autostädte als spezieller Typus von Industriestädten in den Blick genommen werden, sollen für die zukünftige Industriestadtforschung neue Perspektiven eröffnet werden. Es geht darum, die „black box" der Industrie, mithin ihre spezifische Qualifikationsstruktur, ihre Produktionsmethoden, ihre Raumstruktur und ihrer Konjunkturen und Krisen, samt ihrer globalen Verflechtungen sowie ihre spezifischen städtischen Akteurskonstellationen im Hinblick auf ihre Bedeutung für die Geschichte von Industriestädten in den Blick zu nehmen. Das Plädoyer ist daher, den Fokus stärker auf die Industrie und ihre Spezifika und deren Auswirkungen für die Städte zu richten. Tenfelde hatte bereits im Jahr 2001 darauf hingewiesen, dass man Industriestädte „nach Art der dominierenden Industrie"[3] unterscheiden könne. Allerdings ging es ihm weniger um die Untersuchung der Unterschiede der einzelnen Branchen und deren Auswirkungen auf die Städte. Vielmehr diagnostizierte er einen zeitlichen Wandel der Abfolge bestimmter Industriestadttypen. So hätten in der Frühphase der Industrialisierung Textilstädte den Typus der Industriestädte dominiert, „gefolgt von dem besonders ausgeprägten Typus der montanindustriellen Großstadt", während, so Tenfelde weiter, „spätere, industriebezogene Stadttypen eine deutlich geringere Branchenprägung aufwiesen". Dazu zählt er Chemie-, Hafen- und Autostädte. Dagegen sah er die Montanindustrie als „später nie wieder erreichten Höhepunkt an Homogenisierung und industrieabhängigem Stadtwachstum"[4]. Der Blick auf Autostädte zeigt allerdings gleichfalls eine erstaunliche Homogenisierung in diesen Städten sowie industrieabhängiges Stadtwachstum, wie auch in diesem Band mehrfach zu sehen ist.

Was aber meint der Terminus Autostadt nun genau? Im Folgenden sollen am Beispiel von „Autostädten" Argumente entwickelt werden, die zeigen, dass der Blick auf die jeweilige Industrie neue Fragen für die Industriestadtforschung generiert und wichtige Erkenntnisse hervorbringen kann. Viele dieser Fragen und Erkenntnisse sind zweifellos für verschiedene Industriestadttypen von hoher Relevanz, nicht nur für Autostädte. Es geht also nicht darum, die vielen Gemeinsamkeiten von Industriestädten zu verneinen. Jedoch, so die These, differenziert der Blick auf die jeweilige Industrie und ihre Besonderheiten, die bisherigen Forschungen zur Industriestadt und sensibilisiert für die unterschiedlichen Geschichten von Industriestädten.

II. AUTOMOBILSTÄDTE ALS ORT DER AUTOINDUSTRIE

Autostädte sind zum ersten Orte der Autoindustrie. Im Unterschied zu anderen Industriestädten wie „Stahlstädten" oder „Bergbaustädten", sind Autostädte Städte des 20. und des 21. Jahrhunderts. In Bochum war beispielsweise die Ansiedlung der Autoindustrie, hier Opel, in den 1960er Jahren Teil eines ökonomischen Re-

---

3   *Klaus Tenfelde*, Strukturwandel in altindustriellen Städten, in: Jahrbuch für Wirtschaftsgeschichte, 2001, H. 2, S. 9–12, hier S. 10.
4   Ebd.

strukturierungsprozesses, um den Niedergang des Bergbaus und der Stahlproduktion zu kompensieren und die Strukturkrise abzumildern. Die Ironie der Geschichte will es, dass nun auch das Opelwerk geschlossen wird und der einstige Hoffnungsträger erneut städtische Probleme mitbedingt.

Viele Autostädte, wenngleich nicht alle, sind monoindustrielle Städte. In diesen stellt die Autoindustrie *den* zentralen Faktor der wirtschaftlichen und sozialen Struktur der Stadt dar. Ihr Niedergang würde die Stadt in ökonomische und soziale Schwierigkeiten bringen bzw. bringt sie in diese Schwierigkeiten, wie am Beispiel der Städte Detroit und Flint zu sehen ist. Stuttgart wäre dagegen als Beispiel für eine diversifizierte Autostadt zu nennen. In den Autostädten, auch in den monoindustriellen, wurden jedoch nicht nur Automobile hergestellt: Detroit war im Zweiten Weltkrieg das „arsenal for democracy"[5], in Wolfsburg wurde, als die Stadt noch „Stadt des KdF-Wagens" hieß, nicht der geplante und von Hitler propagierte Volkswagen für alle produziert, sondern schließlich Kübelwagen und andere Rüstungsgüter für den Krieg.[6] Andere Autostädte, insbesondere sozialistische, begannen mit der Produktion von LKW, so Toljatti,[7] Changchun[8] oder die sowjetische Stadt Naberežnye Čelny[9].

Von Autostädten wäre aber nur dann zu sprechen, wenn die Automobilproduktion die soziale und ökonomische Struktur, aber auch die Kultur der Stadt wesentlich prägt. Ein Charakteristikum von Autostädten ist beispielsweise der hohe Anteil der gut verdienenden Facharbeiter in der Automobilproduktion, der auch die soziale Struktur der Städte beeinflusst. Wie viele Industriestädte waren und sind auch Autostädte mithin stark von der Dominanz von Arbeitern geprägt. Autostädte unterscheiden sich aber beispielsweise von Bergbaustädten des Ruhrgebiets und deren spezifischer Kultur. Weder findet sich in Autostädten eine Taubenverein- noch eine Kleingarten-Kultur, wie es beispielsweise für die Bergbaustädte des Ruhrgebiets häufig beschrieben wurde. Die spezifische Kultur einer Autostadt wäre jedoch noch zu erforschen. Auch die Raumstruktur der Stadt sowie die Topographie der Industrie unterscheiden sich je nach dominierender Industrie. Hier fehlt es gleichfalls bislang an Forschung, insbesondere an einer Forschung, die die Raumstruktur verschiedener Industriestadttypen vergleicht.

5   Vgl. *Thomas J. Sugrue*, The Origins of the Urban Crisis, Princeton 1995, Kap. 1.
6   *Hans Mommsen/Manfred Grieger*, Das Volkswagenwerk und seine Arbeiter im Dritten Reich, Düsseldorf 1996; *Bernhard Rieger*, The People's Car. A Global History of the Volkswagen Beetle, Cambridge 2013.
7   Vgl. *Lewis Siegelbaum*, Cars for Comrades. The Life of the Soviet Automobile, Ithaca/London 2008.
8   Vgl. *Susanne Stein* in diesem Band.
9   Vgl. *Esther Meier* in diesem Band.

III. WAHRNEHMUNG UND „STADTMARKE"

Autostädte werde in der Regel sehr stark als solche wahrgenommen. Ihr Name ist meist mit einer bestimmten Automarke verbunden; die Bekanntheit der Städte, die häufig die „Stars" im nationalen Städtesystem waren, ist hoch. Wolfsburg wurde bereits in den frühen 1950er Jahren als Autostadt betitelt. Horst Mönnich nannte seinen Roman zu Wolfsburg aus dem Jahr 1951 „Die Autostadt".[10] Rüsselsheim ist die „Opel-Stadt", Toyota-Stadt trägt die Automarke gar im Stadtnamen, Turin ist in der öffentlichen und historischen Wahrnehmung untrennbar mit Fiat verbunden. Detroit schließlich gilt als Inbegriff der Autostadt, was allein schon daran zu sehen ist, dass sich viele Autostädte auf Detroit beziehen und, sich wie die chinesische Autostadt Changchun „Detroit of the East" oder wie Rüsselsheim als „hessisch Detroit" bezeichnen.[11] Toyota-Stadt nannte sich „Detroit des fernen Ostens", Toljatti verstand sich als „Detroit on the Volga". Detroit wurde somit selbst zur Marke, ungeachtet des tatsächlichen Niedergangs der Stadt. Die Stadtrepräsentationen und Wahrnehmungen von Autostädten wären weiter zu erforschen.[12] In diesem Band zeigt Stein für Changchun die diskursiven Konstruktionen hin zu einer Autostadt auf.

IV. IDENTITÄT VON AUTOMOBILSTÄDTEN

Autostädte zeichnen sich weiter dadurch aus, dass diese Städte ein Konsumgut herstellen, das von großer Bedeutung für den modernen Lebensstil ist. Automobile sind Konsumgüter, Objekte täglicher Erfahrung, von Stolz und Prestige. Moderne Gesellschaften werden als automobile Gesellschaften bezeichnet, kurz: der Stellenwert des Automobils ist, man kann inzwischen sagen weltweit, ausgesprochen hoch. Der Stolz der Arbeiter, Automobile zu produzieren, „beim Daimler" zu arbeiten, bei Volkswagen am Band zu stehen oder „Opelianer" zu sein, wurde vielfach beschrieben. Die enge Bindung der Stadtbewohner an „ihr" Werk mag

---

10 *Horst Mönnich*, Die Autostadt, München/Wien 1951. Vgl. zu diesem Roman auch: *Manfred Grieger*, Schriftstellerarbeit am Volkswagen-Mythos. Der Tatsachenroman ‚Die Autostadt' von Horst Mönnich aus dem Jahr 1951, in: Non Fiktion. Arsenal der anderen Gattungen 5, 2010, H. 1/2, S. 159–166 bzw. *ders.*, Eine Meistererzählung vom Volkswagen und der dazugehörigen Stadt. Der Roman ‚Die Autostadt' von Horst Mönnich aus dem Jahr 1951, in: *Christoph Stölzl* (Hrsg.), Die Wolfsburg-Saga, Stuttgart 2008, S. 144–147.

11 Vgl. dazu den Beitrag von *Zimmermann* in diesem Band.

12 Die Repräsentationen des Werkes sind dagegen besser erforscht. Vgl. zum Beispiel *Günter Riederer*, Von der arbeitenden Hand zum Maschinenballett. Ästhetische Wandlungen im Unternehmensfilm von Volkswagen in den Wirtschaftswunderjahren, in: Filmblatt 45, 2011, S. 35–50; *Rolf Sachsse*, Kamerafahrt und Panoramablick. Repräsentationen von Industriestädten in fotografischen Bildbänden und Werbefilmen der 1950er und 1960er Jahre, in: Information moderne Stadtgeschichte, 2012, H. 1, S. 55–68 sowie: *Rolf Sachsse*, Der 3000. Volkswagen für Luxemburg. Zur visuellen Inszenierung von Produktionsjubiläen in der bundesdeutschen Nachkriegszeit, in: Zeithistorische Forschungen, 2009 (http://www.zeithistorische-forschungen.de/site/40208937/default.aspx).

auch ein Faktor sein, der strukturellen Wandel erschwert. Eine starke Identität und Identifizierung mit dem Automobil, die zudem durch dessen nach wie vor fast unhinterfragte gesellschaftliche Wertschätzung und ökonomische Bedeutung für die Volkswirtschaften genährt wird, könnte nahe liegender Weise Teil einer Pfadabhängigkeit sein, die Wandel erschwert. Dies müsste allerdings näher erforscht werden.

Doch kann nicht unerwähnt bleiben, dass es zu jeder Regel Ausnahmen gibt. Zwar ist die Identifizierung mit der Autoindustrie in Autostädten üblicher Weise ausgeprägt. Allerdings kann diese Bindung auch erst in einem langen, konfliktreichen Prozess entstehen, wie zum Beispiel Thomas Schlemmer in seinem Beitrag zu Ingolstadt aufzeigt. Die Autoindustrie und die Stadt gingen nicht von Beginn an eine begeisterte Symbiose ein; vielmehr musste sich die neue Identität der Stadt als Autostadt langsam bilden. Das Beispiel Boulogne und Billancourt zeigt eine Zweiteilung des Ortes und das Desinteresse bis hin zum Widerstand gegen die Automobilindustrie. Ähnliches beschrieben auch David Harvey und Teresa Hayter für Cowley bei Oxford, wo die alte Tradition und akademische Kultur der elitären Universitätsstadt auf eine Arbeiterkultur stieß und entsprechend wenig willkommen war.[13]

V. MOBILITÄT: AUTOGERECHTE STADT

Vielfach wird der Terminus Autostadt auch mit der autogerechten Stadt assoziiert. Dann ist ein Leitbild der Verkehrsplanung bezeichnet, das die verkehrsmäßige Ausrichtung der Stadt auf das Automobil meint, die Dominanz von Straßen und automobilem Individualverkehr sowie die Funktionstrennung des Verkehrs zugunsten des Automobils, wie es 1959 in der Monographie von Hans-Bernhard Reichow präsentiert wurde.[14]

Das Konzept der autogerechten Stadt ist natürlich nicht an Autostädte als Ort der Autoindustrie gebunden. Jedoch soll argumentiert werden, dass eine Dominanz der Autoindustrie in der Stadt mit einer ausgeprägten Orientierung der städtischen Verkehrspolitik am Automobil einhergeht. Das Argument ist mithin, dass zu den Charakteristika von Autostädten eine ausgeprägte Automobilität und Automobilkultur gehört. Detroit gilt als Geburtsstadt der städtischen Highways, Toyota-Stadt hatte bis vor kurzem, für Asien sehr ungewöhnlich, kein System des öffentlichen Nahverkehrs. Wolfsburg hat heute die höchste Autodichte in der Bundesrepublik, gefolgt von Ingolstadt.[15] Zeitweise hatte Rüsselsheim die höchste Anzahl von Pkw in der Bundesrepublik zu verzeichnen.[16] Einige Autoren gingen gar so weit zu behaupten, die amerikanische Autoindustrie habe die Orientierung

---

13 *Teresa Hayter/David Harvey*, The Factory and the City. The Story of Cowley Automobile Workers in Oxford, London/New York 1993.

14 *Hans-Bernhard Reichow*, Die autogerechte Stadt, Ravensburg 1959.

15 Vgl. den Beitrag „Autostadt Ingolstadt" in: Teleschau vom 23.04.2013: www.intv.de/mediathek/video/autostadt-ingolstadt/.

16 Vgl. den Beitrag von *Zimmermann* in diesem Band.

amerikanischer Städte wie Los Angeles und Detroit am Automobil zu verantworten.[17] Ertragreicher als solche, teils verschwörungstheoretischen Annahmen, wäre es allerdings, die Automobilkultur von Autostädten zu untersuchen. Dies könnte allerdings keine „top down"-Geschichtsschreibung sein, sondern müsste die Haltung und Handlungen der Bevölkerung genauso in den Blick nehmen wie die städtischen Akteure und den Einfluss des Automobilunternehmens. In Wolfsburg waren es beispielsweise große Teile der Bevölkerung, die sich gegen die Einrichtung einer Fußgängerzone sperrten, da sie dann nicht mehr direkt zum Geschäft mit dem Automobil vorfahren könnten.

VI. GLOBALE TOPOGRAPHIE UND GLOBALE VERFLECHTUNG

Autostädte sind ein globales Phänomen. Westliche Autostädte entstanden seit dem ersten Drittel des 20. Jahrhunderts. In den USA waren die 1920er und 1930 sowie die 1950er Jahr ihre „Boomphase", in Westeuropa die 1950er und 1960er Jahre. In Osteuropa entstanden Autostädte seit den 1970er Jahren, wie beispielsweise Toljatti oder Nishni Novgorod.[18] In Japan wurde 1959 Toyota-City „gegründet", indem ein kleines Dorf in eine Autostadt transformiert wurde, die inzwischen zwölf Toyota Fabriken und Hunderte Zulieferer beherbergt.[19] In China entstanden insbesondere in jüngster Zeit Autostädte in Anting oder Changchun.[20]

Die Topographie der Städte ist damit eine globale wie auch ihre ökonomischen Bedingungen seit den 1970er oder 1980er Jahren von der globalen Konkurrenz der Autoindustrie geprägt sind. Beispielsweise geriet die Autoindustrie in Detroit aufgrund der japanischen Konkurrenz, die in den 1970er Jahren den amerikanischen Markt zu erobern begann, unter enormen Druck.[21] Eine Globalgeschichte von Autostädten könnte der Stadtforschung, aber auch der Zeitgeschichte wichtige Erkenntnisse liefern.[22] Interessant sind beispielsweise die Verschiebungen in der Topologie der Städte im Kontext der gerade nur angedeuteten Globalisierungsprozesse, die zudem häufig zusammenhängen. So waren Krisen im Detroit der 1970er Jahre verknüpft mit dem erwähnten Aufstieg japanischer Automo-

---

17   *Bradford C. Snell*, American ground transport: a proposal for restructuring the automobile, truck, bus, and rail industries, Washington 1974; *David J. St. Clair*, The Motorization of American Cities, New York u.a. 1986, S. 16ff.

18   *Siegelbaum*. Cars for Comrades.

19   Vgl. *Katja Schmidtpott*, Neue Perspektiven der historischen Industriestadtforschung in Japan, in: Informationen zur modernen Stadtgeschichte 2012, H. 1, S. 87–103.

20   Vgl. *Susanne Stein*, „Ein Wald rauchender Fabrikschornsteine". Rückblicke auf die chinesische „Produktionsstadt" der 1950er Jahre, in: Informationen zur modernen Stadtgeschichte 2012, H. 1, S. 69–86.

21   *Richard C. Hill*, Crisis in the Motor City, in: *Norman Fainstein/Susan S. Fainstein* (Hrsg.), Restructuring the Ciy: the political economy of urban redevelopment, New York 1986, S. 81–125, hier S. 113 ff.

22   Vgl. *Martina Heßler*, Geschichte von Automobilstädten in globaler Perspektive: Plädoyer für eine global orientierte Zeitgeschichtsschreibung, in: Informationen zur modernen Stadtgeschichte, 2011, H. 1, S. 91–100.

bilproduzenten und dem Wachstum der japanischen Autostadt Toyota-Stadt. Globalisierungsprozesse veränderten sowohl die globale Topographie von Autostädten wie sie auch die Entwicklung der Städte selbst beeinflussten, da sich die lokale Autoindustrie globalem Konkurrenzdruck ausgesetzt sah, was wiederum Auswirkungen auf die Beschäftigtenzahlen in den Städten sowie ihre Haushalte hat.

VII. KONJUNKTURELLE UND STRUKTURELLE KRISEN: VERSCHIEDENE GESCHICHTEN VON AUTOMOBILSTÄDTEN

Das Beispiel der Autostädte, vor allem ihrer globalen Geschichte, macht weiter deutlich, dass das häufig kolportierte Bild des Aufstiegs und Niedergangs von Industriestädten oder die Rede vom Übergang von industriellen in postindustrielle Städte in dieser Allgemeinheit zu einfach ist und die komplexe Geschichte von Autostädten nicht immer trifft. Wie oben bereits erwähnt, ist die Geschichte der jeweiligen Stadt eng verbunden mit der wirtschaftlichen Situation der Automobilindustrie und deren Konjunkturen. Vor allem monoindustrielle Städte sind in besonderem Maße von der ökonomischen Situation ihrer Industrie abhängig, wie bereits vielfach betont wurde.[23] Dabei war die Frühphase der Autostädte jeweils eine Phase des Wachstums, des Reichtums und des Erfolgs. Autostädte waren, insbesondere in den 1950er und 1960er Jahren Symbole von Wohlstand und Modernität. Wolfsburg war zeitweise die reichste (kreisfreie) Stadt Deutschlands.[24] Wolfsburg und Detroit galten als Motor des nationalen Wachstums bzw. des bundesdeutschen Wirtschaftswunders. In Sindelfingen, Ort eines großen Daimlerwerkes, herrschten nach dem Zweiten Weltkrieg paradiesische Zustände; oft wusste der Bürgermeister nicht wohin mit dem Geld. Doch in der Krise 2007/2008 stellte der Kulturamtsleiter Sindelfingens lakonisch fest: „Irgendwann kommt alles zum Abschluss".[25]

Bis heute ist die Automobilindustrie allerdings eine Schlüsselindustrie in der westlichen Welt. Arbeitsplätze und verschiedene Branchen hängen ökonomisch von ihr ab. Weiter ist die Automobilindustrie eine Konsumindustrie. Die Industriestadtforschung hat sich bislang jedoch vor allem mit Städten der Schwerindustrie, insbesondere mit Stahlindustrie und Bergbau beschäftigt und kam daher leicht zum Bild des Aufstiegs und Niedergangs. Die Autoindustrie aber ist nicht nur bis heute eine Schlüsselindustrie der westlichen Welt, sondern weiter eine Industrie, die enormen globalen Konkurrenzdruck ausgesetzt ist, auf globalen Märkten agiert und zudem massiven Restrukturierungsprozessen und Konjunkturzyklen ausgesetzt war und ist. Die Geschichten der Autostädte sind daher vielfältig. Insbesondere seit den 1970er kann man verschiedene Entwicklungen beobachten.

23 Vgl. *Jürgen Friedrich*, A Theory of Urban Decline: Economy, Demography and Political Elites, in: Urban Studies, 30, 1993, S. 901–917.
24 Vgl. den Beitrag von *Tessin* in diesem Band.
25 *Susanne Preuß*, Die Stadt und ihr Stern, in: Frankfurter Allgemeine Zeitung, Samstag, 5. Dezember 2009, S. 14.

Die Bedeutung der 1970er-Jahre als „Transformationsphase", als Krisenphase der Automobilindustrie nach Jahrzehnten des scheinbar ungebremsten Wachstums, wurde kürzlich erneut unterstrichen.[26] Die Autoindustrie befand sich in den traditionellen Herstellerländern seit Beginn der 1970er-Jahre, vor allem im Kontext der beiden Ölkrisen 1973 und 1979, in „ständiger krisenhafter Bewegung".[27] Niedrige Wachstumsraten, verschärfte Konkurrenz und „enorme Investitionen […] in die Produkterneuerung wie auch in die Modernisierung der Produktionsanlagen"[28] prägten die Situation der westlichen Autoindustrie. Globale Konkurrenz und Automatisierungsprozesse kennzeichneten die Situation der Automobilindustrie.[29] Seit dieser Zeit haben fast alle Autostädte Krisen erlebt, aber nicht alle waren mit Niedergang, massiven Schrumpfungen oder der Notwendigkeit grundsätzlicher Restrukturierungsprozesse konfrontiert, wie dies beispielsweise für Detroit, Flint,[30] Birmingham,[31] Cowley bei Oxford[32] oder Turin[33] gilt. Andere Städte, wie beispielsweise Wolfsburg oder Ingolstadt, erlebten zwar Krisen, jedoch weder Niedergang noch Schrumpfung. Gerade derzeit sind sie, wie auch asiatische Städte, Beispiele prosperierender Autostädte.

Zweifellos hat die Fähigkeit des jeweiligen Unternehmens, sich auf dem Markt zu behaupten, Wirkungen auf die Städte, die sie nicht beeinflussen können, auf die sie aber reagieren müssen. So sehen sich die Städte der Automobilindustrie seit den 1970er Jahren teils einer neuen Situation der Unsicherheit aufgrund konjunktureller Krisen und schwankender Märkte ausgesetzt. Denn sie sind häufig mit den Konjunkturen der Automobilindustrie konfrontiert, aber nicht unbedingt mit einem Niedergangsprozess. Das macht die Planungen und Strategien der Städte komplizierter, da sie in Situationen der Unsicherheit agieren müssen, ohne vor der Notwendigkeit zu stehen, einen fundamentalen Strukturwandel einzuleiten.

Insgesamt, so kann festgestellt werden, differenziert der Blick auf eine globale Geschichte von Industriestädten sowie auf die Beachtung der jeweiligen Branchen die Rede vom Aufstieg und Fall der Industriestädte. Die Geschichten der Autostädte sind vielfältig. Sie lassen sich nicht als eine Geschichte erzählen.

---

26 *Stephanie Tilly/Florian Treibel* (Hrsg.), Automobilindustrie 1945–2000. Eine Schlüsselindustrie zwischen Boom und Krise, München 2013.

27 *Ben Dankbaar*, Die Zukunft in der Automobilindustrie, in: *ders./Ulrich Jürgens/Thomas Malsch* (Hrsg.), Die Zukunft der Arbeit in der Automobilindustrie, Berlin 1988, S. 13–31, hier S. 13.

28 Ebd.

29 Einen Überblick über die Produktionsmodelle in der Automobilindustrie gibt *Michael Schumann*, Das Jahrhundert der Industriearbeit. Soziologische Erkenntnisse und Ausblicke, Weinheim, Basel 2013, S. 7–41.

30 Vgl. den Beitrag von *Volkmann/Walther* in diesem Band.

31 *Andrew Beer/Holly Evans*, The Impacts of Automotive Plant Closure. A Tale of Two Cities, London/New York 2009; *Harald Bodenschatz*, Urban Renaissance in Birmingham und Manchester, in: *Harald Bodenschatz/Ulrike Laible* (Hrsg.), Großstädte von morgen. Internationale Strategien des Stadtumbaus, Berlin 2008, S. 44–65 in diesem Band: *David Bailey, u.a.*.

32 *Hayter/Harvey,* Factory, 1993.

33 *Anne Power/Jörg Plöger/Astrid Winkler*, Phoenix Cities. The fall and rise of great industrial cities, Bristol 2010.

VIII. TERTIÄRISIERUNG IN DER AUTOMOBILINDUSTRIE

Ein weiteres Charakteristikum der Automobilindustrie verweist auf eine wichtige Differenzierung für die Industriestadtforschung. So lässt sich nicht schlichtweg in einer polaren Beschreibungsweise vom Übergang von industriellen zu postindustriellen Städten sprechen. Vielmehr, und dies soll am Beispiel Wolfsburg exemplifiziert, könnte aber auch an anderen Städten gezeigt werden, steigt die Zahl der Angestellten und der in Forschung, Entwicklung und Design Beschäftigten in der (Automobil)Industrie an, während die Zahl der beschäftigten Arbeiter sinkt. Bereits 1982 stellten Herlyn u.a. fest, dass sich die Zahl der Angestellten bei Volkswagen zwischen 1960 und 1980 verdreifachte.[34]

Fourastié hatte 1949 eine Verschiebung von industriellen Tätigkeiten „zur Vorbereitung, Planung, Beobachtung, Forschung, kurz zum Denken"[35] diagnostiziert. Das „Dreisektoren-Modell" diente hier als Modell, das zugleich den Übergang von der Industrie- zur Dienstleistungsgesellschaft anzeigte. In jüngster Zeit wurde es allerdings genau wegen der Nicht-Trennbarkeit der Sektoren kritisiert.[36] Der Blick auf die Autostädte macht dies anschaulich. Denn hier lässt sich eine Tertiärisierung innerhalb der Industrie beobachten, die Fragen nach deren Auswirkungen auf die Stadtentwicklung, deren Sozialstruktur, Kultur und ihr Selbstverständnis hervorruft und vor allem Fragen nach der Kategorisierung als industrielle oder postindustrielle Stadt.

IX. HYBRIDE STÄDTE: INDUSTRIE- UND EVENTSTADT

Die Geschichte von Autostädten wirft die Frage der Kategorisierung der Städte und der Beschreibung von historischen Entwicklungen zudem hinsichtlich einer weiteren Entwicklung auf. Nicht nur trifft die bisher häufig zu findende Rede vom Übergang der industriellen Stadt zur postindustriellen Stadt auf Autostädte in dieser polaren Beschreibungsweise nicht zu. Auch der, gerade in soziologischer Literatur häufig zu findende Hinweis auf den Übergang zu „Event"- oder „Tourismus"-, „Festivalstädten", erweist sich für das Beispiel einiger Autostädte als zu einfach. Henry Ford gründete bereits 1929, basierend auf seiner eigenen Automobilsammlung, in Dearborn ein Museum, um automobile Mobilität zu inszenieren. Insbesondere im Kontext der Krisen der Automobilindustrie bedienten sich einige Städte der gezielten Strategie, Autoindustrie, Forschung und Entwicklung und Festivalisierung in der Stadt zu etablieren. So wurde in der Stadt Flint ein „Auto-

---

34 *Herlyn Ulfert* u.a., Stadt im Wandel. Eine Wiederholungsuntersuchung der Stadt Wolfsburg nach 20 Jahren. Frankfurt 1982, S. 89ff.
35 *Jean Fourastié*, Die große Hoffnung des 20. Jahrhunderts, Köln/Frankfurt [1949] 1986, S. 277.
36 *André Steiner*, Die 1970er Jahre als Kristallisationspunkt des wirtschaftlichen Strukturwandels in West und Ost, in: *Konrad H. Jarausch* (Hrsg.), Das Ende der Zuversicht? Die Siebziger Jahre als Geschichte, Göttingen 2008, S. 29–48.

mobil-Themenpark" gebaut,[37] in Wolfsburg mit der „Autostadt", eine Auto-
Erlebniswelt, in der sich die Käufer ihr Auto abholen können,[38] in Rüsselsheim
gab es ähnliche Versuche, die aber scheiterten, und in Changchun wurde die neue
Autostadt von vornherein als Kombination von Industrie- und Eventstadt geplant.[39]

Einige Autostädte sind mithin „hybride" Städte: Die einstigen Industriestädte
wurden gleichzeitig zu Orten der Produktion, der Forschung und Entwicklung und
von Festival und Tourismus – und sie blieben dabei Autostädte.

X. PFADABHÄNGIGKEIT VON AUTOMOBILSTÄDTEN?

Im Kontext der Stadtforschung, insbesondere der Erforschung schrumpfender
Städte, war vielfach, und teils durchaus kritisch-normativ, die Rede von der Pfadabhängigkeit dieser Städte. Gemeint war vor allem ihre anhaltende Wachstumsorientierung, die sie nicht nur deutliche Zeichen der Schrumpfung übersehen ließen, sondern auch die Entwicklung neuer, der Situation der Schrumpfung ange-
passte Strategien verhinderten, insofern die städtischen Akteure stets an der Frage
orientiert waren, wie erneut Wachstum erzeugt oder stimuliert werden könne. Dagegen fragten sie in der Regel viel zu spät, wie mit den Realitäten der Schrumpfung umzugehen sei.

Autostädte, insbesondere monoindustrielle Autostädte, scheinen, so die These,
die weiter zu erforschen wäre, in besonderer Weise anfällig für Pfadabhängigkei-
ten. Der bedeutende ökonomische und gesellschaftliche Status der Automobilindustrie und des Automobils, dessen Status als Konsumobjekt und als Teil eines
inzwischen selbstverständlich automobilen Lebensstils sowie die hohe Identifikation der Automobilarbeiter mit diesem Produkt erschweren eine Umorientierung
oder nachhaltige Schritte zu einer Restrukturierung, oder auch nur einer Diversifizierung. Gleichermaßen können materielle Faktoren, wie der hohe Lohn, der in
der Automobilindustrie für weite Teile der Arbeiterschaft gezahlt wird und der die
Attraktivität anderer Arbeitgeber mindert, sowie die auf die Autoindustrie abge-
stimmte Raum- und Infrastruktur der Städte als Elemente einer Pfadentwicklung
konstatiert werden. Auch die starke Identität der Autostadt, ihr „branding" als solche, oft mit einer Automarke verbunden, erschwert es den städtischen Akteuren,
die Weichen neu zustellen. Daher ist es nicht überraschend, dass die bisherige
Forschung vor allem die Mühen einer Transformation von Autostädten und die
verspäteten Strategien einer Neuorientierung beschrieb.

---

37 Vgl. den Beitrag von *Anne Volkmann/Uwe-Jens Walther* in diesem Band.
38 *Annette Harth* u.a., Stadt als Erlebnis: Wolfsburg. Zur stadtkulturellen Bedeutung von
    Großprojekten. Wiesbaden 2010; *Werner Strauß*, Wolfsburg – Aufbruch in die Zukunft.
    Kleine Stadtgeschichte, Teil 2 1990-2005, Wolfsburg 2005; *Gerrit Schrödel*, Erlebnisgesell-
    schaft in Wolfsburg. Freizeitkulturen und Stadtentwicklungspolitik seit 1990, Braunschweig
    2010.

XI. FAZIT

Der Blick auf die Besonderheiten von Industriebranchen im Sinne der Erforschung ihrer Produktionsweisen und der damit verbundenen Qualifikationsstruktur, ihrer spezifischen ökonomischen Situation, ihrer Konjunkturen oder Strukturbrüche, ihrer Raumstruktur, ihrer globalen Situation sowie der gesellschaftlichen und kulturellen Bedeutung des hergestellten Produkts kann neue Perspektiven für die Industriestadtforschung eröffnen. Am Beispiel der Autostädte zeigt sich weiter die Notwendigkeit einer Globalgeschichte von Industriestädten, einer genauen Betrachtung von Tertiärisierungsprozessen sowie die Frage nach dem Status als industrieller oder postindustrieller Stadt bzw. die nach dem Verhältnis von Industriestadt und „Eventstadt" als wegweisend. Schließlich muss betont werden, dass, insbesondere aus globaler Perspektive, die Geschichten von Autostädten vielfältig sind. Einige sind Inbegriff des urbanen Niedergangs geworden, andere initiierten einen erfolgreichen Restrukturierungsprozess, andere prosperieren bis heute als erfolgreiche Autostädte. Deutlich wurde damit, dass die Rede vom Aufstieg und vom Niedergang der Industriestädte zu differenzieren und die „black box" Industrie zu öffnen ist.

DIE VOLKSWAGEN-STADT WOLFSBURG.[1]
ZUM VERHÄLTNIS VON VW UND STADT IN DER KOMMUNALPOLITIK

Wulf Tessin

I. STADT- UND WERKSGRÜNDUNG

Am 1. Juli 1938 entstand durch Erlass des Oberpräsidenten von Hannover am Mittellandkanal zwischen dem Landstädtchen Fallersleben und dem Flecken Vorsfelde, 30 km nordöstlich von Braunschweig, in einer ausgedehnten, bis dahin fast ausschließlich agrarisch bestimmten Gegend eine neue Gemeinde, die den vorläufigen Namen „Stadt des KdF-Wagens" erhielt. Dieser eigenartige Name ist heute sicherlich erklärungsbedürftig und steht in Verbindung mit dem VW-Werk, dessen Errichtung der alleinige Grund für die Stadtneugründung war: „Als Ferdinand Porsche 1934 Adolf Hitler das Exposé seines Volkswagens überreichte, sah dieser darin eine Chance, mit dem Projekt eines preiswerten Kleinautomobils in Deutschland das Zeitalter der Massenmotorisierung einzuleiten und so breite Bevölkerungsschichten für den Nationalsozialismus zu gewinnen. Auf Grund des Widerstands der Automobilindustrie gegen das Projekt entschied Hitler, den Volkswagen durch die Deutsche Arbeitsfront (DAF) herstellen zu lassen und mit dem Volkswagenwerk das größte und modernste Automobilwerk in Europa zu bauen. Da die Freizeitorganisation der DAF ‚Kraft durch Freude' Träger der Produktion und des Vertriebs sein sollte, erhielt das Auto den Namen ‚KdF-Wagen'."[2] Ende Mai 1938, also noch vor der Gründung der neuen Stadt, erfolgte die Grundsteinlegung des Volkswagenwerks, des Werks des KdF-Wagens.

Die Entscheidung, Werk und Stadt gerade in dieser Gegend, fern aller Ballungszentren, anzusiedeln, mag verwundern, aber es gab einige plausible Gründe: An erster Stelle ist wohl die (für das damalige Reichsgebiet) zentrale Lage zu nennen, ferner die günstige Verkehrslage am Mittellandkanal, an der D-Zugstrecke Ruhrgebiet-Berlin und in der Nähe der Autobahn. Diese zentrale Lage im damaligen Reichsgebiet war umso wichtiger, als schon damals (wie derzeit wieder) die Vorstellung bestand, dass sich die Käufer ihren KdF-Wagen selbst im

---

1   Textliche Basis dieses Beitrages: *Ulfert Herlyn/Wulf Tessin/Annette Harth* u.a., Faszination Wolfsburg 1938-2012, Wiesbaden 2012, S. 11–13; S. 42–44; S. 53–67; vgl. auch *Wulf Tessin*, Kraft durch Freude? Wolfsburgs Weg aus der Arbeits- in die Freizeitgesellschaft, in: Planungsrundschau 8, 2003, S. 135–148.

2   *Ortwin Reichold* (Hrsg.), … erleben, wie eine Stadt entsteht. Städtebau, Architektur und Wohnen in Wolfsburg 1938-1998, Braunschweig 1998, S. 14.

Werk abholen sollten. Für die gewählte Lage der neuen Stadt sprach aber auch die landschaftlich reizvolle Lage.

Das von der zuständigen Reichsstelle für Raumordnung eingeleitete Raumordnungsverfahren brachte eine ganze Reihe von Vorbehalten gegenüber dem Standort zutage. Aber offenbar wurden mit dem Hinweis, der ‚Führer' habe bereits entschieden, alle Einwände abgeblockt. Wie überhaupt – aus heutiger Sicht – der gesamte mit der Werks- und Stadtgründung zusammenhängende Entscheidungsprozess als höchst dubios und „wenig rational"[3] einzustufen ist: es wurden Stellen eingeschaltet, die gar nicht zuständig waren, andere (an sich zuständige) Stellen um- und übergangen. Schneider spricht von Geheimhaltung, „[...] die sich später zu einem Verhalten von Verschworenen steigerte".[4] Von wissenschaftlich untermauerten Machbarkeitsstudien, Gutachten usf. konnte nicht die Rede sein („Wir rechneten ins Blitzblaue"[5]). Nachdem die Reichsstelle für Raumordnung Ende 1937 überhaupt erst eingeschaltet worden war, wurde das Raumordnungsverfahren schon am 17. Januar 1938 auf einer Sitzung abgeschlossen.

Nicht einmal ein Monat später, am 24. Februar, erfolgte der erste Spatenstich zum Bau des Werks nördlich des Mittellandkanals. 1937 war mit den Vorplanungen für das Werk begonnen worden; am 26. Mai 1938 erfolgte die Grundsteinlegung durch Hitler persönlich:

> „Der Wagen soll den Namen der Organisation tragen, die sich am meisten bemüht, die breiten Massen unseres Volkes mit Freude und damit mit Kraft zu erfüllen. Er soll KdF-Wagen heißen. Wenn wir dieses gewaltigste deutsche Automobilwerk errichten, dann soll mit ihm zugleich auch eine vorbildliche deutsche Arbeiterstadt entstehen. Sie soll eine Lehrstätte sowohl der Stadtbaukunst wie der sozialen Siedlung werden. Wir wollen damit zeigen, wie der Nationalsozialismus solche Probleme sieht, wie er sie anfasst und wie er sie löst".[6]

Die Stadt Wolfsburg verdankt also ihre Gründung im Jahre 1938 der Entscheidung der damaligen Nazi-Machthaber, einen Volkswagen ‚für alle Deutschen' zu bauen und diesen nicht in vorhandenen Automobilwerken herstellen zu lassen, sondern in einem eigens dafür neu gegründeten Werk. Wolfsburg ist als ‚Stadt des KdF-Wagens', so, wie gesagt, der ursprüngliche Name Wolfsburgs, gegründet worden, und sie ist bis heute die ‚Stadt des Volkswagens' geblieben.

---

3   *Erhard Fondran*, Die Stadt- und Industriegründungen Wolfsburg und Salzgitter – Entscheidungsprozesse im nationalsozialistischen Herrschaftssystem, Frankfurt/Main 1984, S. 168.
4   *Christian Schneider*, Stadtgründung im Dritten Reich – Wolfsburg und Salzgitter, München 1979, S. 31.
5   Zit. ebd., S. 40.
6   Zit. ebd., S. 40ff.

II. DIE STRUKTURELLE ABHÄNGIGKEIT DER STADT

Die strukturelle Abhängigkeit und Determiniertheit der Wolfsburger Kommunalpolitik von und durch das VW-Werk ist allzu offenkundig; das Werk setzte von
Beginn an bis heute die entscheidenden Rahmenbedingungen für die Stadtentwicklung, es produzierte die zentralen Problemstellungen der Stadt, die die Kommunalpolitik aufzuarbeiten hatte, es eröffnete oder schaffte aber zugleich auch
Problemlösungskapazitäten, deren sich die Kommunalpolitik bedienen kann (und
um die andere Kommunen Wolfsburg vermutlich beneiden). Dies soll an einigen
ausgewählten Beispielen illustriert werden:

Wohnungsbaupolitik: Die dynamische Bevölkerungsentwicklung Wolfsburgs
ist mehr oder weniger Folge der Belegschaftsentwicklung beim VW-Werk und ist
damit rahmensetzend für die Wohnungsmarktentwicklung in der Stadt. Es versteht
sich, dass die Stadt dieser durch den Arbeitskräftebedarf beim VW-Werk ausgelösten Zuwanderung und Bevölkerungsentwicklung stets ‚hinterher bauen‘ musste. Jährliche Wachstumsraten der Bevölkerung von 5-15% in den 1950er Jahren
machten den Wohnungsbau zu einer dringenden Angelegenheit; jährlich wurden
zwischen 500 und 1.500 Wohneinheiten fertig gestellt.[7] Schon 1953 sah sich VW
gezwungen (entgegen der Meinung der Stadtverwaltung), eine eigene Wohnungsbaugesellschaft zu gründen, und erwarb Anfang der 1960er Jahre auch noch Anteile an der städtischen Wohnungsbaugesellschaft. Da mehr oder weniger nur diese beiden Wohnungsbaugesellschaften Wohnungen in Wolfsburg erstellten, zudem das VW-Werk den Wohnungsbau beispielsweise über Baudarlehen und
Mietzuschüsse unterstützte und damit auch Belegungsrechte erwarb, hatte das Unternehmen vor allem bis in die 1960er Jahre hinein eine zentrale Stellung im
Wohnungswesen inne.[8] Das VW-Werk baute bzw. förderte dort Wohnungen, wo
es preislich günstig war und damit auch im damaligen Umland der Stadt – sehr
zum Leidwesen der Stadt Wolfsburg, die es lieber gesehen hätte, den Wohnungsbau auf das damalige Stadtgebiet zu konzentrieren.

Haushaltspolitik: Das VW-Werk ist nicht nur die einkommensmäßige Basis
für heute rund ein Drittel (früher an die 70%) der Wolfsburger Erwerbstätigen[9],
sondern es ist zugleich rahmensetzend für die finanzielle Lage der Stadt. Die Stadt
Wolfsburg stand und steht hinsichtlich der Gewerbesteueraufbringungskraft je
Einwohner mit an der Spitze der kreisfreien Städte in Deutschland. Wolfsburg war
spätestens seit Mitte der 1950er Jahre also eine reiche Stadt, wenn auch eine mit
hohem Investitionsbedarf, denn es galt ja noch, die Stadt überhaupt erst auf- und
auszubauen. Dennoch hat diese enorme VW-bedingte Finanzkraft die Stadt nicht
nur instand gesetzt, diese Investitionsaufgaben zu erledigen, sondern darüber hinaus viele politische Probleme zu lösen. Zugleich aber hat diese gewerbesteuermä-

---

7   *Herlyn* u.a., Faszination Wolfsburg 1938-2012, S. 180.
8   *Hermann Hilterscheid*, Industrie und Gemeinde. Die Beziehungen zwischen der Stadt Wolfs-
    burg und dem Volkswagenwerk und ihre Auswirkungen auf die kommunale Selbst-
    verwaltung, Berlin 1970, S. 199.
9   *Herlyn* u.a., Faszination Wolfsburg 1938-2012, S. 81.

ßige Abhängigkeit der Stadt von VW die kommunale Haushaltslage auch immer abhängig gemacht von der Automobilkonjunktur. Das war bis in die 1960er Jahre hinein jedoch kein reales Problem, insofern das Unternehmen fast ununterbrochen Wachstumsraten auswies. Erst die drei Krisen 1966/67, 1971/72 und 1974/75, später dann 1994/95 machten die gesamte Tragweite der gewerbesteuermäßigen Abhängigkeit der Stadt vom VW-Werk deutlich. Trotz der seinerzeit bundesweit durchgeführten Gemeindefinanzreform, die im Prinzip die Abhängigkeit der Gemeinden von der Gewerbesteuer milderte, blieb Wolfsburg den Schwankungen der Gewerbesteuer in durchaus gravierender Weise unterworfen.

Wirtschaftspolitik: So gut es sich für Wolfsburg finanziell mit dem VW-Unternehmen leben ließ (und nach wie vor leben lässt), so einleuchtend ist andererseits, dass die gleichsam totale ökonomische Abhängigkeit der Stadt vom VW-Werk Risiken birgt. Ziel der kommunalen Wirtschaftsförderungspolitik war und ist es, die VW-bestimmte Monostruktur der Stadt zu überwinden. Ihr Problem war es zugleich von Anfang an, dass im Schatten von VW kein anderer Industriebetrieb gedeihen konnte. Das Lohnniveau und die sonstigen Sozialleistungen bei VW waren so überdurchschnittlich, dass kein anderer Betrieb daneben existieren konnte. Selbst eine VW-bezogene Zuliefererindustrie hat sich im Wolfsburger Raum lange Zeit nur ansatzweise entwickelt. Dieser Rahmenbedingungen eingedenk hat sich die Wolfsburger Wirtschaftspolitik stark auf das Ziel konzentriert, den Dienstleistungsbereich in der Stadt auszubauen. Der Ausbau der Innenstadt, die Ansiedlung von Behörden und Ausbildungsstätten wurde immer mit großem Nachdruck, wenn auch bis in die 1990er Jahre hinein ohne großen nachhaltigen Erfolg betrieben. Anfang der 1990er Jahre lag in Wolfsburg der Anteil der im Dienstleistungssektor Beschäftigten noch immer bei bloß 25%.[10]

Infrastrukturpolitik: Das VW-Unternehmen bestimmte als Industriebetrieb die Sozialstruktur der Stadt und war und ist damit rahmensetzend für die kommunale Politik im Schul-, Kultur- und Freizeitbereich. Es galt, für die bei VW Beschäftigten optimale Lebensbedingungen zu schaffen und ein spezifisches Kultur- und Bildungsprogramm zu entwickeln, das von breiten Schichten der Bevölkerung akzeptiert wird; zugleich war es aber auch notwendig, gerade für die höheren VW-Angestellten, bestimmte Schul-, Kultur- und Freizeitstandards zu erfüllen, sollte es gelingen, diese Gruppe längerfristig an das Werk bzw. die Stadt zu binden und die Standortnachteile Wolfsburgs (vor der Wiedervereinigung Zonenrandlage, keine attraktive Großstadt, keine Universität etc.) etwas abzumildern. VW hat denn auch nie einen Zweifel an der Bedeutung gelassen, die man diesem Bereich beimisst und wichtige Infrastruktureinrichtungen finanziell unterstützt, zum Teil ‚geschenkt' (z.B. Stadthalle, Theater, VW-Bad, Planetarium, Kulturzentrum, Kunsthalle). Älteren Wolfsburgern sind noch die von VW finanzierten Konzerte mit den Berliner Philharmonikern (Volksmund: „Karajans Wüstenritte") und die

---

10 *Annette Harth/Ulfert Herlyn/Gitta Scheller* u.a., Stadt als Erlebnis: Wolfsburg. Zur stadt-
    kulturellen Bedeutung von Großprojekten, Wiesbaden 2010, S. 70.

großen Kunstausstellungen in guter Erinnerung. „Sie sind", so Hilterscheid, „ein gutes Beispiel modernen industriellen Mäzenatentums".[11]

Verkehrspolitik: Selbstverständlich ist Wolfsburg als Stadt des Volkswagens auch vor allem ‚Autostadt'. Das VW-Werk ist über den schon früh hohen Motorisierungsgrad seiner Beschäftigten und die damit verknüpfte Autofahrerideologie rahmensetzend auch für die städtische Verkehrspolitik: Die Stadt ist von Anfang an ‚autogerecht' angelegt worden. Nicht nur war der Vater des Konzeptes der ‚autogerechten Stadt', Reichow (1959), Anfang der 1950er Jahre maßgeblich an der Erarbeitung des Flächennutzungsplanes von Wolfsburg beteiligt, sondern der Stellenwert des Autos wird auch daran deutlich, dass dem Bahnhof der Stadt Wolfsburg über Jahrzehnte hinweg keine große Bedeutung für die Stadt zukam. Das VW-Unternehmen, das ursprünglich eine Lage des Bahnhofes direkt vor seinen Werkstoren befürwortete (die Stadt zog einen anderen, mehr städtischen Standort vor), gab seinen Widerstand erst auf, als erkennbar wurde, dass die Pendler zunehmend Fahrgemeinschaften bildeten oder einen eigenen PKW (Jahreswagen) erwarben, also nur noch ein kleiner Prozentsatz von ihnen per Bahn zur Arbeit ins VW-Werk kam.[12] Heute hat sich der Stellenwert des Bahnhofes aufgrund eines Paradigmenwechsels der Stadtentwicklung im Kontext des Autostadtkonzeptes bei VW vollkommen verändert: der Bahnhof ist nun Ankunftsort für Besucher der VW-Autostadt geworden, die sich dort ihr neu gekauftes Auto abholen wollen.

Abb. 1: Das Ideal einer „autogerechten" Stadt: Blick auf die Porschestraße 1964.
Quelle: Sammlung Hackländer, Institut für Zeitgeschichte und Stadtpräsentation Wolfsburg

11 *Hilterscheid*, Industrie und Gemeinde, S. 190. Siehe auch *Henrike Junge-Gent*, Weltkunst und Zonengrenze. Die acht Kunstausstellungen des Volkswagenwerks in Wolfsburg, Gifhorn 1994.
12 Ebd., S. 157.

‚Außenpolitik': Eine Kommune hat zur Regelung ihrer örtlichen Angelegenheiten auch mit Nachbargemeinden, mit staatlichen Behörden, mit der Bezirks- und Landesregierung zu tun. Ob sie in diesen Kontakten und Verhandlungen ihre Interessen durchsetzen kann, hängt wesentlich von ihrer bargaining-power ab. Hier nun spielte VW direkt oder indirekt, gewollt oder ungewollt, eine bisweilen entscheidende Rolle. Als durch das VW-Unternehmen reiche Stadt konnte sich Wolfsburg viele Dinge einfach ‚erkaufen': z.B. die Auskreisung aus dem Landkreis Gifhorn 1951, die sog. kommerziellen Umgemeindungen Ende der 1950er, Anfang der 1960er Jahre, und die Zustimmung vieler Gemeinden zur großen Gebietsreform 1972.[13] Dass die Stadt Wolfsburg schließlich oft als gebietskörperschaftliche Interessenvertretung von VW und seiner von ihm ausgelösten Sachzwänge in die Verhandlungen mit wem auch immer eintreten konnte, hat die Position Wolfsburgs zusätzlich gestärkt. Der Autobahnanschluss Wolfsburgs, die Aufwertung Wolfsburgs zum Intercity-Haltepunkt auf der Strecke Hannover-Berlin in den 1990er und die Gründung der Fachhochschule zunächst für Fahrzeugbau und Betriebswirtschaftslehre in Wolfsburg in den 80er Jahren wären ohne Hinweis auf den VW-Konzern wohl nicht denkbar gewesen.

Das VW-Werk ist nicht zuletzt auch ‚ideologisch' Rahmen setzend für die Kommunalpolitik. VW ist weltweit bekannter als die Stadt Wolfsburg, die deshalb immer versucht hat, das Image einer Quasi-Werkssiedlung abzulegen und städtische Identifikationspunkte außerhalb des VW-Unternehmens zu schaffen (City, Kulturbauten etc.). Die Befürchtung war auf Seiten der Stadt immer groß, dass sich die Wolfsburger mehr mit VW identifizieren, sich mehr als ‚VW-ler' sehen würden denn als ‚Wolfsburger'. Das VW-Unternehmen ist darüber hinaus als großzügiger und perfekt organisierter Betrieb prägend für die allgemein so empfundene enorm hohe Anspruchshaltung der Wolfsburger Bevölkerung auch gegenüber der Stadt. Das Verhältnis der Mehrheit der Wolfsburger zum Rathaus ist, ein Zitat von Habermas aufnehmend, „[...] nicht in erster Linie politische Beteiligung, sondern eine allgemeine Forderungshaltung, die Versorgung erwartet"[14] – die Gemeinde als Dienstleistungsbetrieb.

Diese normativen Prägungen gehen so weit, dass das VW-Werk dem alltäglichen Leben der Bewohner in vielen Bereichen seinen Stempel aufdrückt. Man könnte sagen, VW fungiere als die wichtigste sekundäre Sozialisationsinstanz insofern, als mit der Arbeit jene ‚extrafunktionalen' bzw. ‚arbeitsprozessunspezifischen' Fertigkeiten und Fähigkeiten wie Pünktlichkeit, Ordentlichkeit, Fleiß, Verantwortung etc. eingeübt werden, die in den außerbetrieblichen Lebensweisen städtischen Lebens wirksam werden,[15] wobei auch die durch das VW-Unternehmen geprägten ‚technischen Berufsfelder' vieler Wolfsburger (viele arbeiten eben als Computerexperten, Maschinenbauer, Lackierer, Werkzeugmacher, als Ingenieure im Konzern) stadtprägend zu sein scheint: der Kunst- und Kultur-

13 Vgl. *Wulf Tessin*, Stadtwachstum und Stadt-Umland-Politik, München 1986.
14 *Jürgen Habermas*, Strukturwandel der Öffentlichkeit, Neuwied 1971, S. 250.
15 *Ulfert Herlyn/Ulrich Schweitzer/Wulf Tessin*, Stadt im Wandel – Eine Wiederholungsuntersuchung der Stadt Wolfsburg nach 20 Jahren, Frankfurt/Main 1982, S. 27ff.

bereich der Stadt (obwohl – für eine Stadt dieser Größenordnung – infrastrukturell beileibe nicht unterversorgt) war lange Zeit lebenskulturell kaum prägend für die Stadt, die sich eben in erster Linie als ‚Autostadt' oder ‚Stadt der Technik', der ‚automobilen Forschung und Entwicklung' versteht, so dass lange Zeit bildungsbürgerliche oder kulturell-urbane Milieus in- und außerhalb der Stadt sich gegenüber der Stadt reserviert verhielten; weil man bei VW stets sehr gut verdiente, geriet die Stadt zudem in den Ruf einer ‚Wirtschaftswunderstadt', einer ‚Goldgräberstadt', Wolfsburg als ‚Großprotzendorf'.

Mit diesen Hinweisen sollte deutlich geworden sein, dass die Frage nach dem VW-Einfluss auf die Stadtentwicklungs- und Kommunalpolitik in Wolfsburg, sofern damit nur die persönliche werksseitige Einflussnahme auf kommunale Entscheidungsprozesse gemeint ist, zu kurz greift. Tatsächlich wirkt das Werk nicht sozusagen von außen auf die Wolfsburger Kommunalpolitik ein, sondern es ist immer schon von vornherein deren integraler Bestandteil, d.h. in den sich entwickelnden materiellen und normativen Strukturen der Stadt ist das Werksinteresse immer schon enthalten und aufgehoben und braucht nur von Fall zu Fall durch direkte, persönliche Intervention in die Kommunalpolitik eingebracht werden: „Was gut ist für das Werk, ist gut für die Stadt"[16] – das ist ganz allgemeine Auffassung in Wolfsburg.

III. ZUR DIREKTEN EINFLUSSNAHME VON VW AUF DIE KOMMUNALPOLITIK

Selbstverständlich gab und gibt es jedoch auch bisweilen eine direkte Einflussnahme VWs auf die Kommunalpolitik, wobei gilt: Das Unternehmen hat nur die Entscheidungen direkt beeinflusst, an denen es als Unternehmen oder an denen Personen des Unternehmens interessiert waren, was naturgemäß die allerwenigsten, aber doch bisweilen die allerwichtigsten waren.

Immerhin gab es in den 1950er und 60er Jahren, in der sogenannten Nordhoff-Ära, aber doch auch noch Beispiele, wo sich eingemischt wurde in Dinge, die VW an sich hätten ziemlich egal sein können.

„Nordhoff, das war schon der ‚König von Wolfsburg'. Er hat halt die Stadt aus dem Nichts gemacht. Er war aber auch der letzte VW-Chef, der als ‚Herrscher aller Reußen' auftrat." [17]

---

16 Dezernent der Stadtverwaltung Wolfsburg, Gespräch vom 26.6.1980, zit. in: *Herlyn* u.a., Stadt im Wandel, S. 102.
17 So 1980 ein damaliger Amtsleiter der Wolfsburger Stadtverwaltung, zit. in: *Herlyn* u.a., Stadt im Wandel, S. 113.

Abb. 2: Ein Bild mit symbolischem Gehalt: Generaldirektor Nordhoff überreicht das Geschenk des Werkes zur Rathauseinweihung 1958 – eine Amtskette für Oberbürgermeister Arthur Bransch. Quelle: Institut für Zeitgeschichte und Stadtpräsentation

Maßgeblich dafür, dass sich die Führungsschicht des VW-Unternehmens nach Nordhoffs Ausscheiden kommunalpolitisch weniger engagierte bzw. ‚einmischte‘, war, dass sich VW zu einem weltweiten Konzern entwickelt hatte mit zunächst weiteren deutschen, dann internationalen Standorten. Seine Probleme hatten sich gleichsam globalisiert mit der Folge, dass die Stadt Wolfsburg an Relevanz für den Konzern einbüßte. Die VW-Manager waren überdies beruflich nun viel eingespannter, als dass da noch viel Zeit gewesen wäre für kommunalpolitisches Engagement, geschweige denn großes Interesse aufgekommen wäre, auf diese Ebene der ‚Dorfpolitik‘ hinabzusteigen. Die Stadt Wolfsburg selbst hatte sich zudem in jener Zeit der 1970er und 1980er Jahre zu einer quasi vollständigen Stadt entwickelt und warf nicht mehr so viele kommunalpolitisch zu lösende Standortprobleme auf wie zuvor, als noch Wohnungsknappheit herrschte und kultureller Notstand. Auch hatte sich nun die Wolfsburger Kommunalverwaltung gegenüber den 1950er Jahren professionalisiert, sie war ‚großstädtischer‘ geworden.

VW nahm z.B. weder Einfluss auf die Kandidatenaufstellung für die Gemeindewahlen noch auf das Wahlverhalten seiner Beschäftigten. Dennoch waren in den 1950er und 1960er Jahren die Mehrheit der Ratsmitglieder bei VW beschäftigt; aber das ergab sich gleichsam zwangsläufig, weil eben auch die Mehrheit in der Wolfsburger Bevölkerung bei VW beschäftigt war. Der Stadtrat war für das VW-Werk auch insofern relativ uninteressant, weil bei den das VW-Werk betreffenden Angelegenheiten die VW-Ratsmitglieder ohnehin wegen Befangenheit (§ 26 Nieders. Gemeindeordnung) nicht hätten abstimmen dürfen. In den 1950er Jahren musste sogar ein Extra-Erlass für Wolfsburg sicherstellen, dass der Gemeinderat beschlussfähig blieb, wenn die Ratsmitglieder, die bei VW beschäftigt waren, wegen Befangenheit hinausgingen. Dennoch waren früher immerhin noch einige leitende Angestellte von VW bzw. Betriebsratsmitglieder als Fraktionschefs, als Mitglied des Verwaltungsausschusses, ja, sogar als Bürgermeister auch in verantwortlichen Positionen kommunalpolitisch tätig. Das hatte sich aber bereits in den 1970er und 1980er Jahren gegeben.

Natürlich konnte man sich bei VW in Bezug auf Angelegenheiten, die für VW direkt relevant waren, darauf verlassen, dass man sich auf Seiten der Stadt mit besonderem Nachdruck um die entsprechende Erledigung der Angelegenheit kümmern würde. Dennoch kam es immer mal wieder zu Spannungen und zwar auf beiden Seiten, wobei sich drei typische Konfliktarten unterscheiden ließen:
- VW verlangt etwas, was die Stadt vor allem nicht schnell oder reibungslos genug erfüllen kann.
- Das Unternehmen stellt unklare, widersprüchliche oder sich kurzfristig ändernde Forderungen, die die Stadt verunsichern.
- VW verfolgt Interessen, die mit dem Allgemeinwohls-Anspruch, dem Gleichbehandlungsgrundsatz, dem Legalitätsprinzip staatlich-kommunalen Handelns nicht (voll oder schnell genug) kompatibel gemacht werden können.

Im Prinzip aber galt und gilt:

> „Wenn das Werk zu einer bestimmten Meinung kommt, dann kann der Rat der Stadt letztlich nur mit dem Kopf nicken; da sollte man sich nichts vormachen. Wer das nicht akzeptiert, ist ein Illusionär oder sollte aufhören in Wolfsburg Politik zu machen."[18]

IV. VW-AUTOMOBILKONJUNKTUR UND STADTENTWICKLUNG WOLFSBURGS

Stadt und VW hatten neben lang anhaltenden Boomphasen auch immer wieder schwere, wenn auch relativ kurze Rezessionen erlebt.

Während die Beschäftigtenzahlen entsprechend der Automobilkonjunktur in der Wirtschaftswunderzeit bei VW noch bis in die ersten Hälfte der 1960er Jahre ununterbrochen und zum Teil rasant anstiegen und die Stadt von rund 27.000 Einwohner (1950) auf rund 84.000 (1964) anwuchs,[19] zeichnete sich ab 1965 eine unruhige Zeit bei VW ab, die bis 1975 andauerte und gekennzeichnet war durch drei aufeinander folgende, sich in ihrer Brisanz steigernde Rezessionen 1966/67, 1971/72 und 1974/75.

---

18   So 1980 ein SPD-Ratsherr, zit. in: *Herlyn* u.a., Stadt im Wandel, S. 122.
19   *Herlyn* u.a., Faszination Wolfsburg 1938-2012, S. 180.

Die ersten beiden Krisen waren gleichsam Warnsignale für Stadt und Werk, wobei die 1966/67er Krise eingebunden war in die erste große wirtschaftliche Rezession in der Bundesrepublik, also keine werkseigene Krise war, während die beiden folgenden neben allgemein wirtschaftlichen Ursachen (Ölkrise etc.), deutlich auch hauseigene Krisensymptome aufwiesen. Die beiden Krisen von 1966/67 und 1971/72 führten – erstmals in der VW-Geschichte Wolfsburgs – zum Abbau der Belegschaft im Werk.[20] Während die erste Krise noch weitgehend durch das Nichtersetzen der Belegschaftsfluktuation (sie lag in den Jahren bei rund 10-20% der Belegschaft), durch Abbau von Überstunden, Einführung von Kurzarbeit und anderes mehr beschäftigungspolitisch aufgefangen wurde, reichte dies in der Krise 1971/72 nicht mehr aus: Deshalb wurde erstmals von den so genannten ‚Aufhebungsverträgen' Gebrauch gemacht: das freiwillige Ausscheiden wurde mit Abfindungen honoriert, die sich nach Beschäftigungsdauer und letztem Lohn bemaßen.

Interessanterweise bedeutete vor allem die Krise 1966/67 für die Stadt einen psychologischen Schock, vielleicht auch insofern sie zeitlich zusammenfiel mit dem Tod des VW-Generaldirektors Nordhoff, der als ‚König von Wolfsburg', als ‚der General' vielen ein Symbol der Wiederaufbau- und Wirtschaftswunderphase gewesen war. Die Auswirkungen der beiden Krisen auf den kommunalen Haushalt waren eher gering: Bevor die Krisen budgetär durchschlugen, waren sie jeweils schon wieder vorbei. Anders dagegen die dritte Krise von 1974/75.

Die 1974 einsetzende, seinerzeit größte Krise bei VW führte im Wolfsburger Werk zu einem Personalabbau in bis dahin unbekanntem Ausmaß: 10.000 Arbeitsplätze gingen binnen zweier Jahre verloren.[21] Ursache dieser Krise[22] war zum einen der internationale Automobilmarkt, der durch eine Absatzflaute gekennzeichnet war, die für VW aufgrund seiner extremen Exportabhängigkeit besonders prekär war. Zugleich war die Krise Resultat einer (offensichtlich auch zu späten) Umstellung der Modellpolitik vom sog. Käfer zur Passat-, Scirocco-, Golf- und Polo-Generation, die erst 1975 abgeschlossen wurde und die mit einer durchgreifenden Umstellung der gesamten Produktion auf das sog. Baukasten- und Gleichteilesystem verbunden war. Neben den schon in den früheren Krisen praktizierten Sozialmaßnahmen zum Abbau von Arbeitsplätzen (Nichtersetzen der Fluktuation, Kurzarbeit, Aufhebungsverträge) wurde erstmals die sog. 59er- und 62er-Regelung praktiziert. Danach konnten 59jährige weibliche und 62jährige männliche Arbeitskräfte (im Juni 1975 wurde auch die Altersgrenze der Männer auf 59 Jahre gesenkt) unter Wahrung ihrer finanziellen Bezüge vorzeitig den Betrieb verlassen. Insgesamt schieden fast 6.000 Beschäftigte (vorwiegend ausländische Arbeitnehmer) auf der Basis von Aufhebungsverträgen aus.[23]

---

20   vgl. hierzu *Rainer Dombois*, Massenentlassungen bei VW: Individualisierung der Krise, in: Leviathan, 4, 1976, H. 4, 1976, S. 432–463.
21   *Herlyn* u.a., Stadt im Wandel, S. 54, Tab. 3.
22   vgl. *Dombois*, Massenentlassungen.
23   *Herlyn* u.a., Stadt im Wandel, S.77.

Angesichts des Ausmaßes dieses Personalabbaus und der Tatsache, dass damals die Mehrheit der Wolfsburger im Werk beschäftigt war, verwundert es ein wenig, dass die Stimmungslage in der Bevölkerung zwar gedrückt und nachdenklich, aber mehrheitlich nicht eigentlich dramatisch war: Dadurch, dass keine formellen Massenentlassungen durchgeführt wurden, erweckte der Personalabbau von rund 10.000 Beschäftigten offenbar den Eindruck, dass nicht zu gehen brauche, wer nicht gehen wollte. In der Bevölkerung herrschte zudem ein starkes VW-Selbstbewusstsein und Selbstvertrauen, das sich darin gründet, dass a) ein ,halbstaatlicher' Weltkonzern wie VW schon nicht einfach Pleite machen kann, b) es schon immer Absatzflauten gegeben habe, aus denen das Werk bisher stets nur gestärkt hervorgegangen sei, und c) dass, wenn es bei VW nicht mehr gehen sollte, auch überall sonst ,die Lichter ausgehen' würden.[24]

Schon damals zeigte sich, was sich später noch einmal wiederholen sollte: nämlich ein nahezu perfektes, sozialverträgliches Krisenmanagement, zu dem sich Werksleitung und Gewerkschaften zusammenfanden.

Dennoch hatte die 1974/75er-Krise erhebliche Auswirkungen auf die Stadtentwicklung. Zum einen schlug sie auf die Bevölkerungsentwicklung durch. Erstmals in der Wolfsburger Geschichte sank die Bevölkerungszahl; zum ersten Mal zeigte die Wanderungsbilanz Wolfsburgs negative Saldi von über 3.000 Personen pro Jahr.[25] Zum anderen schlug die Krise auf den kommunalen Finanzhaushalt durch: Noch 1973 flossen dem Gemeindesäckel über 40 Mio. DM an Gewerbesteuer zu; in den Jahren 1974, 1975 und 1976 sanken die Einnahmen ganz erheblich ab, um erst 1977, nach Überwindung der Krise, wieder auf über 57 Mio. DM hochzuschnellen.[26]

V. STADTENTWICKLUNG ALS ,JOINT VENTURE': DIE WOLFSBURG AG

Die bisher größte wirtschaftliche Krise erlebte VW (und damit die Stadt) allerdings erst in der ersten Hälfte der 1990er Jahre. Zwischen 1990 und 1996 sah sich VW gezwungen, die Belegschaft von rund 60.000 auf rund 45.000 Beschäftigte abzubauen.[27] Die Arbeitslosenquote der Stadt stieg von 7,5% auf über 17%.[28] Und es gab Szenarien bei VW, die von einem noch weiter gehenden Abbau der Stellen im Werk bis herunter auf 22.000 Beschäftigte sprachen. Die Lichter schienen in Wolfsburg auszugehen: Werk und Stadt am Abgrund?

Eine Zeit lang schien es so, als ob dem VW-Konzern die stadtentwicklungspolitischen Konsequenzen seiner betriebswirtschaftlichen Kalküle (erst drastischer Stellenabbau, dann langfristige Deckelung der Belegschaft am Standort Wolfsburg bei maximal 50.000 Beschäftigten) ziemlich gleichgültig seien. Dann setzte

---

24 vgl. hierzu ausführlich ebd., S. 81.
25 Ebd., S. 83, Abb. 5.
26 Ebd., S. 85, Tab. 7.
27 *Herlyn* u.a., Faszination Wolfsburg 1938-2012, S. 181.
28 *Harth* u.a., Stadt als Erlebnis, S. 30.

sich jedoch die Einsicht durch – auch nach starker kommunaler Intervention –, dass man die Stadt nicht einfach hängen lassen könne. Auch mit Blick auf die damals bevorstehende EXPO-Weltausstellung in Hannover, auf der VW sich als global player und als Hauptsponsor u.a. auch an seinem ‚Stammsitz‘ Wolfsburg präsentieren wollte, war es unmöglich, sich in einer Stadt zu zeigen, der man Armut, Niedergang und Provinzialität sofort anmerken würde.

Vor diesem Hintergrund erfuhr das Verhältnis von Stadt und VW dann eine grundlegende Veränderung: 1999 kam es zur Gründung der sog. Wolfsburg AG, in der die Stadt Wolfsburg und die Volkwagen AG als alleinige Gesellschafter auftreten. Zu den Zielen heißt es in der Satzung lapidar: Gegenstand des Unternehmens ist die Förderung der Wirtschaftsstruktur und Beschäftigungsentwicklung schwerpunktmäßig am Standort Wolfsburg und in der Region. Damit ist die Wolfsburg AG einerseits ein weitgehend typisches Beispiel für heute weithin üblich gewordene Public-Private Partnership-Modelle, andererseits ist sie ein absoluter Sonderfall schon allein von der komplexeren Aufgabenstellung her. Gegenstand des Unternehmens ist nicht die Durchsetzung einer konkreten städtebaulichen Entwicklungsmaßnahme, sondern ganz umfassend kommunale Beschäftigungs- und Strukturförderung. Mit Blick auf das Unternehmensziel ‚Erhöhung der Attraktivität der Stadt Wolfsburg‘ (bei extensiver Auslegung) zielt die Wolfsburg AG potenziell auf Stadtentwicklungspolitik schlechthin.

Im Mittelpunkt der Arbeit der Wolfsburg AG stand bzw. steht die Umsetzung des sogenannten Autovisions-Konzeptes, worunter sich verschiedene Aspekte der Wirtschafts- und Standortförderung verbergen, erstens etwa der Versuch, nun endlich Zuliefererfirmen für das VW Werk in Wolfsburg anzusiedeln, zweitens einen so genannten Innovationscampus zu etablieren, um Existenzgründer mit dem VW-Know-how zu fördern. Die Einrichtung der sog. Personalserviceagentur beinhaltete drittens den Versuch, die Arbeitslosen der Stadt zu qualifizieren, damit Gründer- und Zuliefererfirmen entsprechend qualifizierte Arbeitskräfte vorfänden, aber auch VW selbst, um (Stichwort: die ‚atmende Fabrik‘) konjunkturelle Beschäftigungsschwankungen besser auffangen zu können. Diese beschäftigungspolitischen Maßnahmen der Volkswagen AG waren sicherlich mit dafür verantwortlich, dass sich die Arbeitslosenquote in Wolfsburg – natürlich auch im Kontext der schon bald wieder anziehenden Automobilkonjunktur – dann rasch mehr als nur halbierte und somit ‚normalisierte‘.

Abb. 3: Forum AutoVision der Wolfsburg AG: Außenanlagen und Innovationscampus (ICW).
Quelle: Institut für Zeitgeschichte und Stadtpräsentation

Stadtstrukturell noch wichtiger war aber wohl das Erlebniswelt-Konzept der
Wolfsburg AG. Ausgangspunkt war hier das VW-eigene Großprojekt ‚Autostadt'.
Der Konzern hatte als Marketing-Strategie vor, im Raum Wolfsburg ein Ausliefe-
rungslager zu errichten: die Käufer sollten sich ihr Auto selbst abholen und dieses
Abholen sollte zu einem ‚Erlebnis' werden, um die Kunden an die Marke VW
emotional zu binden. Das VW-Projekt ‚Autostadt' sollte dies gewährleisten. Aber
damit die Reise nach Wolfsburg nun wirklich zum Abhol-Erlebnis werden würde,
schien es notwendig, auch die Stadt selbst touristisch ‚interessanter' zu machen.
Die bis dato für Auswärtige nicht gar so verlockende Stadt selbst sollte, und hier
trafen sich die Interessen von Stadt und VW, zur „Erlebniswelt" werden. Durch
verschiedene „Ankerattraktionen" sollte ein „Besucherstrom quer durch die Stadt
erfolgen", Wolfsburg „zu einer Destination, zu einem überregionalen Anziehung-
sort" entwickelt werden. Das Erlebniskonzept sah vor, an sechs über die erweiterte Innenstadt verteilten Standorten ‚Erlebnisdistrikte' mit unterschiedlichen The-
menbereichen zu realisieren. Die Erlebniswelten selbst sollten von hochkarätigen
Investoren wie z. B. Warner, Microsoft oder Disney in einem Zeitraum bis 2028
erstellt werden.[29]

Die erlebnisorientierte Großprojektepolitik wurde dann sehr zügig, aber weitgehend ohne Bürgerbeteiligung durchgeführt.[30] Die Bevölkerung wurde lediglich
über die Presse bzw. Bürgerversammlungen informiert. Dieser Tatbestand ist
weitgehend unbestritten, wenn sich auch diesbezüglich in der Bewertung große
Meinungsunterschiede in der Bevölkerung zeigen: die einen kritisieren das, die
anderen zeigen Verständnis, manche finden es gar richtig: anders könne man das
gar nicht machen. Auch die Rolle des Rates der Stadt als Entscheidungs- und
Kontrollorgan war begrenzt: man wurde informiert, man musste auch formal die

29 Vgl. hierzu ausführlich *Harth* u.a., Wolfsburg: Stadt am Wendepunkt. Eine dritte
    soziologische Untersuchung, Opladen 2000, S. 173ff.
30 Vgl. hierzu ausführlich *Harth* u.a., Stadt als Erlebnis, S. 201ff.

entsprechenden Beschlüsse fassen, aber politische Kontroversen (schon gar grundsätzlicher Art) waren selten.

Die erlebnisorientierte Großprojektepolitik konnte vor allem deshalb relativ reibungslos durchgesetzt werden, weil sie
- im VW-Interesse zu liegen schien (und tatsächlich auch lag),
- relativ alternativlos und auch ‚verlockend' genug war; d.h. es ging in dieser Public-Private Partnership nicht (wie sonst) um bisweilen so kontroverse Dinge wie Mülldeponien, Flughafenerweiterungen, Kohlekraftwerke, sondern um so schöne Dinge wie Parks, Museen, Fußballstadien, Einkaufszentren etc.,
- keine unmittelbaren Opfer verlangt wurden (außer von einigen Kleingärtnern, die ihre Parzellen aufgeben mussten), d.h. die Großprojekte konnten in der Stadt auf quasi ‚Freiflächen' so platziert werden, dass kaum Bewohner- oder Anwohnerkonflikte entstanden,
- sie richtigerweise (aber auch sehr geschickt) als ‚einmalige Chance' für die Stadt Wolfsburg verkauft werden und jede Kritik gut als ‚lästige Bedenkenträgerei' oder als ‚kleinkariert' abgekanzelt werden konnte,
- sie andererseits aber auch tatsächlich so breit gefächert angelegt war, dass (schichtübergreifend) für jeden Erlebnisanspruch letztlich doch was dabei war,
- mit der VW-eigenen Autostadt gleich ein imposantes und erfolgreiches Startsignal für diese Art von Politik gesetzt wurde und
- über die große Aufmerksamkeit, die dieser stadtentwicklungspolitische Ansatz außerhalb von Wolfsburg auslöste, letzte Unsicherheiten und Bedenken in der Bevölkerung und im Rat der Stadt verdrängt bzw. ausgeräumt werden konnten.[31]

Tatsächlich war nicht so sehr strittig, ob diese erlebnisorientierten Großprojekte für die Entwicklung der Stadt wünschenswert wären oder nicht, sondern ob und wie sie in einer Stadt wie Wolfsburg ‚funktionieren' würden und wie sie zu finanzieren wären. Als nach einer ersten, sehr erfolgreichen Phase einige Investoren für weiter geplante Großprojekte ‚absprangen', die Gewerbesteuern mal wieder etwas rückläufig waren und sich die Verschuldung der Stadt innerhalb weniger Jahre verdreifacht hatte (und Kommunalwahlen bevorstanden), wurde das Tempo dieser dynamischen, erlebnisorientierten Stadtentwicklungspolitik gedrosselt und schnell vom Konzept der ‚Erlebnisstadt' auf das der ‚Wohlfühlstadt' umgestellt.

Von dem umfassenden Erlebnisweltkonzept wurden in der Zeit bis 2007 die wesentlichen Projekte umgesetzt (Autostadt, Designer-Outlet-Centre, phæno, Volkswagen Arena, Allerpark, Badeland, Schloss), die Wolfsburg tatsächlich ein großes Stück weiter gebracht haben, vor allem auch imagemäßig. Es wurde etwas Einmaliges geschaffen, eine Vielzahl von Großprojekten entstand und die nationale und internationale Medienlandschaft staunte, was da so alles in Wolfsburg in so kurzer Zeit umgesetzt worden war.

31 Vgl. *Harth* u.a., Stadt als Erlebnis, S. 233ff.

Abb. 4: Das „Science Center" phæno, geplant und gebaut von der irakisch-britischen Architektin Zaha Hadid; der Bau wurde im November 2005 eröffnet. Quelle: Institut für Zeitgeschichte und Stadtpräsentation

Schaut man sich aber an, was und wo etwas realisiert wurde, so zeigt sich, dass insbesondere der nordöstliche Rand der Innenstadt Wolfsburgs massiv aufgewertet wurde, der genau das Um- und Sichtfeld der VW-eigenen Autostadt ausmacht, d.h. man könnte zynisch sagen: die Wolfsburg AG (und insbesondere die Stadt) hat mit großem Aufwand die Nahumgebung und die Zuwegung zur VW-Autostadt hergerichtet.[32] Aber andererseits steht außer Frage, dass die Stadt auch auf diese Art und Weise sehr von den Investitionen profitiert hat, die inzwischen sogar zu einer grundlegenden Neuorientierung in der Innenstadt-Planung geführt haben. In Wolfsburg spricht man in diesem Zusammenhang inzwischen gar von einem „zweiten Umbruch der Stadtstruktur": Sah der ursprüngliche Stadtgrundriss von 1938 einerseits eine klare Funktionstrennung zwischen Werk und Wohnstadt vor mit dem Mittellandkanal als klarer Trennungs- und Demarkationslinie zwischen den beiden Bereichen, so wurde – dies war der erste grundlegende Umbruch – nach dem Zweiten Weltkrieg das Stadtzentrum in die Wohnstadt integriert, was mit der Umwandlung der Hauptstraße, der Porschestraße, einem Autoboulevard, in eine Fußgängerzone seinen besonderen Ausdruck fand. Es blieb aber bei der Vorstellung der Wolfsburger Stadtplanung, die Stadt müsse sich gewissermaßen vom VW-Werk abgrenzen, ja, abwenden, um ein ‚eigenes Gewicht' zu erlangen: man müsse sich selbstbewusst gegenüber dem Werk positionieren. Das hatte zur Folge, dass entlang des Kanals einerseits die imposante Schaufront des VW-Werks (nördlich des Kanals), andererseits gleichsam die Rückseite der

32 Vgl. hierzu die Skizze in *Herlyn* u.a., Faszination, S.123.

(Innen-) Stadt (südlich des Kanals) aufeinander stießen und eine höchst unerfreu-
liche ‚Zwischenzone' entstand mit riesigen Parkplatzbereichen, einem kleineren
Gewerbegebiet, ein paar Kleingartenkolonien. Seit Ende der 1990er Jahre erfolgte
nun als Konsequenz der verstärkten Kooperation und Annäherung zwischen Stadt
und VW im Rahmen der Wolfsburg AG, besonders aber als Folge der Eröffnung
der Autostadt, der zweite große städtebauliche Umbruch: Die Mitte der Stadt
rückt seitdem an die Nahtstelle zwischen Werk und Stadt, an den sog. Nordkopf
der Fußgängerzone. Hieß es zu Beginn der erlebnisorientierten Großprojektpolitik
1998 noch, dass der Nordkopf lediglich „zu einem attraktiven Einkaufs- und Er-
lebniszentrum" und damit zur „Drehscheibe und Bindeglied" zwischen Autostadt,
Innenstadt und den Erlebnisangeboten entwickelt werden soll, soll er jetzt „eine
neue Stadtmitte", ein lebendiges Zentrum mit Funktionsmischung werden.

Mit der Public-Private Partnership der Wolfsburg AG waren hohe Erwartungen verbunden: Von städtischer Seite hoffte man, dass die zukünftige Stadtentwicklung nun in einer ganz neuen und weitaus dynamischeren Dimension erfolgen würde. Tatsächlich war, wie gezeigt, die Wolfsburg AG in den ersten zehn
Jahren auch sehr erfolgreich. Dabei stellte sich natürlich das Verhältnis zwischen
VW und Stadt nicht immer als so ganz reibungslos dar. Schon bald zeichneten
sich Meinungsunterschiede zwischen VW und Stadt ab, z.B. in Bezug auf das
Planungs-, Entscheidungs- und Herstellungstempo und die Qualität des jeweils zu
errichten Großprojektes. In den letzten Jahren kam als Diskussionspunkt die Frage
der räumlichen Bezugseinheit der Wolfsburg AG hinzu, die die Stadt gern auf das
Stadtgebiet Wolfsburgs beschränkt, VW dagegen auf die gesamte VW-Region in
Südostniedersachsen ausgeweitet sähe.

Die Stadt hat zwar ein gewisses Verständnis für diese VW-Position (ist
schließlich alles ‚VW-Land'), fürchtet aber naturgemäß um ihre privilegierte Stellung als ‚Hauptstadt des VW-Imperiums' und die damit verbundene Sonderstel-
lung in Bezug auf das Kultur- und Sportsponsoring des Konzerns am Standort.

Insgesamt muss man feststellen, dass die mit der Gründung der Wolfsburg
AG verbundene Aufbruchsstimmung, die ‚neue Gründerzeit', inzwischen verflo-
gen ist. Beide Partner suchen wieder verstärkt nach Abstand und eigenen Wegen
und wenden sich wieder den eigenen Kernaufgaben zu. Dennoch ist die Wolfsburg AG nach wie vor aktiv, aber es fehlen ihr etwas die spektakulären Projekte
der Anfangsphase, wie überhaupt auch einige Projekte aufgegeben werden mussten, weil auswärtige Investoren ‚absprangen'.

VI. FAZIT

Die ‚Autostadt' Wolfsburg (also nicht die VW-eigene Autostadt auf dem Unter-
nehmensgelände) hatte mit VW bisher riesiges Glück: als Stadtneugründung eine
Entwicklung sozusagen ‚aus dem Nichts' hin zu einer Großstadt von deutlich über
100.000 Einwohner. Allerdings sind die Grenzen des Wachstums der Stadt inzwischen eindeutig limitiert durch die Entscheidung von VW, den Produktionsstandort Wolfsburg nicht mehr nennenswert auszubauen. Seit einem Jahrzehnt etwa

stagnieren die VW-Belegschaft bei rund 50.000 Beschäftigten und die Einwohnerzahl der Stadt bei etwas über 120.000 Einwohnern.[33]

Der Anteil der Wolfsburger Arbeitnehmer, die bei VW beschäftigt sind, sank von 60-70% in den 1950er und 1960er Jahren auf heute unter 40%.[34] d.h. die Stadt konnte ihre ökonomische Basis ein Stück weit verbreitern, wobei aber hier auch Outsourcing-Strategien von VW zu berücksichtigen sind; das heißt, viele der (formal) außerhalb des VW-Unternehmens in Wolfsburg entstandenen Arbeitsplätze bleiben von diesem ziemlich unmittelbar abhängig.

Parallel zu diesem Prozess hat sich im letzten Jahrzehnt die Bedeutung des tertiären Sektors in der Stadt positiv entwickelt. Die Zahl der sozialversicherungspflichtigen Arbeitsplätze im Bereich Handel und Dienstleistungen hat sich allein in der Zeit von 2001 bis 2011 um 17.000, d.h. um fast 60% erhöht, während sie im Produzierenden Bereich stagniert.[35] Der Beschäftigtenanteil des tertiären Sektors ist in Wolfsburg damit auf über 40% angestiegen; er allein sorgt noch für eine gewisse dynamische Entwicklung auf dem Arbeitsmarkt.

Noch ist man in Wolfsburg von Shrinking-Perspektiven weit entfernt. Im Jahr 2011 vermeldete man in Wolfsburg eine Arbeitslosenquote von 5,5% (zum Vergleich Niedersachen: 7,8%, Deutschland: 7,4%).[36] Man ist auch mittelfristig optimistisch, wozu auch das Bewusstsein beiträgt, schließlich die „Hauptstadt des VW-Imperiums" zu sein und nicht irgendeiner der rund weltweiten 100 VW-Betriebsstandorte. Auch das VW-Gesetz, das dem Land Niedersachsen einen Einfluss auf das Unternehmen sichert, lässt die Stadt hoffen, dass VW seinen Konzernsitz nicht aus Wolfsburg weg verlagern wird. Aber vor allem ist es natürlich der derzeitige Unternehmenserfolg, der die Stadt durchaus beruhigt in die absehbare Zukunft schauen lässt.

Was das kommunalpolitische Verhältnis von VW und der Stadt Wolfsburg betrifft, so hat sie verschiedene Phasen durchlaufen. Unabhängig von der grundsätzlichen Abhängigkeit der Stadtentwicklung Wolfsburgs von VW (jenseits aller persönlichen Einflussnahme) war vor allem die Ära des damaligen VW-Generaldirektors Nordhoff (1948-1968) noch geprägt von gewissen patronalen Zügen seitens des VW-Werkes. In der Bevölkerung hieß er ‚General', ‚Ehrenbürger', ‚großer Meister', ‚Papst von Wolfsburg' usf. Nordhoff selber soll gesagt haben, dass seine Meinung in Wolfsburg „die Autorität letzter Instanz" besitze.[37]

Die Zeit zwischen 1968 und 1998 war dann geprägt durch eine größere wechselseitige Distanz zwischen Stadt und VW. Die Stadt war keine reine Werkssiedlung mehr, sondern 1972 im Rahmen umfänglicher Eingemeindungsmaßnahmen Großstadt geworden. Die Stadt hatte an Selbstbewusstsein, die Stadtverwaltung an professioneller Qualität gewonnen. Die VW-Interessen waren ihrerseits ganz auf den Globalisierungsprozess ihrer Produktion gerichtet; die Stadt Wolfsburg,

---

33 *Harth* u.a., Faszination Wolfsburg 1938-2012, S. 181.
34 *Harth* u.a., Stadt als Erlebnis, S. 69, Tab. 4.
35 Arbeitsmarktbericht 2011, hrsg. v. Stadt Wolfsburg, Wolfsburg 2011, S. 5.
36 Ebd., S. 4.
37 Vgl. *Schwonke/Herlyn*, Wolfsburg, S. 45.

nachdem sie sozusagen ‚ins Laufen' gekommen war, verlor daher aus VW-Sicht
etwas an Bedeutung, ohne dass man sie in dieser Periode nun gänzlich ‚links liegen gelassen hätte'.

Mit der Gründung der Wolfsburg AG im Jahre 1998 setzte die dritte Phase
ein. Sie ist gekennzeichnet durch eine enge Kooperation zwischen Stadt und VW
im Rahmen einer Public-Private Partnership. Ausgangspunkt war die große VW-
Krise, die die Stadt Wolfsburg buchstäblich an den Rand des Abgrundes zu führen
schien. Mit der Entscheidung des VW-Konzerns, in Wolfsburg die sogenannte
konzerneigene Autostadt zu gründen, und mit dem „Autovisionskonzept", eine
Mischung aus arbeitsmarktpolitischen Maßnahmen, Wirtschaftsförderung und
städtebaulicher Investitionspolitik (Großprojekte), gelang es der Wolfsburg AG
eine neue Phase der Stadtentwicklung einzuleiten. Nicht nur wurde gemeinsam
die VW-Krise mit ihrer großen Arbeitslosigkeit überwunden, sondern es gelang
(vor allem auch mit Hilfe von einigen erlebnisorientierten Großprojekten), die
Stadt auf ein neues Entwicklungsniveau zu heben. Dabei stellt die Wolfsburg AG
eine ziemlich einzigartige Public-Private Partnership dar, vor allem was den umfassenden stadtentwicklungspolitischen Anspruch anbetrifft. Angesichts der verbreiteten politologischen Skepsis gegenüber solchen ‚Vermischungen' von pri-
vatwirtschaftlichen Interessen einerseits und öffentlichen andererseits, muss man
das Wolfsburger Beispiel wohl als Erfolg werten. Tatsächlich hat sich mit der
durchaus auch eigeninteressierten Entscheidung von VW, sich stadtentwicklungs-
politisch in der Wolfsburg AG zu engagieren, für die Stadt ein ‚window of opportunity' geöffnet, das man entschlossen genutzt hat. ‚Win-win'-Situationen sind in
Planung und Politik eher selten. Hier könnte jedoch eine vorliegen. Denn auch die
Bevölkerung trägt diese Stadtentwicklungspolitik durchaus mehrheitlich mit – ge-
treu dem Wolfsburger Motto: was gut ist für VW, ist gut für die Stadt. Freilich
scheint sich in den letzten Jahren die stadtentwicklungspolitische Dynamik dieser
Public-Private Partnership bereits wieder verflüchtigt zu haben. Stadt und VW
gehen wieder etwas mehr eigene Wege. Die Wolfsburg AG aber besteht weiter.

AUTOSTADT RÜSSELSHEIM: RÄUME, AKTEURE UND SELBSTBILDER ZWISCHEN LOKALITÄT UND GLOBALITÄT

Clemens Zimmermann

I. EINLEITUNG

Die Chancen „alter" Industriestädte, sich nach einschneidenden Deindustrialisierungsprozessen, in einer durch die Entwicklung zur Wissensgesellschaft und vermehrten globalen und interurbanen Wettbewerb gekennzeichneten Situation wieder aufzustellen, sind in der gegenwärtigen Urbanistik ein großes Thema.[1] Viele Veröffentlichungen betreffen monostrukturelle Industriestädte im amerikanischen Rust-Belt[2] und im ehemaligen sozialistischen Lager. Die Problematik von Schrumpfung, Deindustrialisierung und Neustrukturierung betrifft indes nicht nur große Städte wie Leipzig oder Turin, die neuerdings als „Phönix-Städte" im Wiederaufstieg betrachtet wurden,[3] sondern auch kleinere. Diese sind in der Regel historisch von einem großen Unternehmen noch abhängiger als industrielle Großstädte, wo sich eine diversifizierte Wirtschafts- und Sozialstruktur mit einem höheren Dienstleistungsanteil entwickelte. Um einen solchen Fall geht es hier, um die 60.000-Einwohnerstadt Rüsselsheim in der dynamischen Metropolregion Frankfurt,[4] was die Situation grundlegend vom Rust-Belt, Ruhrgebiet oder ostdeutschen Regionen unterscheidet. Es geht um eine Industriestadt, die einerseits seit nunmehr einigen Jahrzehnten innerregional in starken Wettbewerb mit umlie-

---

1 Vgl. *Clemens Zimmermann* (Hrsg.), Industrial Cities. History and Future, Frankfurt am Main/New York 2013.

2 Vgl. *James J. Connolly*, Can they Do It? The Capacity of Small Rust-Belt Cities to Reinvent Themselves in a Global Economy, in: *ders.* (Hrsg.), After the Factory. Reinventing America's Industrial Small Cities, Lanham u.a., 2010, S. 1–17.

3 Vgl. *Anne Power u.a.*, Phoenix Cities: the fall and rise of great cities, Belfast 2010. – Zum Stand der internationalen Industriestadtforschung vgl. *Martina Heßler/Clemens Zimmermann*, Perspektiven historischer Industriestadtforschung. Neubetrachtungen eines etablierten Forschungsfeldes, in: Archiv für Sozialgeschichte 51, 2011, S. 661–694; *Martina Heßler/Clemens Zimmermann*, Einführung: Neue Potenziale historischer Industriestadtforschung, in: Informationen zur modernen Stadtgeschichte 2012, H.1, S. 6–14.

4 Die Metropolregion Frankfurt stand 2005 in der EU an 21. Stelle mit 4,7 Millionen Einwohnern und mit 2,2 Millionen Beschäftigten an 16. Stelle sowie beim durchschnittlichen Bruttoinlandsprodukt je Einwohner an 9. Stelle; vgl. *Stephan Krätke*, Europas Stadtsystem zwischen Metropolisierung und Globalisierung. Profile und Entwicklungspfade der Großstadtregionen Europas im Strukturwandel zur wissensintensiven Wirtschaft, Berlin 2007, S. 18f., 35, 54, 57, 89.

genden Städten und Gemeinden geriet und andererseits von dem seit einhundert Jahren dominierenden Hauptakteur Opel immer noch abhängig ist.[5]

Mit Rüsselsheim und Opel trifft man auf einen ganz besonderen Typ von Industriestadt, die Autostadt. Die Entwicklung von Autostädten im 20. Jahrhundert beruhte auf der dynamischen Verbindung von Automobilität, industrieller und urbaner Entwicklung.[6] In der Forschung[7] wurden als Merkmale von Autostädten festgelegt: 1. spezifische räumliche Konstellationen, vor allem die perfekte Herstellung der autofreundlichen Stadt, was nicht heißen soll, dass extreme autobezogene Stadtgestalt auch in ganz anderen Stadttypen stattfand (in der Bundesrepublik zum Beispiel in Hannover); 2. die Dominanz der einzelnen Produktionsfirmen auf den lokalen Arbeitsmärkten und 3. die positive Selbstidentifikation von Bewohnern und politischen Akteuren mit Automobilität.[8]

Am Beispiel von Rüsselsheim soll gezeigt werden, wie bereits in 1970er Jahren und dann aber weiterhin nach 1980 ein struktureller Wandel in der Produktionsstruktur und Beschäftigung bei Opel begann, der einschneidende Konsequenzen für die Belegschaft und die Stadt hatte. Dieser strukturelle Wandel begann, als Opel Zweigwerke in Bochum (1962) und Kaiserslautern (1966) und später an anderen, billiger produzierenden europäischen Standorten aufbaute. Seitdem besteht prinzipiell innerhalb der Firma Opel bei jeder Absatzkrise das Problem der Kannibalisierung durch Wegnahme von einzelnen Produktionslinien oder gar Schließungen, wie sie nunmehr für Bochum beschlossen ist. Diese Bedrohung durch Schließungen ganzer Werke ereilte zuletzt, d.h. nach 2.000, auch das Stammwerk Rüsselsheim. Absatzkrisen, die Debatte über Modellpolitik, Preis- und Qualitätsentwicklungen und das Verhältnis zwischen den europäischen Werken sowie das Verhältnis von Rüsselsheim zu Detroit wurden zu einem Dauerphänomen, während man bis in die 1980er Jahre hinein auf erheblichem linearen Wachstumskurs war, der im Autowerk und in der Autostadt praktisch synchron stattfand.

Heutige Verwerfungen des Arbeitsmarktes, der sozialen und demographischen Entwicklung lassen sich schon aus diesen Konstellationen erklären, allerdings gehen noch weitere lokale und spezifische Bedingungen ein: die histo-

5   Opel, aus einem örtlichen Handwerksbetrieb entwachsen, dann kurz vor der Weltwirtschaftskrise die größte deutsche Automobilfirma und von GM aufgekauft, entwickelte sich in Westdeutschland bis zu den 1970er Jahren zum zweitgrößten Produzenten in Deutschland und einem der größten in Europa, blieb aber vor allem in der Modellpolitik von Detroit abhängig und hatte von Anfang an einen begrenzten Entscheidungsspielraum.

6   *John Urry* zeigte, wie sich im 20. Jahrhundert ein mächtiger Komplex der „Automobilität" entwickelte, vgl. *John Urry*, Automobility, Car Culture and Weightless Travel: a discussion paper, www.comp.lancs.ac.uk/sociology/papers/Urry-Automobilty.pdf (1999); vgl. auch *Simon Gunn*, The Buchanan Report, Environment and the Problem of Traffic in 1960s Britain, in: Twentieth Century British History 22, 2011, H. 4, S. 521–542.

7   Vgl. *Martina Heßler*, Die Geschichte von Autostädten in globaler Perspektive. Plädoyer für eine global orientierte Zeitgeschichtsschreibung, in: Informationen zur modernen Stadtgeschichte 2011, H. 1, S. 91–100, bes. S. 92.

8   Opel-Belegschaft hält eigenen Pkw für unverzichtbar, in: Rüsselsheimer Echo (RE), 17.12.1992; Durchaus kritische Blicke zum Auto, in: Main-Spitze (MSP), 17.12.1992.

risch verspätete, dann aber klassische Ausbildung eines durchaus als „fordistisch" zu charakterisierenden Stadtentwicklungsregimes, besondere, aber auch nicht atypische lokale räumliche Begebenheiten (spezifische und sich verschärfende regionale Konkurrenzsituation, starke und historisch immer stärkere regionale Dimensionierung von Arbeitsplatzangeboten, besondere logistische Positionierung), besondere Konstellation insofern, als die Metropolregion selbst verstärkt globale Funktionen übernahm, erhebliche Steigerung an Wertschöpfung stattfand. So ergab sich die interessante Beziehung zwischen einem stagnierenden Ort und einer sich wachsend global aufstellenden prosperierenden Region. Zu den lokalen Besonderheiten gehören ferner, freilich nicht atypische soziale und kulturelle Konstellationen der Aufwertungsdiskurse. Man sollte auch die heutige Lage nicht dramatisieren, denn nicht nur läuft bislang und wohl auf Jahre noch das Werk weiter (zuletzt, Ende 2012, auf Kosten des betriebsinternen Konkurrenten Bochum), sondern da demographische Verluste in Vorjahren inzwischen ausgeglichen werden konnten.

Rüsselsheim ist mithin in vielerlei Hinsicht der durchaus typische Fall einer (mittel- oder westeuropäischen) monostrukturellen Industriestadt sowie einer ursprünglich ganz auf den sozialen/kulturellen Gesamtkomplex der Automobilität orientierten Stadtentwicklung, weist wie erwähnt auch einige Besonderheiten auf. Im Folgenden setzt sich dieser Beitrag die folgenden Ziele:

Erstens: die Herausarbeitung einer historischen Typologie von „Autostadt", vor allem hinsichtlich der Interaktion von Stadt und Werk, spezifischen Urbanitätsmustern und Mobilitätskonzepten;

Zweitens: die Herausarbeitung von Krisen, Struktur- und Imagewandel, etwa die Überprüfung, ob die 1970er Jahre wirklich die entscheidende Krisenphase darstellen, wie vielfach von der Forschung postuliert wird,[9] oder ob sich nicht, wie gezeigt werden soll, danach noch einschneidendere Entwicklungen vollzogen.

Drittens: die besonders ausgeprägte Abhängigkeit von Autostädten von internationalen Konkurrenz- und Kooperationsbeziehungen der Automobilbranche und globalen Verschiebungen von Absatzmärkten, daraus resultierendem Rationalisierungsdruck, Schrumpfung von Arbeitsplätzen und Bevölkerungen.[10] Insofern stellt sich die Frage, inwieweit der Übergang zwischen einzelnen Phasen der Stadt- und Industrieentwicklung direkt oder indirekt auf Internationalisierungs- und Globalisierungsinputs zurückgeführt werden kann.

Man muss davon ausgehen, dass das Ausmaß innerregionaler Konkurrenz im Falle von Rüsselsheim besonders ausgeprägt ist: Probleme stellen sich hinsichtlich zwischenstädtischer und innerregionaler Konkurrenz um Arbeitsplätze, Industrieansiedlungen, Infrastrukturen, Einzelhandel, Bildung/Wissenschaftsressourcen und – sonst wenig beachtet – Umweltvorteilen, mit der schon erwähnten

---

9 Vgl. *Reinhold Bauer*, Ölpreiskrise und Industrieroboter: Die siebziger Jahre als Umbruchphase für die Automobilindustrie in beiden deutschen Staaten, in: *Konrad H. Jarausch* (Hrsg.), Das Ende der Zuversicht? Die siebziger Jahre als Geschichte, Göttingen 2008, S. 68–83.

10 Vgl. *Heßler*, Geschichte.

Besonderheit, dass es sich um eine stark modernisierende und globalisierende Region handelt. Diese regionalhistorische und –ökonomische Dimension ist besonders relevant, weil ansonsten Regionen in einschlägigen Untersuchungen entweder als Entitäten innerhalb z.B. des Untersuchungsgebietes Bundesrepublik behandelt werden[11] oder es sich um relativ unfruchtbare Institutionenforschung handelt.

Es wird sich ferner erweisen, dass die autonom vorgetriebene Werksentwicklung die des Stadtraums stark prägte.[12] Damit verbundene städtebauliche Probleme wie die Tätigkeit gemeinnütziger Siedlungsgesellschaften und die mangelnde Planungsautonomie der Stadt im eigenen Stadtraum können hier nicht weiter ausgeführt werden. Auch weitere Aspekte des Themas, vor allem die Zusammenhänge von Expertenkulturen und autonomen Entscheidungen des Werkes, die Entwicklung hin zu mehr Partizipation und (begrenzter) Zusammenarbeit, ebenso die Bedeutung parlamentarischer Gremien, überhaupt der ganze Komplex von „governance" kann beim gegenwärtigen Forschungsstand noch nicht dargestellt werden. Hier wäre dann auch künftig zu fragen nach (verspäteten) bürgerschaftlichen Herausforderungen; nach Kommunikationsstrategien des Werkes; nach der Rolle lokaler und überlokaler Medien; schließlich nach sich verändernden Konstellationen kommunaler Teilöffentlichkeiten und sozialer Akteure (Vereine, Bürgerinitiativen, Foren, Einzelhandel, Medien), die interessanter Weise erst seit 1999 von externen Planern berücksichtigt wurden.[13] Doch können einige Erkenntnisse gewonnen werden zum Thema, welche Diversifizierungs-, Ökonomisierungs- und Revitalisierungsstrategie des Stadtraums dort selbst bzw. in der örtlichen Presse und überörtlichen Medien aufeinandertrafen.

II. VON DER PROSPERITÄT ZU KRISEN UND REKONSTRUKTION[14]

Rüsselsheim wuchs zwischen 1900 und 1970, vor allem 1950-1970, von einem kleinen Gewerbedorf insbesondere durch den Zuzug von Opel-Arbeitern und Eingemeindung von ihrerseits wachsenden Vororten zur Industriestadt, die sich anschickte, eine eigene Großstadt zu werden. Begünstigt wurde die dynamische de-

11   Vgl. z.B. *Krätke*, Europas Stadtsystem.
12   Zur Raumperspektive vgl. *Heßler/Zimmermann*, Neue Potenziale, S. 12f.
13   Vgl. *Nora Vanessa Faix*, „Creative Class", „Besetzerinnen" und „Aktivierbare". Subjekte der Planung in der unternehmerischen Stadt, Diplomarbeit, Geowisssenschaften, Universität Frankfurt 2010, S. 63.
14   Das Folgende zu Rüsselsheim: *Rudolf Otto*, Baukräne über Rüsselsheim. 25 Jahre Stadtentwicklung 1950–1975, Flörsheim 1981, bes. S. 40–71 und S. 100 (vernachlässigter ÖPNV), 200–251 (zu Straßenbau und Opel); *Magistrat der Stadt Rüsselsheim* (Hrsg.), Rüsselsheim nach 1945. Eine Zeitreise durch 50 Jahre Stadt- und Industriegeschichte, Rüsselsheim 2005 [Ausstellungskatalog Museum der Stadt Rüsselsheim]; *Wolfgang Kergaßner u.a.*, Opel & Rüsselsheim, Freies Projekt, TU Darmstadt 1987; *Olaf Kleinböhl*, Rüsselsheim. Vom Dorf zur Autostadt. Stadtentwicklung von Rüsselsheim unter Berücksichtigung der Böllenseesiedlung und des Stadtteils Hassloch-Nord, Geogr. Institut Uni Mainz, Hauptseminararbeit, SS 1994 (im Stadtarchiv Rüsselsheim).

mographische Entwicklung durch die gute Verkehrslage Rüsselsheims in der Metropolregion, was leichten Zugang für Pendler, später aber auch ebenso leichte Möglichkeiten zum Auspendeln bedeutete.

Rüsselsheim wuchs durch starken Zuzug im perfekten Einklang mit der Produktion bei Opel. Seit 1970 stagnierte die Bevölkerung. Dass aber trotz des seitdem erfolgten massiven Abbaus von Arbeitsplätzen in der Industrieproduktion sich Rüsselsheim nicht zu einer shrinking city entwickelte, hat mit der erwähnten guten Verkehrslage in der Region zu tun, d.h. den Arbeitsplätzen, die leicht von hier aus erreicht werden konnten, als sich einmal eine vollständige Automobilisierung der Bevölkerung vollzogen hatte.

Das Werk von Opel dominierte seit spätestens den 1920er Jahren, als dort teilweise die Fließbandarbeit eingeführt wurde[15], und während des gesamten 20. Jahrhunderts die räumliche und soziale Struktur der Stadt. Opel prägte durch seine Werksfläche, einige Werkssiedlungen, die auf das Werk bezogenen Straßenführungen und durch wichtige Landmarks wie dem Opel-Turm und das Eingangsportal des Werkes das Raumgefüge der Stadt.

Die Belegschaft von Opel wurde im frühen 20. Jahrhundert teils aus der einheimischen Kleinbauern, Handwerker- und Tagelöhnerbevölkerung, teils und in steigendem Maße durch Arbeitspendler rekrutiert, die zunächst vielfach einen kleinbäuerlichen Hintergrund hatten. Nach einigen Jahrzehnten entwickelte sich eine auf skill und craft basierte, stark sozialdemokratisch orientierte und in der IG Metall organisierte lokale Arbeiterklasse. Mit den 1970er Jahren zogen zahlreiche Immigranten in die Stadt, die als ungelernte Arbeiter bei Opel arbeiteten, allerdings nach kurzer Zeit, vor allem seit den 1990er Jahren wieder entbehrlich wurden, d.h. als industrielle Reservearmee fungierten.

Nach dem Wiederaufbau des Opelwerkes unter Kontrolle des US-amerikanischen Eigners GM (die Generaldirektoren und das höhere Management kamen fast stets von der Zentrale in Detroit), begann bei Opel, wie in der gesamten westdeutschen Autoindustrie eine lange und expansive Prosperitätsphase. Erstmals in den 1970er Jahren, dann in verschiedenen Absatzkrisen, ferner durch die japanische Preiskonkurrenz, auch aufgrund von Fehlern in der Modellpolitik, brach die Marktposition von Opel verschiedentlich ein. Der Marktanteil in Europa liegt heute nicht über zehn Prozent, während die Marke in den 1970er Jahren noch vor oder gleich nach Volkswagen stand. Erstmals 1980 führten Gewinneinbrüche bei Opel in einem Rückgang der Beschäftigung und wegen des Ausbleibens der Gewerbesteuereinnahmen zu schockartig geleerten städtischen Kassen.[16] Die Periode der großen Planungen und verschwenderischer städtischer Investitionen ging zu Ende. War die Automobilisierung, d.h. die Nachfrage nach Autos, der große Wachstumsmotor in der Stadtentwicklung Rüsselsheims von den 1950ern bis zu

15   Vgl. *Anita Kugler*, Arbeitsorganisation und Produktionstechnologie der Adam Opel Werke (von 1900 bis 1929), Berlin: WZB, IIVG Papers 1985; *Peter Schirmbeck*, „Morgen kommst Du nach Amerika". Erinnerungen an die Arbeit bei Opel (1917-1987), Berlin/Bonn 1988.

16   Magistrat zu eisernem Sparen vergattert. Finanzschock nach dem Urlaub – Defizit von 59 Millionen, in: RE, 14.8.1980.

den 1970ern, so stellten sich seit den 1990er Jahren die autogerechte Stadt und die Abhängigkeit von einem großen Arbeitgeber als massiver Nachteil für eine nachhaltige Stadtentwicklung dar.

Versuche, die Abhängigkeit von Opel durch die Ansiedlung nicht automobilorientierter Produktion und Dienstleistungen zu mindern und Arbeitsplatzverluste zu kompensieren, sind letztlich gescheitert oder jedenfalls konstruktive Ansätze dazu später wieder negativ kompensiert worden.

Fazit: Die Automobilisierung bedingte einerseits den Aufstieg Rüsselsheims zur Industriestadt schon vor dem Ersten Weltkrieg, dann vor allem vor der Weltwirtschaftskrise und wieder in den 1930er Jahren, sowie am deutlichsten zwischen 1945 bis 1980. Die übermäßige Konzentration auf Automobilität hat andererseits dazu geführt, dass wirtschaftliche Krisen auf den lokalen Arbeitsmarkt voll durchschlugen und die Attraktivität der Wohnstadt und deren Raumstruktur beeinträchtigten.

Abb. 1. Rüsselsheim als „autogerechte Stadt": Darmstädter Straße, 1980er Jahre.
Quelle: Wolfgang Kergaßner, Ulrich Reuß, Martin Zimmer, Opel & Rüsselsheim. Freies Projekt, Darmstadt, 1987, S. 28.

Raumakteur Stadtverwaltung: Rüsselsheim als *autogerechte* Stadt

Rüsselsheim hatte 1960 bis mindestens 1990 die höchste Autodichte der Bundes-republik.[17] 1950 bis 1970 wuchs die Stadt durch dynamisch betriebenen sozialen Wohnungsbau erheblich. Neue Wohngebiete und Siedlungen des sozialen Wohnungsbaus wurden nach dem international verbreiteten Leitbild der *Stadtland-schaft* als selbständige Einheiten geplant, die durch Verkehr verbunden wurden. Dadurch wurde die Wohnungsversorgung verbessert und Pendlern Zuzugsmög-lichkeiten geboten, aber auch neue Verkehrsströme hervorgerufen, die dann durch weitere Verkehrsbauten bewältigt werden mussten. Die öffentlichen Planungsak-teure (Stadtverwaltung, Stadtrat, gesellschaftliche Gruppen) orientierten sich ex-plizit und kompromisslos am Leitbild der funktional getrennten und *autogerech-ten Stadt*. Es gab absolute Priorität für werksgerechte Zufahrten und reichliche Autobahnanschlüsse, für reibungslosen Durchfluss des Durchgangsverkehrs, Ka-nalisierung des internen Quellverkehrs und die Anlegung von Parkplätzen für die einpendelnden Werktätigen. Weil man die bisherigen Zahlen einfach fortschrieb und annahm, bald 100.000, gar 130.000 Einwohner zu erreichen, und sich einen Großstadtstatus ersehnte, schien es angebracht, soziale Infrastrukturen und Ver-kehrsbauten, besonders die Ringstraßen, von vornherein mindestens doppelt so groß wie nötig anzulegen.[18]

Die *Phase* der weiteren *Transformation* des Stadtgebietes 1970 bis 1985 stand unter dem Primat von Flächensanierung, Funktionsentmischung, Ausbau des Mo-bilitätsregimes und Schaffung einer modernen Zone des Konsums im Zentrum mit vielen Parkhäusern. Diese Sanierungspolitik erschien als das non-plus-ultra, räch-te sich aber langfristig, weil das gebaute Resultat und der Verlust einer gewissen charmanten dörflichen Anmutung keine Emotionen und Identifikationen mehr wecken konnten. Zudem: auch die Qualität des Warenangebots blieb wachsend hinter den Erwartungen der einheimischen Konsumenten zurück, die in den sehr attraktiven Nachbarstädten wie Mainz oder in den wachsend etablierten Outlet-zentren der Region einzukaufen begannen.

---

17 Noch 1989 war die Autodichte mit 611/1000 Einwohner höher als in der Autostadt Wolfsburg (599) oder Darmstadt (498), auch 1996 lag die Kraftfahrzeugdichte mit 790 noch weit über dem Durchschnitt; *Albert Speer & Partner*, Rahmenplanung Zentraler Bereich Rüsselsheim, 1992, o.S.; *Martin Einsiedel*, Soziokultureller Wandel in Rüsselsheim, wiss. Hausarbeit im Fach Geographie Mainz 1998, S. 43 (im Stadtarchiv Rüsselsheim).

18 Vgl. *Karl-Ludwig Krug*, Studie über den verkehrsmäßig, technisch und wirtschaftlich zweckmäßigsten Um- bzw. Ausbau der Ringstraße (B 43), im Auftrag des Magistrats der Stadt Rüsselsheim 1963/64 (im Stadtarchiv).

III. DIE SYMBOLISCHE EINHEIT VON OPEL UND STADT UND IHR LANGES ENDE

Lange bestand eine vollkommene symbolische Identität von Opel und Rüsselsheim. 1955 lobte der Bürgermeister Dr. Köbel angesichts einer Werkserweiterung die harmonische Zusammenarbeit von Stadt und Werk. Im selben Jahr wurde das neue Presswerk als „Dom der Arbeit" überhöht.[19] 1966, im ersten Krisenjahr der Bundesrepublik, stellte der Pfarrer der Stadtkirche Opel-Ersatzteile zum Erntedankfest auf den Altar.[20] Im selben Jahr heißt es im Rüsselsheimer Echo: „Der einzige Industriebetrieb bestimmt den Lebensrhythmus unserer Stadt [...] Rüsselsheim ist Opel – Opel ist Rüsselsheim", trotz oder wegen der die Identität bedrohenden ersten Auslagerung von Fertigungen in die neuen Werke Bochum und Kaiserslautern. Ebenfalls 1966 hieß es: Die Steuerzahlungen durch Opel verschafften der Stadt einen entscheidenden Vorteil.[21] 1970 geht es um *Altstadtsanierung* und Verkehrsentwicklung.[22] Man sieht sich als das „Detroit am Main".[23] Bis in die 1990er Jahre hinein, wenngleich mit einsetzenden Zweifeln, wurde Opel in der Außen- wie Binnenwahrnehmung als positiver und bestimmender, identitätsgebender und unhinterfragbarer Akteur in der Stadt gesehen.[24]

Eine erste echte Krise des harmonisierenden Konzepts der „Opelstadt" stellte der dramatische Rückgang der Gewerbesteuereinnahmen 1980 um 52 Millionen DM dar, da Opel durch eine Absatzkrise massive Verluste hatte und keine Steuern mehr zahlen musste.[25] Binnen kurzem hatte die Stadt, die immer nur investiert, Klientele bedient und keine Rücklagen gebildet hatte, ein Haushaltsdefizit von 59 Millionen DM. Gleichzeitig ging durch Kurzarbeit und Entlassungen die Kaufkraft in der Stadt zurück.[26] 1983 berichtete die Frankfurter Rundschau drastisch von der „rasanten Talfahrt der einst reichen Automobilstadt" mit 100 Millionen DM Schulden, das „Detroit am Main" werde schrumpfen. Zu dieser Zeit plante

---

19 Mainspitze, 22.1.1955.
20 Vgl. Der Spiegel, Nr. 44, 1966, S. 91.
21 Allerdings gebe es Gefahren für die Stadtentwicklung, wenn der Autoabsatz einbreche, weitere Industrien sollten angesiedelt werden, so ein Konsens in der Kommunalpolitik, der aber ohne Folgen blieb; *Josef Scheidemann*, Auf Gedeih und Verderb mit Opel verbunden, in: RE, 31.12.1966.
22 Das moderne Rüsselsheim stellt sich zur Schau, in: MSP, 26. 10.1970.
23 Vgl. FR, 29.10.1983. Noch in einem recht aktuellen ZDF-Feature wurde „Hessisch Detroit" evoziert; ZDF: „Bin mal kurz in ... hessisch Detroit", 18.4.2009.
24 Freilich, genau zu dieser Zeit mehrten sich, zumindest in der Gegenöffentlichkeit von Grünen und Linken, kritische Stimmen, so heißt es 1989: „Rüsselsheim: Eine industrielle Paradestadt wird zum Hinterhof. [...] Das einst so reiche Rüsselsheim geriet ab 1980 [...] in eine [...] anhaltende Finanzkrise", nicht nur wegen der krisenhaften Ausfälle, sondern auch, weil sich das Werk durch Produktionsverlagerungen und Finanztricks den Gewerbesteuerzahlungen entzogen habe. Nunmehr könne man die weitere Entwicklung nur noch im globalen Raum der Neustrukturierung von Autoproduktion und im Kontext des Sogs der Großagglomeration Rhein-Main betrachten; vgl. *Achim Dressler*, Rüsselsheim. Eine industrielle Paradestadt wird zum Hinterhof, in: Kommune 1989, S. 35–40.
25 Vgl. MSP, 14.8.1980.
26 Magistrat zum eisernen Sparen vergattert, in: RE, 14.8.1980.

Opel bis 1988 den Abbau von 7.000 Arbeitsplätzen; erstmals erwartete man ab 1985 rückläufige Einwohnerzahlen.[27] Dann wieder 1988 nahm das Stadtparlament zu den bedrohten Arbeitsplätzen Stellung, betonte, dass die Zukunft der Stadt ungewiss sei.[28] Aber es dauerte bis 1992, bis erstmals neue Entwicklungsziele in den Denkhorizont traten: Diversifizierung der Wirtschaftsstruktur, Verlagerung von einfachen Arbeitsplätzen zu wissensintensiven.[29]

IV. AKTEURSKONSTELLATIONEN

Die Akteurskonstellationen in Rüsselsheim waren über das 20. Jahrhundert hinweg durch den Dualismus von Werk (Konzernspitze in Detroit seit 1927, Werksleitung in Rüsselsheim) und Stadt geprägt. Zum Werk gehörte nicht nur das Management, sondern auch die mächtige Industriegewerkschaft Metall, die wiederum mit der in der Stadt nach 1945 bis in die 1990er Jahre hinein dominierenden Sozialdemokratie verquickt war. Auch die SPD war an der permanenten ökonomisch relevanten Modernisierung von Stadt und Werk interessiert. Das Werk nahm eher indirekt auf die Stadtpolitik Einfluss, vor allem über Stadtverordnete, und brachte immer wieder seine Macht als mit Abstand größter Gewerbesteuerzahler ein, mischte sich aber nicht direkt in politische Issues ein. Dieser fordistischen Konstellation hatten traditionsbewusste klein-bürgerliche Gruppen nichts entgegenzusetzen bzw. wurden diese durch Alimentierungen neutralisiert und waren selbst vor allem daran interessiert, dass sich die Kaufkraft ständig erhöhte. Neue soziale Bewegungen traten in Rüsselsheim auffallend spät auf den Plan. Es fehlte auch an Impulsen aus einem jüngeren akademischen Milieu, da es so gut wie nicht vorhanden war. Dennoch kamen von jungen Akademikern und den Grünen immer wieder Forderungen, die Ziele der Stadtentwicklung zu diversifizieren.[30]

Das Opelwerk selbst war außerdem immer wieder aufgrund der Abhängigkeit von der GM-Zentrale darin gehemmt, verbindliche Aussagen über die eigenen Perspektiven hinsichtlich des Stadtraums zu treffen. Man wollte sich kaum einmal festlegen, um stets Optionen für die Umnutzung und Erweiterung des Werksgeländes zu behalten, verfolgte also seinerseits auf dem Werksgelände, also im Her-

---

27 Jeder 4. arbeitet beim Opel, in: FR, 29.10.1983.

28 „Opel muss auch die Stadt sehen", in: RE, 21.7.1988. – Oberbürgermeister Norbert Winterstein konzedierte, dass es Imageprobleme der Stadt in der Region gebe, man müsse um Reputation kämpfen; vgl. OB kämpft für Image der Stadt, in: MSP, 23./24.7.1988.

29 Vgl. MSP, 23./24.7.1988; MSP, 2.5.1992.

30 Erstmals in der lokalen Öffentlichkeit forderten die örtlichen Grünen 1981 eine Diversifizierung der Opelproduktion, sie richteten sich gegen das Auto als Rüsselsheimer „Tabu" (MSP, 30./31.8.1980), ein Appell, der völlig verhallte und uns nur als Beleg dafür dient, wie erstmals und punktuell eine andere Stadtwahrnehmung im Diskurs aufschien. Dann wieder 1991 wurden der Verkehrslärm und die Verödung Innenstadt konstatiert, kam es dieses Mal zu aktiven Proteste gegen wachsenden Verkehr aus der Interessenslage besonderer Stadtquartiere heraus; vgl. RE, 25. 1. 1991, MSP Ostern 1991, MSP, 19.7.1991, RE 1.11.1991; siehe auch: „Motor" für ein neues Opel-Bewusstsein, in: RE, 17.3.1992; Lärmgeplagte Anwohner sind enttäuscht, in: RE, 8.6.1994.

zen der Stadt, keine langfristige Planung. Die leitenden Automanager wechselten immer wieder und kannten die Stadt gar nicht, da sie in den Luxusgebieten des Taunus wohnten. Ganz anders in Wolfsburg, wo es zu einer gemeinsamen Entwicklungsgesellschaft gekommen ist, wo man insbesondere im Bereich von Innovationen, Kulturökonomie und Stadtmarketing zusammenarbeitet, gibt es keine institutionelle und wirtschaftliche Kooperation von Stadtgemeinde und Werk.[31] Zu den potenziellen Akteuren gehört prinzipiell auch das Immobilienkapital, dieses zu mobilisieren, fiel indes der Verwaltung stets schwer.

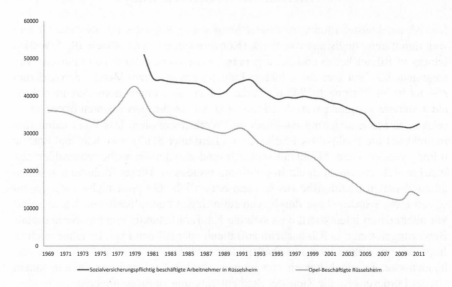

Abb. 2: Entwicklung der Arbeitsplätze in Rüsselsheim. Eigene Darstellung. Quelle: Statistische Berichte der Stadt Rüsselsheim, Hessische Gemeindestatistik

V. DIE AUSWIRKUNGEN DER BESCHÄFTIGUNGSENTWICKLUNG BEI OPEL AUF DIE STADT RÜSSELSHEIM

Seit den 1970er Jahren war für Opel Deutschland in Abhängigkeit von Autoabsatz und generellen Produktions- und Vermarktungsstrategien zunächst noch ein Ausbau, dann ein ständiger Abbau der Beschäftigung in den verschiedenen Märkten festzustellen. 1973 war Opel Marktführer, produzierte 847.000 Fahrzeuge und wies 56.000 Beschäftigte aus. Aufgrund der Ölkrise und der wachsenden Kosten- und Qualitätskonkurrenz der Japaner wurde die Beschäftigung bis 1975 auf 44.000 Arbeitnehmer abgebaut.[32] Dann erholte sich die Beschäftigung zwar noch

---

31 Vgl. Verhältnis von VW zu Wolfsburg Vorbild für die Opelstadt, in: RE, 12.11.1998.
32 Vgl. *Volker Elis*, Von Amerika nach Japan – und zurück. Die historischen Wurzeln und Transformationen des Toyotismus, in: Zeithistorische Forschungen 2009, H. 2, S. 255–275.

einmal bis auf 60.000, aber 1977 erwähnte der Gesamtbetriebsratsvorsitzende Hahn zum ersten Mal die drohende Verlagerung von Arbeitsplätzen ins Ausland. 1981 begann der bis heute anhaltende strukturelle Beschäftigungsabbau in einem steten Wechsel von massiven Absatz- und Beschäftigungskrisen und relativen Erholungsphasen. Erst am Anfang der 1990er Jahre wurde auch vor Ort akzeptiert, dass man die Kosten und die Beschäftigung radikal senken und Just-in-Time-Produktion (JIT) nach japanischem Vorbild einführen musste. Man befürchtete einen allgemeinen Abbau der Sozialstandards, weniger allerdings Massenentlassungen; gab sich selbst noch fünf Jahre Zeit.[33] 1998 hatte Opel immerhin noch 45.000 Beschäftigte, fuhr aber immer wieder Verluste wegen notwendiger Rabattvergabe aufgrund der schwierigen Absatzlage ein. Seit 1993 plante das Werk, von Zulieferern direkt am Band montieren zu lassen, das galt in der Stadt als „Angriff" auf die Belegschaft.[34] Seit 1998 ging es dem Management darum, nicht mehr nur JIT, sondern Just-in-sequence(JIS)-Produktionsstrategien einzuführen, und noch weitgehend verstärktes Outsourcing von Arbeitsplätzen zu betreiben. D.h. man wollte nun praktisch vollständig die Teileproduktion an die Zulieferer auslagern, zugleich lief schon lange die Teileproduktion in den deutlich billiger herstellenden ausländischen Opelwerken.[35]

Es wundert nicht, dass aufgrund der angewandten JIT- und JIS-Strategien die Zahl der Blue-Collar-Produktionsarbeiter massiv zurückging, von 1978: ca. 21.600[36] auf 2012 ca. 3.500, d.h. um ca. 85%.[37]

Hingegen ist die Zahl der Forschungs- und Entwicklungs- sowie Design-Mitarbeiter einschließlich der Fachkräfte für EDV-Entwicklungen und Materialwissenschaften auf heute etwa 7500 angestiegen, allerdings in den letzten Jahren nicht mehr wachsend. Dazu kommen noch die Mitarbeiter von Kleinfirmen und Ingenieurbüros in Rüsselsheim und Umgebung, die von Opel-Aufträgen abhängig sind.[38] Deren Zahl lässt sich ohne neue Forschungsarbeiten nicht ermitteln. Das technische Wissenscluster ITEZ mit globaler Gesamtverantwortung im GM-Konzern ist ein Alleinstellungsmerkmal der Rüsselsheimer Firma und ist der Hauptansatzpunkt für die wirtschaftlich-kulturelle Rekonstruktion der Autostadt.

Auf die Sozialstruktur der Stadt bezogen, bedeutet dies, dass vor allem niedrig qualifizierte Arbeiter vom Abbau betroffen waren, d.h. besonders die in den 1970er und 1980er Jahren nach Rüsselsheim gekommenen ausländischen Arbeits-

---

33 Wer krank wird, nimmt Urlaub, in: RE, 21.3.1992; Zauberwort „Lean Production", in: MSP, 31.1.1992; Wettbewerb oder „Ausblutung": Wie „schlank" soll Opel werden?, in: MSP, 14.2.1992.

34 Angriff auf die Belegschaft, in: RE, 16.1.1993.

35 Wirtschaftswoche, 12.4.2001; 2004 entstanden am Standort Gliwice nur 15% der Lohnkosten von Rüsselsheim, in Azambuja (Portugal) waren es 33%, günstig war auch das hoch produktive Werk Eisenach mit geringeren Ost-Löhnen (77%); vgl. *Dietmar Hawranek*, Autoindustrie: „Das wird häßlich", in: Der Spiegel 42, 2004, S. 88–90; hier S. 90; vgl. auch: Luft zum Atmen lassen. Lockert Opel Würgegriff bei Zulieferern?, in: RE, 21.5. 1993.

36 Davon 13.000 (= 60%) Ausländer, Rüsselsheim nach 1945, 72.

37 Vgl. *Gert-Jan Hospers/Paul Benneworth*, Innovation in an old industrial region: the case of Twente, in: International Journal Learning and Intellectual Capital 9, 2012, H. 1-2, S. 6–21.

38 *Madelaine Reckmann*, Aufbruch trotz Krise, in: FR online, Rhein-Main, 15.11.2008.

kräfte, die inzwischen massiv arbeitslos sind. Dieses Phänomen gilt in der Literatur als typisches Kennzeichen des Postfordismus[39], in Rüsselsheim mit der Pointe, dass „ungelernt" auch „ausländisch" bedeutete. Die verbliebenen (deutschen) Produktionsarbeiter wurden für die neuen Technologien qualifiziert. Insgesamt lag indes 2009 die Rüsselsheimer Arbeitslosenquote mit 6,1% im hessischen Durchschnitt.[40] Man wohnt also weiterhin hier und pendelt zunehmend an außerörtliche Arbeitsplätze, sodass die Probleme Demographie und Arbeitslosigkeit nicht dramatisch sind.

VI. RÄUMLICHE UMORGANISATIONEN BEI OPEL UND IHRE AUSWIRKUNGEN AUF DIE AUTOSTADT

Das Werksgelände

Das Opel-Werksgelände lag seit den 1890er Jahren, ausgehend von der anfänglichen Nähmaschinen- und Fahrradherstellung, im Zentrum, beim „Opel-Portal". Dort an der Bahnlinie wuchs es zunächst im Zentrum in westliche Richtung hin, eine Siedlung für Beschäftigte wurde weiter außen im Süden der Stadt seit den 1930er Jahren gebaut.[41]

Im Zuge der Beschleunigung der Produktion und der Materialeinflüsse wurde in den 1990er Jahre die interne Produktionsfläche um 1/3 von 1,2 Millionen Quadratmeter auf 0,8 Millionen verkleinert. Presswerk, Rohkarosseriebau und Fahrzeugmontage wurden neu organisiert, Transportkosten, Lagerbestände, Durchlaufzeiten und Koordinationsaufwand verringert. Die bislang 1,5 Kilometer entfernte Motorenaufrüstung wurde in ein Nachbargebäude des Montagewerks verlegt, Andockstellen rund um die Endmontage eingebaut, dadurch die Produktionszeit von 1992 36 Stunden auf 20 Stunden je Fahrzeug verringert.[42] Man beschränkte sich nun in Rüsselsheim auf das Presswerk, den Karosseriebau, die Lackiererei und die Endmontage, Motoren werden seitdem aus anderen Opelwerken zugeliefert.[43]

1995-97 erfolgte eine weitere bedeutende räumliche Veränderung durch die Verlagerung des Hauptgebäudes der Verwaltung und des ITEZ-Entwicklungs-

---

39 Vgl. *Adelheid von Saldern/Rüdiger Hachtmann*, Das fordistische Jahrhundert: Eine Einleitung, in: Zeithistorische Forschungen, Online-Ausgabe, 6, 2009.
    H. 2 http:www.zeithistorische-forschungen.de/16126041-Editorial-2-2009 (März 2010); *Markus Dettmer*, Das Jahrhundert des Kapitalismus. Die moderne Fabrik, in: Der Spiegel 26/1999, S. 119–129.

40 Notiz der Stadtverwaltung 4.11.2009, im Stadtarchiv Rüsselsheim.

41 Vgl. *Timo Luks*, Social Engineering, the Factory and Urban Environment: Cadbury/Bournville and Opel/Rüsselsheim (1878-1960), in: *Zimmermann*, Industrial Cities, S. 263–282.

42 Vgl. *Bettina Rudhof*, Alter Standort, neue Welt? Opel und Opel-Live in Rüsselsheim, in: Bauwelt 89, 1998: 17/18, S. 942– 947, hier S. 944f.

43 Opel rüstet sein Stammwerk um und stellt sich der Zukunft, in: RE, 30.11.1994; In den Werksferien Restrukturierung, in: MSP, 24.7.1995.

zentrums mit ca. 6.000 Mitarbeitern vom Opel-Portal bzw. der Marktstraße an die Ausfallstraße B 43 südöstlich des Zentrums (Rugby-Ring/Darmstädterstraße) und in Nähe des schon vorher dorthin verlagerten Entwicklungszentrums.

Es scheiterten zwar die Pläne, hier im Südosten auch Event- und Tagungsaktivitäten anzusiedln und profitablen Wohnungsbau zu betreiben, das wäre ein zweites Stadtzentrum gewesen, aber durch die Verlagerung wurden Betriebsflächen in der Innenstadt unnötig, sodass sich seitdem die Frage stellt, wie man die alten Industrieflächen profitabel und sinnvoll für das Gemeinwohl nutzen kann. Die Masse von Beschäftigten im Gebiet Bahnhof/Portal, wie sie das Straßenbild lange prägte, hat sich nicht nur verringert, sondern ist in westliche und südliche Gebiete verlagert, die Innenstadt wurde dadurch in ihren grundlegenden Funktionen geschwächt.[44] Das Werk expandierte vor allem nach Westen. Erstmals durch das „Feld für die Welt" 1952, einem Autoprüffeld,[45] dann durch das zentralisierte Ersatzteillager beim westlichen Autobahnanschluss und v.a. durch das „Leanfield"-Projekt 2002, das letztlich die Schließung des gesamten Werkes verhinderte.

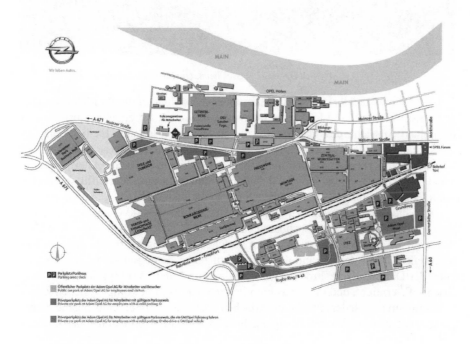

Abb. 3: Opel Werksgelände Rüsselsheim. Quelle: Adam Opel AG

44 Opel und Stadt Rüsselsheim rufen Arbeitskreis ins Leben, in: RE, 27.4.94; Die Vision der Stadt wird konkret, in: RE, 30.3.1995; Rüsselsheim soll einen neuen Stadtteil bekommen, in: FR, 31.3.1995.
45 Ein Feld für die Welt. Das neue Opel-Prüffeld in Rüsselsheim am Main, Rüsselsheim 1952 (Broschüre von Opel).

Abb. 4: Leanfield, Opelwerk Rüsselsheim. Quelle: GM Company

Bei 1,5 Milliarden Mark Investitionskosten setzte sich auch die IG Metall für diese Betriebsstätte ein, die letztlich 4500 Mitarbeitern den Arbeitsplatz kostete, aber
es bestand Aussicht, dass das Werk dadurch insgesamt erhalten bleibt.[46] Die Gewerkschaft ging nach heftigen internen Debatten davon aus, dass angesichts der
Globalisierung von Produktion und Absatz zum Leanfield keine Alternative bestand.[47] Im neuen Werk Leanfield wurden durchgängige Materialflüsse, direkte
Anlieferung, Taktung und ganz weitgehend automatisierte Montage umgesetzt.

Es handelte sich um einen kompletten Neubau mit 48.000 Quadratmetern, der
architektonisch völlig austauschbar auch an anderen Orten so hätte entstehen können, gäbe es in Rüsselsheim nicht den bestehenden Verbund zu den anderen Be-
triebsteilen.[48] Mit dem Leanfield wurden auf einen Schlag eine enorme Verkür-
zung der Durchlaufzeit, Produktivitätsgewinne nach dem Vorbild des Opelwerks
Eisenach[49] erreicht, und dies, was räumlich relevant ist, mit komplett neuen Zuliefererstrukturen.[50] Jeder Finger des flachen Gebäudes bildet eine eigene Fertigungslinie; auf der gleichen Fertigungslinie ist der Aufbau verschiedener Modell-

---

46   Der Eigenwillige macht Mitbestimmung in Detroit salonfähig, in: FR, 23.5.2003.
47   „Ganz schöne Zerreißprobe", in: Handelsblatt, 2.7.2003.
48   Fabrikplanung: schlanke Produktionsmethoden in 100 Jahre alten Strukturen nicht erreichbar,
      in: VDI-Nachrichten 20.7. 2001, S. 18.
49   Vgl. *Kehrer*, Hundert Jahre, S. 47.
50   Grundstein für neues Opel-Werk in Rüsselsheim gelegt, in: Motor-Informationsdienst
      11.2.2000.

reihen möglich.[51] Die Vormontage der zugelieferten Teile erfolgt erstens in der vorgeschalteten „Business Mall" oder „Supply Center" von 27.000 Quadratmetern (z.B. Frontscheibe von Slintex; Klimakompressor von Vleo), die von einer Dienstleisterfirma Ferrostaal und nicht mehr von Opel selbst koordiniert wird. Der Produktionsraum Rüsselsheim wird in extremer Weise (mit einer Toleranz von nur zwei Stunden) vom Funktionieren von Logistik, digitalisierter Produktionsplanung sowie Zeitökonomie abhängig.[52]

VII. DIE REGIONALE RAUMSTRUKTUR – ZULIEFERER

Grundsätzlich ist zur Zuliefererstruktur bei Opel zu sagen, dass sich schon früh, spätestens seit den 1990er Jahren ein Trend zur Zentralisierung der Dispositionen von zentraler Stelle aus, d.h. innerhalb des GM-Verbundes abzeichnete. Ferner war das regionale Zulieferercluster nie entscheidend, da viele Teile auch von anderen Opel-Werken zugeliefert wurden oder von Unternehmen und Subunternehmen in anderen deutschen Regionen. Bestimmte Zulieferer arbeiten also für GM oder Opel insgesamt, etwa die kanadische Firma Woodbridge mit 36 Werken und 3.000 Mitarbeitern, davon ein Werk mit 220 Mitarbeitern in Rüsselsheim (im Jahre 1992).[53]

Angesichts dieser neuen Bedeutung von zeitgerechten Zulieferungsstrukturen, bei denen die Hersteller letztlich das Sagen haben,[54] die Zulieferer einen Anteil an der Wertschöpfung von ca. 70% erreichen,[55] stellt sich die Frage, welche Rolle das regionale Zulieferercluster spielt. Obwohl man hier auf punktuelle Erhebungen angewiesen ist, zeigt sich doch, dass es immer noch bedeutend, aber strategisch nicht entscheidend ist. Wie viele Zulieferer es insgesamt gibt, ist unbekannt, man muss von mehreren Hundert ausgehen. Etwa 70 teils bedeutende Zulieferer (Powertrain, Federal Mogul) kommen aus der Rhein-Main-Region, diese sind an den Autobahnen sowie in den Taunustälern angesiedelt und sollen (angeblich) alle 20 bis 30 Minuten ins SILS oder ein kleines Zwischenlager liefern.[56] Ferner befinden sich Zulieferer in einem Park auf dem Werksgelände in 500 Meter Entfernung zur neuen Montage (Hallenfläche: 30.000 Quadratmeter); in dieser 2002

---

51 Vgl. *Anja Dowidat/Hartmut Zeeb*, Opel verwirklicht digitale Fabrik. Moderne Zeiten; in: it 8-9, 2002, S. 20–22.

52 Die Aufholjagd gestartet, in: Automobil-Produktion, Dezember 2000, S. 26–30, hier S. 30; Die Pilotphase für das neue Opel-Werk Rüsselsheim ist angelaufen [...] Auf einer Linie werden verschiedene Modelle gebaut, in: FR, 28.6.2001; Reifenmontage Rund heraus, in: Automobil Industrie, 1.3.2003, S. 50.

53 Vgl. Noch liefert Woodbridge nur an Opel, in: RE, 10.6.1992.

54 Vgl. *Michael Reiss/Arndt Präuer*, Konzerne als Cluster-Manager – Die Zulieferer-Parks der Automobilindustrie, in: FB/IE 53, 2003:6, S. 250–254.

55 Vgl. Automobilbauer ballen ihre Partner in Lieferantenparks, in: VDI-Nachrichten 7.6.2002; „Road Map" für Zulieferer, in: AutomobilIndustrie, 13.11.2003.

56 Vgl. Lieferantenpark im Opel-Werk Rüsselsheim. Kein Teil zweimal anfassen, in: BA Beschaffung aktuell 2003, 6, S. 60.

eingerichteten „Business mall" (SILS)[57] bleibt die Entscheidungshoheit bei Opel. Dazu kommt die Ansiedlung von weiteren Zulieferern aus deren eigener Initiative in Nähe des Werks, „Supplier Park" genannt, aber es handelt sich nicht um einen regelrechten Zuliefererpark.[58] Eine regionale Cluster-Strategie wird von Opel nicht verfolgt.

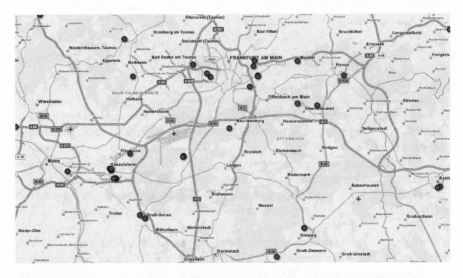

Abb. 5: Wichtige Opel-Zulieferer im Rhein-Main-Gebiet. Eigene Erhebung (Michael Röhrig). Quelle: Automobil-Zulieferer in Deutschland; Kartengrundlage. Quelle: OpenStreetMap contributors, opendatacommons.org

VIII. VON DER OPELSTADT ZUR WISSENSSTADT: LANGSAME DURCHSETZUNG NEUER LEITBILDER UND SELBSTBILDER

Mit der geschilderten JIT- und JIS- Strategien[59] und fortschreitenden Arbeitsplatzverlusten wurde das Bild der „Opelstadt" vollends obsolet. „Stadt und Opel (sind) in über hundert Jahren nebeneinander groß und abhängig voneinander geworden"[60], so wurde 1994 noch einmal die Gemeinschaft von Werk und Stadt beschworen – an die Detroiter Zentrale gerichtet. Doch auf Opel konnte sich die Stadt keineswegs mehr verlassen, weder als dauerhaften Gewerbesteuerzahler noch auf den Beschäftigungsmagneten. Seit der Standort also 1994 endgültig in die verschärfte Phase technologischer und kommerzieller Konkurrenz im Zeitalter der Globalisierung eingetreten war, wurde in der Lokalpresse jede Investitionsent-

57 Vgl. *Thomas Becker*, Quo Vadis Zulieferpark? Neue Zusammenarbeitsmodelle in der automobilen Zulieferkette, Hamburg 2006, S. 141–145.
58 Ebd., S. 147.
59 Opel rüstet sein Stammwerk um und stellt sich der Zukunft, in: RE, 30.11.1994.
60 Opel und Stadt Rüsselsheim rufen Arbeitskreis ins Leben, in: RE, 27.4.1994.

scheidung des Werkes, sei es zur Modernisierung der Produktion und der Intensivierung von Forschung und Entwicklung, sei es hinsichtlich neuer Projekte der Immobiliennutzung oder der Verlagerung innerstädtischer Standorte kritisch und doch immer wieder hoffnungsvoll beobachtet.[61] Erst nach 2000 ergab sich ein neues explizites Leitbild, das der technologischen Wissensstadt. Dann aber musste bereits 2004 um den gesamten Standort gekämpft werden, es wurden in diesem Jahr Tausende von Stellenstreichungen angekündigt, es wurde öffentlich für den Erhalt des Werkes demonstriert, auch an den anderen Opel-Standorten Kaiserslautern und Bochum.[62] Die kollektive Stimmungslage schwankte „zwischen Angst, Wut und ein bisschen Trotz"[63]. Immer wieder wurde artikuliert, dass man den Entscheidungen aus Detroit Widerstand entgegensetzen werde. Mit der Vergabe der Mittelklassewagen-Herstellung und der Garantie, dass Rüsselsheim das Zentrum der F & E im gesamten Konzern bliebe, schien der Standort 2005 gesichert.[64] Man schien sich im „Standortpoker" auch gegen die konkurrierenden Autostadt Bochum durchgesetzt zu haben.[65] Jedoch 2008/9 war in der existenziellen GM-Krise erneut der gesamte Standort gefährdet, der Verkauf von Opel wurde erwogen, die IG Metall machte weitere Zugeständnisse hinsichtlich des Beschäftigungsabbaus, wieder gab es gemeinsame Aktionen von Parteien, Gewerkschaft und Stadtverwaltung. Schließlich wurde 2009 überraschend die Europazentrale von GM nach Rüsselsheim verlegt, auch dies ein Zeichen dafür, wie man lokal sich wenigstens teilweise gegenüber globalen Strategien durchsetzen konnte.[66]

Opel blieb als technologisch avancierte Automarke eine Quelle für lokale Identität, deutscher Erfindungsreichtum steht hier im städtischen Diskurs gegen die amerikanischen Abschöpfer und Bremser einer eigenständigen globalen Vermarktungsstrategie.[67] Die Abhängigkeit der Stadt von den Entscheidungen der Konzernzentrale in Detroit ist eminent und wurde stark als solche wahrgenom-

---

61 Ein Rückschlag war das Scheitern eines Erlebnis- und Kundenzentrums: Markenerlebniskonzept Opel-Live (Markenpark) an schlechter Umsetzung, mangelnden Attraktionen gescheitert, Versuche, mit 40 Millionen DM mehr Erlebnis zu bringen: (gleichzeitig Beginn des Selbstabholerzentrums Autostadt Wolfsburg 2000!); Werben und Verkaufen Nr. 17, 28.4.2000; besonders die Oldtimer zogen nicht, es wurden „nur" 150.000 Gäste erreicht; vgl. Erlebniskonzept ist gescheitert, in: Werben und Verkaufen Nr. 6, 9.2.2001.

62 Aufträge, Nahezu Null, in: FAZ 14.10.2004; Für Opel kommt es knüppeldick: Zehntausend Stellen fallen weg; in: RE, 15.10.2004.

63 Vgl. Detroits kleine Schwester, in: Journal Frankfurt, Ausgabe 23/2004 (November 2004).

64 Vgl. Opel-Stammwerk langfristig gesichert, in: FAZ 28.2.2005; Opel scheint das Rennen zu machen, in: RE 1.3.2005.

65 Vgl. Opel liegt vorn. Standortpoker, in: RE 1.3.2005; Diese Konsolidierung wurde auch von abhängigen Zulieferern und dem Einzelhandel sehr begrüßt, in: RE 5.3.2005; die Arbeitsplatzgarantie wurde mit Lohnverzicht kompensiert, vgl. Opel-Werk bis 2010 gesichert, in: FR, 5.3.2005.

66 GM wertet Rüsselsheim auf, in: MSP 16.11.2009.

67 Das sind uralte Topoi, die durch die Undurchsichtigkeit der internen Wissens- und Kapitaltransfers innerhalb des globalen Konzerns genährt und durch die sichtbaren Fakten vor Ort immer wieder aktualisiert werden; vgl. GM cuts back Opel's global role, in: Automotive News Europe 5:17, 2000, S. 3.

men. Dies zeigte sich u.a. während der Krise 2010, als es um die Frage von Staatsbeihilfen ging.

Das neue städtische Leitbild, das aus politischen Debatten, neuen Kräften in der planenden Verwaltung und Meinungsäußerungen in nun stärker differenzierten Teilöffentlichkeiten hervorging, kann man wie folgt beschreiben:

1. Eine durch Kulturangebote und verbesserten Einzelhandel sowie ein kommerzialisiertes Opel-Ausstellungsforum, das aber schon einmal 1995/2000 gescheitert war, in industriekulturellem Ambiente aufgewertete Innenstadt soll künftig Kaufkraft binden und Aufenthaltsqualität sichern, um kreative Klassen zu befriedigen.[68]

2. Die Stadt bemüht sich immer noch um die Diversifizierung der Wirtschaftsstruktur, erfolgreich verlief etwa die Anwerbung der Mitsubishizentrale, doch diese Firma ist dabei, sich aus Europa zurückzuziehen.

3. Eine kulturökonomische Grundstrategie setzt am Forschungs- und Entwicklungszentrum von Opel sowie an der vorhandenen technischen Fachhochschule an, um den bedeutenden Wissenscluster von 8.000 Fachkräften bei insgesamt 32.000 Beschäftigten herum wachsen weitere Initiativen, diesen auszubauen. Das Leitbild der Autostadt wird ersetzt durch das der lebenswerten, gut vernetzten Technostadt. Man will eine „Stadt der Erfinder und Designer" nach außen kommunizieren.

4. Hinsichtlich des hohen Anteils von Migranten – ein Rekordwert in Hessen – wird zwar von „Begegnung", Integration in politische Gremien und Parteien sowie „kultureller Vielfalt" gesprochen, es gibt aber keine konkreten Strategien einer Weiterqualifizierung der Migranten. Deren Arbeitslosigkeitsquote ist etwa drei Mal so hoch wie die deutsche Vergleichsgruppe. Die Verbesserung der deutschen Sprachkenntnisse von Migrantenkindern wird zwar angemahnt, konkrete Schritte sind kaum zu bemerken.[69]

5. Die Einwohnerzahl der Stadt ist trotz wegbrechender Beschäftigung bei Opel letztlich konstant geblieben. Es stellt sich hier das Thema „Schrumpfung" nicht, da durch die zentrale Lage Rüsselsheims in der Region immer auch Zuzüge erfolgten, d.h. Rüsselsheim hat vom allgemeinen Trend einer Stärkung der Regionalstädte teilgenommen.[70] Vielmehr stellt sich die Frage, wie besser Verdienende und höher qualifizierte jüngere Zuwanderer zur Ansiedlung gebracht werden können. Vor allem die einpendelnde technische Intelligenz soll durch „grüne" Wohnumfeldkonzepte und bezahlbaren Wohnraum ansässig gemacht werden.

---

68   Das Opelwerk bleibt – das Millionendefizit auch, in: FAZ 14.10.2005.
69   Jeder Zweite mit Migrationshintergrund, in: RE online, 29.10.2009.
70   Wird die angestammte Bevölkerung vertrieben?, in: RE online, 9.2.2011; Rüsselsheim zählt wieder über 60000 Einwohner, in: RE online, 26.2. 2011.

IX. RESUMÉ

Die anfänglich aufgestellten Thesen zur Charakterisierung von Autostädten konnten am Beispiel von Rüsselsheim bestätigt werden, vor allem die perfekte Herstellung der autofreundlichen Stadt, die Dominanz einer einzelnen Produktionsfirma, nämlich Opel, auf dem lokalen Arbeitsmarkt und als Determinante der Sozialstruktur, die erstaunlicher Weise bis heute anhält, weil auf der Präsenz der Technologiearbeiter der Wiederaufbau von Rüsselsheim als Wissensstadt entscheidend beruht. Sowie zeigte sich die anhaltende positive Selbstidentifikation von Bewohnern und politischen Akteuren mit Automobilität. Darüber hinaus erwies sich die direkte Abhängigkeit der lokalen Produktion von Globalisierungsprozessen, und zwar bereits in den 1980er Jahren, was sich wiederum in zyklischen Beschäftigungsrückgängen auswirkte. Die durch die internationale Konkurrenz sowie den Absatzrückgang der Opel-Modelle bedingte Einführung von JIT und JIS-Produktionsstruktur hatte bedeutende räumliche Konsequenzen für die Stadt. Teile des Werksgeländes wurden entbehrlich, Werksteile wurden verschoben und die eigentliche Montage an die Peripherie von Werksgelände und Stadt verlagert. Politischen Akteuren und der Bevölkerung fiel es schwer, sich vom alten fordistischen Entwicklungsmodell zu verabschieden und diversifizierte neue Entwicklungsziele zu implantieren, aber das dürfte woanders ganz ähnlich gewesen sein und dieser vergleichende Gesichtspunkt gehört ebenso wie die eingangs genannten Aspekte zu den Forschungsdesideraten.

SCHWIERIGE HEIMAT – DIE AUTO UNION IN INGOLSTADT UND IHRE ARBEITERSCHAFT 1945 BIS 1965

Thomas Schlemmer

I. ZUKUNFT UND VERGANGENHEIT

Wer von Ingolstadt spricht, spricht zumeist auch von Audi, und wer von Audi spricht, lässt gemeinhin auch die Stadt an der Donau nicht unerwähnt. Ingolstadt gilt als Boomtown – die Stadt soll auch in Zeiten des demographischen Wandels und der Finanzkrise weiter wachsen[1] – und das Mittelbayerische Donaugebiet insgesamt als zukunftsträchtig. Der Landkreis Eichstätt im Norden der Region scheint sogar so etwas wie die Insel der Seligen zu sein: kaum Arbeitslosigkeit, anhaltendes Wirtschaftswachstum, solide Finanzen, dazu eine glückliche Mischung aus Urbanität und bayerisch-touristischem Flair.[2] Auch die ländlich-kleinräumige Struktur des Mittelbayerischen Donaugebiet scheint kein Hindernis zu sein, ähnlich wie in anderen Teilen des Freistaats. Die „Süddeutsche Zeitung" machte vor zwei Jahren auf diese Entwicklung aufmerksam und führte den Aufschwung nicht zuletzt auf den Erfolg der Automobilindustrie zurück:

> „Selbst ehedem arme, ländliche Regionen bieten inzwischen zukunftsträchtige Arbeitsplätze. Siehe Niederbayern, wo BMW in Landshut und Dingolfing den Aufschwung anführt. Auch die Oberpfalz mit ihrem Zentrum Regensburg prosperiert. Im oberbayerischen Ingolstadt ist Audi der Magnet; in der Stadt und den nahen Landkreisen herrscht de facto Vollbeschäftigung. In und um Ingolstadt haben sich zahlreiche Dienstleister und Zulieferer für Audi und wiederum für andere Zulieferer angesiedelt."[3]

Dabei ist Ingolstadt keine gewachsene Automobilstadt wie Stuttgart oder keine industrieinduzierte Neugründung wie Wolfsburg. Ingolstadt stand vielmehr jahrhundertelang im Zeichen von Ares und Athene. Als Grenzfestung des Kurfürstentums Bayern hatte die Stadt eine lange militärische Tradition, die bis ins 16. Jahrhundert zurückreicht. Dazu kam die Universität, die 1472 gegründet worden war und nach der Reformation zu einer Bannerträgerin des Katholizismus a-

---

1   Ingolstadt soll von 126.700 Einwohnern im Jahr 2011 über 130.500 im Jahr 2016 auf 135.500 im Jahr 2031 wachsen, also um 6,9 Prozent; vgl. Stadt Ingolstadt – Informationen aus der Statistik, Januar 2013: Bevölkerungsprognose 2011-2031, http://www2.ingolstadt.de/media/custom/465_8601_1.PDF?1364913304.

2   Spiegel-Online vom 25.9.2012: „Im Berufsparadies. Arbeitslosigkeit, was ist das?", http://www.spiegel.de/karriere/berufsleben/eichstaett-und-uckermark-geringste-und-hoechste-arbeitslosenquote-a-857851.html

3   Süddeutsche Zeitung vom 23.10.2010: „Bewerben um die Bewerber. Bayern und Baden-Württemberg bieten sich einen Wettlauf um die niedrigste Arbeitslosenquote – und buhlen um den knapper werdenden akademischen Nachwuchs".

vancierte.[4] So lehrte Johannes Eck, Martin Luthers Erzfeind, an der Hohen Schule, an der aber auch bedeutende Mathematiker wie Peter Apian oder Astronomen wie Christoph Scheiner unterrichteten; die Medizin genoss insbesondere im späten 18. Jahrhundert ebenfalls hohes Ansehen, so dass es nur auf den ersten Blick verwundert, dass Mary Shelley ihren Victor Frankenstein in Ingolstadt Medizin studieren ließ. Ingolstadt konnte sich bis 1800 im Glanz der Universität sonnen; dann ließ Kurfürst Max IV. Joseph die Hohe Schule nach Landshut verlegen. Der Verlust der Universität hätte Ingolstadt in jedem Fall hart getroffen, da aber zugleich die Festung geschleift wurde, die im September 1799 den Franzosen hatte übergeben werden müssen, wuchs er sich zu einer wahren Katastrophe aus.

Die Strukturkrise, die Ingolstadt daraufhin erfasste, wurde zum Katalysator der Entscheidung, die Stadt zur zentralen Festung Bayerns auszubauen. Diese Entscheidung, die seit 1828 umgesetzt wurde, ließ das Militär für fast ein Jahrhundert zum dominierenden Faktor der Region werden.[5] Soldaten, Kasernen und Festungsbauten prägten das Gesicht der Stadt, die Struktur der Wirtschaft in der Region und die Mentalität der Bevölkerung in spezifischer Weise. Auch als die Industrie verspätet in der Stadt Einzug hielt, trug sie gleichsam Uniform. In zwei großen Rüstungsschmieden – der königlich-bayerischen Geschützgießerei und Geschoßfabrik sowie dem königlich-bayerischen Hauptlaboratorium – waren während des Ersten Weltkriegs bis zu 17.000 Männer und Frauen damit beschäftigt, Waffen und Munition zu produzieren.[6] Nach dem Waffenstillstand vom November 1918 hieß das Zauberwort: Konversion. Aus den bayerischen Heeresbetrieben wurde schließlich nach einigen Geburtswehen die Deutsche Spinnereimaschinenbau AG.

Nach der sogenannten Machtergreifung der Nationalsozialisten und ihrer forcierten Aufrüstungspolitik kehrte das Militär in die Stadt zurück. Nachdem 1935 die allgemeine Wehrpflicht wieder eingeführt worden war, entstanden im Raum Ingolstadt diverse Einrichtungen militärischer Infrastruktur. Ingolstadt wurde wie schon vor 1918 zu einem stattlichen Arsenal ausgebaut, wobei dem Heereszeugamt besonderes Gewicht zukam, das als Teil der wehrmachtseigenen Logistik für die Produktion von Munition, die Wartung von beschädigten Geschützen und Fahrzeugen sowie für die Instandsetzung von erbeutetem Kriegsmaterial verantwortlich zeichnete.[7]

4   Vgl. *Benno Hubensteiner* (Hrsg.), Ingolstadt, Landshut, München. Der Weg einer Universität, Regensburg 1973.
5   Vgl. *Ernst Aicher*, Die bayerische Landesfestung Ingolstadt, in: Ingolstadt – vom Werden einer Stadt. Geschichten und Gesichter, hrsg. von der Stadt Ingolstadt, Ingolstadt 2000, S. 140–169, hier insbesondere S. 145 und S. 151–168.
6   Vgl. *Brigitte Huber*, Wege aus der Stagnation – Ingolstadts Entwicklung zum überregionalen Wirtschaftsstandort Teil 1, in: ebd., S. 180–247, hier S. 245.
7   Vgl. *Hans Fegert*, Luftangriffe auf Ingolstadt. Geheime historische Dokumente, Fotos und Zeitzeugenberichte aus den Jahren 1939 bis 1945, Kösching 1989, S. 43, S. 71 f., S. 75 f., S. 226–230 und S. 267 ff.

II. ZUFALL UND KALKÜL

Ohne das Heereszeugamt und andere für industrielle Zwecke nutzbare Militärbauten, die bei den schweren Luftangriffen im Frühjahr 1945 unzerstört geblieben waren, wäre Ingolstadt vermutlich trotz seiner verkehrsgünstigen Lage im Herzen Bayerns nie Automobilstadt geworden.[8] Nach der bedingungslosen Kapitulation des Deutschen Reiches blieben diese Gebäude zunächst ungenutzt, weckten aber trotz des Nachkriegschaos rasch Begehrlichkeiten bei denen, die durch den Krieg heimatlos geworden waren. Dazu gehörte auch die Auto Union, die 1932 aus der Fusion der sächsischen Automobil- und Motorradbauer Zschopauer Motorenwerke J.S. Rassmusen AG (besser bekannt unter dem Namen DKW), Horch Werke AG, Audi Werke AG und der Automobilabteilung der Wanderer Werke hervorgegangen war. Nach dem deutschen Überfall auf Polen produzierte die Auto Union mehr und mehr für die Wehrmacht. Um die wachsende Nachfrage nach Zugmaschinen, Kübelwagen, Motorrädern, Transport- und Gefechtsfahrzeugen oder Motoren für Panzer und Flugzeuge befriedigen zu können, baute die Auto Union ihre Kapazitäten massiv aus und setzte dabei auch Tausende von Zwangsarbeitern, Kriegsgefangenen und KZ-Häftlingen als Arbeitskräfte ein. Ende Oktober 1944 beschäftigte der Konzern mehr als 47.000 Arbeiter, von denen etwa 40 Prozent – vor allem in Osteuropa – zwangsweise rekrutiert worden waren.[9] Aus der Auto Union war eine voll in die NS-Rüstungswirtschaft integrierte Waffenschmiede geworden, deren 1944/45 durch Luftangriffe zum Teil schwer beschädigte Werke in Mitteldeutschland konzentriert waren. Dieser Teil des Reiches wurde im Frühjahr 1945 größtenteils von der Roten Armee erobert, und von der Führungsmannschaft der Auto Union flüchteten bei Kriegsende viele in den Westen, nicht wenige davon nach Bayern.

Dort beratschlagten sie in relativer Sicherheit über die Zukunft des Unternehmens, wobei ihr Handlungsspielraum nicht groß war. Das Kapital für einen Neubeginn bestand lediglich in den Filialen der Auto Union westlich der Elbe, ih-

---

8 Die Geschichte der Auto Union beziehungsweise der Audi AG nach 1945 ist bislang ein Desiderat der historischen Forschung. Einen ausführlichen Überblick über die Entwicklung des Unternehmens und seiner Fahrzeuge, der freilich wissenschaftlichen Anforderungen nicht genügt und zentrale Aspekte ausblendet, geben *Hans-Rüdiger Etzold/Ewald Rother/Thomas Erdmann*, Im Zeichen der vier Ringe, Bd. 1: 1873-1945, Bd. 2: 1945-1968, Ingolstadt bzw. Bielefeld 1992 und 1995. Der vorliegende Beitrag stützt sich vor allem auf meine eigene Studie: Industriemoderne in der Provinz. Die Region Ingolstadt zwischen Neubeginn, Boom und Krise 1945 bis 1975, München 2009, vor allem S. 32–52 und S. 77–127; hier finden sich auch ausführliche Quellen- und Literaturangaben, im Folgenden werden daher vor allem Zitate belegt.

9 Vgl. *Franziska Hockert*, Zwangsarbeit bei der Auto Union. Eine Fallstudie der Werke Audi und Horch in Zwickau, Hamburg 2012, S. 59; die Autorin betonte die politischen Zwänge ebenso wie die Handlungsspielräume der Konzernführung. Vgl. auch *Peter Kohl/Peter Bessel*, Auto Union und Junkers. Die Geschichte der Mitteldeutschen Motorenwerke GmbH Taucha 1935-1948, Stuttgart 2003, S. 294 f., und *Michael Kukowski*, Die Chemnitzer Auto Union AG und die „Demokratisierung" der Wirtschaft in der Sowjetischen Besatzungszone von 1945 bis 1948, Stuttgart 2003, S. 29 f.

ren Beziehungen zu Händlern und Zulieferern sowie in einer Erfolg versprechen-
den Geschäftsidee, die bei der Versorgung der verbliebenen Auto Union-
Kraftfahrzeuge mit Ersatzteilen ansetzte. Da eine rasche Wiederaufnahme der
Produktion ausgeschlossen schien, Transportraum aber ebenso knapp wie lebens-
wichtig war, kam der Instandhaltung der noch funktionsfähigen Fahrzeuge eine
wichtige Rolle zu. Durch die zentrale Organisation der Ersatzteilversorgung in
den Westzonen sollte die Fahne der Auto Union so lange hochgehalten werden,
bis sich das Schicksal des Konzerns in Mitteldeutschland geklärt hatte oder im
Westen die Voraussetzungen für einen echten Neuanfang gegeben waren.

*Abb. 1: Das Zentraldepot für Auto Union Ersatzteile fand seine Heimat in ehemaligen Liegen-
schaften des Militärs. Rechts sieht man die Heeresbäckerei, im Hintergrund die
Proviantmagazine. Quelle: Stadtarchiv Ingolstadt, Photosammlung*

Vermutlich bestand zunächst die Absicht, vorerst in der bayerischen Landeshaupt-
stadt sesshaft zu werden. Als sich diese Idee jedoch angesichts des hohen Zerstö-
rungsgrads zerschlug, wich man in das rund 70 Kilometer nördlich von München
gelegene Ingolstadt aus. Für die Stadt an der Donau sprachen mehrere Eisenbahnlinien, die Nähe zur Autobahn nach Berlin, die mögliche Nutzung unzerstörter
Militärbauten und die Aussicht, problemlos Metallfacharbeiter anwerben zu können. Dem Führungszirkel der Auto Union war die Region Ingolstadt nicht gänzlich unbekannt. Das Vorstandsmitglied Carl Hahn (1894-1961) hatte Schloß San-
dizell im nahen Schrobenhausen als Fluchtpunkt für seine Familie gewählt und
neben persönlichen Besitztümern auch wertvolle Konstruktionsunterlagen dort de-

ponieren lassen.[10] Kalkül und Zufall hielten sich also die Waage, als die Wahl für den neuen Sitz der Auto Union auf Ingolstadt fiel.

Keimzelle der neuen Auto Union, aus der dann später die Audi AG hervorgehen sollte, war das Zentraldepot für Auto Union Ersatzteile, das im Dezember 1945 offiziell gegründet wurde und in ehemaligen Wehrmachtsgebäuden seinen Betrieb aufnahm. Dieses Unternehmen aus dem Nichts konnte allen Widrigkeiten der unmittelbaren Nachkriegszeit zum Trotz rasch erste Erfolge vorweisen. Für den „Donau-Kurier", die führende Tageszeitung der Region Ingolstadt, war das Zentraldepot schon im November 1946 das „größte Auto-Ersatzteillager Deutschlands".[11]

Freilich verstanden die Gründer des Zentraldepots die Ersatzteilversorgung für Auto Union-Fahrzeuge nur als Notbehelf. Sie verfolgten das viel weitergehende Ziel, so bald wie möglich selbst in die Produktion einzusteigen, angefangen von Austauschteilen, über Motoren bis hin zum Bau neuer Automobile. Es würde zu weit führen, an dieser Stelle die verschlungenen Entscheidungs- und Handlungsstränge nachzuzeichnen, die im September 1949 zur Gründung der Auto Union GmbH mit Sitz in Ingolstadt führten, in der das Zentraldepot aufging. Festzuhalten ist vor allem, dass sich das bayerische Provisorium verstetigte und an Perspektive gewann, nachdem eine Rückkehr der Auto Union zu ihren sächsischen Wurzeln durch den Kalten Krieg und die deutsche Teilung unmöglich geworden war.

III. FREMDE HEIMAT – HEIMAT IN DER FREMDE

Diese sächsischen Wurzeln konnte die neue Auto Union nur schwer verleugnen; zu groß war in den ersten Jahren die Kontinuität. Dies zeigte sich bei der Führungsmannschaft und bei der Produktpalette ebenso wie bei der Belegschaft. Die Entscheidungsträger der neuen Auto Union rekrutierten sich ausschließlich aus dem Management der alten:[12] Richard Bruhn, von 1949 bis 1956 Vorsitzender der Geschäftsführung und für die kaufmännische Leitung und den Export zuständig, hatte seit 1932 als Vorstandsvorsitzender fungiert; sein Stellvertreter (1949 bis

---

10 Vgl. die Darstellung in der Autobiografie seines Sohnes *Carl H. Hahn*, Meine Jahre mit Volkswagen, München 2005, S. 16 f.

11 Donau-Kurier vom 22.11.1946: „Das größte Auto-Ersatzteillager Deutschlands".

12 Biographische Angaben finden sich bei *Gerhard Mirsching*, Audi. Vier Jahrzehnte Ingolstädter Automobilbau. Der Weg von DKW und Audi nach 1945, Gerlingen 1988, S. 196–207. In diesem Zusammenhang drängt sich die Frage nach der Verantwortung der Führungsmannschaft der neuen Auto Union für die Unternehmensentscheidungen und -politik des alten Konzerns während der NS-Zeit und des Zweiten Weltkriegs auf. Viel ist darüber bislang nicht bekannt; einige Hinweise zu Funktionen von Auto Union-Managern im Wehrwirtschaftsapparat des Dritten Reichs finden sich bei *Kohl/Bessel*, Auto Union, S. 293 f., und *Hockert*, Zwangsarbeit, S. 116. Zur Geschichte industrieller Eliten zwischen NS-Zeit und Bundesrepublik vgl. allgemein *Paul Erker/Toni Pierenkemper* (Hrsg.), Deutsche Unternehmer zwischen Kriegswirtschaft und Wiederaufbau. Studien zur Erfahrungsbildung von Industrie-Eliten, München 1999.

1957), Carl Hahn, war zwischen 1932 und 1945 ebenfalls Vorstandsmitglied bei der Auto Union AG gewesen. Paul Günther, der für die betriebswirtschaftlichen Belange zuständig war, hatte vor 1945 als kaufmännischer Direktor bei Horch in Zwickau auch zur ersten Garde der alten Auto Union gezählt, ebenso wie Hanns Schüler, während des Zweiten Weltkriegs Leiter der Rechtsabteilung der Auto Union AG in Chemnitz, dann zwischen 1949 und 1959 in der Geschäftsführung für Rechts- und Personalfragen verantwortlich. Fritz Zerbst, von 1949 bis 1958 in der Geschäftsführung für die technischen Fragen zuständig, hatte ebenfalls den richtigen Stallgeruch: Seit 1927 bei Horch in Zwickau, war er 1932 zum technischen Direktor des zur Auto Union AG gehörenden Werks ernannt worden. Auch die wichtigsten Männer der zweiten Reihe trugen das Unternehmenssymbol der vier Ringe in ihrer Berufsbiographie: Das galt etwa für den Leiter der Abteilung für Motorradkonstruktion in Ingolstadt, Nikolaus Dörner, für Franz Ferber und Werner Kratsch, die beide Führungsaufgaben im Werk Ingolstadt wahrnahmen, sowie für Kurt Schwenk und Oskar Siebler, die Schlüsselpositionen in den Bereichen Konstruktion und Entwicklung bekleideten.

Die Produktpalette der neuen Auto Union stammte ebenfalls aus dem Arsenal der alten, genauer gesagt: aus dem Sortiment von DKW, die zunächst als einzige Marke der Auto Union wiederbelebt werden sollte. Die von Zweitaktmotoren angetriebenen Motorräder und Automobile von DKW galten als robust und kostengünstig, hatten sich schon vor dem Krieg großer Beliebtheit erfreut und passten mit ihrem auf Zweckmäßigkeit ausgerichteten Design in die Kargheit der ersten Nachkriegsjahre. Im Einzelnen plante die Geschäftsleitung, zunächst drei Produkte auf den Markt zu bringen: das Motorrad RT 125, einen kleinen Pkw sowie einen Kleintransporter. Da für aufwendige Neuentwicklungen nahezu alle Voraussetzungen fehlten, knüpften die Ingenieure direkt an ihre Modelle aus der Vorkriegszeit an, die vielleicht nicht mehr dem letzten Stand der Technik entsprachen, aber dennoch den Grundstein für den Neubeginn bilden sollten.

Und selbst in der Belegschaft fanden sich mehr als nur Spurenelemente einer vergangenen Ära wieder. Hunderte von Spezialisten und Facharbeitern fanden ihren Weg aus der Sowjetischen Besatzungszone nach Ingolstadt, manche aus eigenem Antrieb, viele gezielt angeworben und zusammen mit ihren Familien aus Thüringen oder Sachsen an den Kontrollen vorbei nach Bayern geschleust.[13] Es ist auffällig, wie attraktiv die Auto Union für Arbeitskräfte war, die nicht aus der Region Ingolstadt, ja nicht einmal aus Westdeutschland stammten. So beschäftigte das Unternehmen im Werk Ingolstadt überdurchschnittlich viele Flüchtlinge. Ihr Anteil erreichte 1952 30 Prozent und überschritt den Anteil der Flüchtlinge in der Region deutlich.[14] Damit war die in Sachsen von der Bildfläche verschwundene Auto Union in doppelter Hinsicht ein „Flüchtlingsbetrieb".

---

13 Süddeutsche Zeitung vom 16.7.2009: „Von Null auf Hundert. Der Premiumhersteller Audi wird 100 Jahre alt und baut allein am Standort Ingolstadt seit 60 Jahren Automobile".
14 Protokoll der Betriebsversammlung am 15.10.1952; Archiv des Betriebsrats der Audi AG, Betriebsversammlungen.

Ingolstadt, so könnte man auch sagen, kam zur Automobilindustrie wie die sprichwörtliche Jungfrau zum Kind: ungeplant und unerwartet. Die Entwicklung der Stadt zur Automobilstadt brachte langwierige Anpassungs- und Aneignungsprozesse mit sich – und zwar sowohl für das Establishment Ingolstadts und seine Bewohner als auch für die Führung der Auto Union und die zugezogenen Teile ihrer Belegschaft. Schon das Verhältnis zwischen dem Zentraldepot für Auto Union Ersatzteile und der Stadtverwaltung war nicht immer einfach. Angesichts des verheißungsvollen großen Namens versicherten Repräsentanten der Stadt zwar wiederholt, man werde dem Unternehmen unter die Arme greifen, wo immer es möglich sei.

Abb. 2: Ein PKW der Auto Union vom Typ DKW Meisterklasse vor der Kulisse des mittelalterlichen Kreuztors in Ingolstadt, circa 1950. Quelle: Stadtarchiv Ingolstadt, Photosammlung

Aber das Zentraldepot war ein zartes Pflänzchen, von dem man nicht wusste, ob es den Einsatz lohnte und ob es wirklich in Ingolstadt Wurzeln schlagen würde. Reibereien gab es immer wieder bei Zuzugsgenehmigungen – im Mai 1947 beton-te der Oberbürgermeister, die Stadt werde dem Zentraldepot letztmalig den Zuzug von fünf Spezialisten genehmigen und auch dies nur ohne Familienangehörige[15] – und der Zuweisung von Unterkünften. Dies lag nicht nur an der allgemeinen Wohnungsnot, sondern offensichtlich auch daran, dass die kleine Auto Union-Kolonie, die sich inzwischen gebildet hatte, in Ingolstadt wie ein lästiges Ein-sprengsel wirkte. Für zusätzliche Irritationen sorgten die Unsicherheit über den rechtlichen Status des Zentraldepots und seine Beziehungen zur alten Auto Union AG in der Sowjetischen Besatzungszone sowie monatelang ausbleibende Zahlun-gen für die angemieteten Gebäude.[16]

Abb. 3: Schnell-Laster vom Typ DKW F 89 L vor der Lackiererei 1949/50.
Quelle: Stadtarchiv Ingolstadt, Photosammlung

Auch nach 1949 blieben sich die Führungsetage der Auto Union und die Stadt an der Donau lange Zeit fremd. Die Beziehungen zwischen den Entscheidungsträ-gern des Unternehmens und der Stadtverwaltung beschränkten sich mehr oder

15 Zentraldepot für Auto Union Ersatzteile (gez. Erhard Burghalter und Oswald Heckel) an Oberbürgermeister Weber vom 14.5.1947 und Bestätigung des Oberbürgermeisters vom 17.5.1946; Stadtarchiv Ingolstadt, A 3129.
16 Niederschrift über „die Besprechung mit Auto-Union" am 10.1.1947; Stadtarchiv Ingolstadt, A 3129.

weniger auf offizielle Veranstaltungen und die Abwicklung laufender Geschäfte. Sie wurden nie intensiv genug, um einen auf gegenseitigem Vertrauen basierenden Standortfaktor sui generis zu konstituieren. Ingolstadt avancierte damit auch nicht zu einem Markenzeichen oder gar Aushängeschild des Unternehmens; nannte man Wolfsburg oder München mit VW und BMW in einem Atemzug, so ging viel Zeit ins Land, bis Ingolstadt als Heimat so traditionsreicher Marken wie DKW und später Audi wahrgenommen wurde. Entsprechend dosiert war das politische Engagement der leitenden Angestellten vor Ort, die sich kaum um die allgemeinen Belange des Gemeinwesens kümmerten. Es waren die Arbeitnehmervertreter der Auto Union, die weiter über ihren Tellerrand hinausblickten und im Verein mit den lokalen Gliederungen der Gewerkschaften und der Sozialdemokratie auch den Anspruch erhoben, die Kommunalpolitik mitzugestalten.[17] 1952 wurde mit Fritz Böhm, der für die SPD kandidierte, erstmals ein Betriebsrat der Auto Union in den Stadtrat gewählt; 1960 waren sogar gleich drei Mitglieder des Auto Union-Betriebsrats bei den Kommunalwahlen erfolgreich. Im Stadtrat gab es freilich einflussreiche Kräfte, die insbesondere in den 1950er, aber auch noch in den 1960er Jahren der Großindustrie prinzipiell skeptisch gegenüberstanden und – vom Leitbild einer bürgerlich-mittelständischen Gesellschaft ausgehend – in Betrieben wie der Auto Union mit ihren Tausenden von Arbeitern die Brutstätte sozialistischer Umtriebe sahen. Das hieß jedoch nicht, dass man der Auto Union jede Unterstützung versagt hätte; dazu war das Unternehmen bereits nach wenigen Jahren zu wichtig geworden.

Direkt kamen die Repräsentanten der Stadt mit den leitenden Angestellten der Auto Union vor allem dann ins Gespräch, wenn es um Grunderwerb und Baugenehmigungen, Kosten und Gebühren sowie um die Bereitstellung von Wohnraum ging. Das Unternehmen drängte dabei vor allem auf Expansion und möglichst geringe Kosten. Gab es Meinungsverschiedenheiten, so ließen Vertreter der Geschäftsführung bis Ende der 1950er Jahre immer wieder durchblicken, man sei nicht auf Ingolstadt angewiesen und könne anderswo billiger produzieren. So geißelte Direktor Kratsch Ende 1954 die „unerhört" hohen Kosten für Strom, Gas, Wasser und Abwasser – und drohte unverhohlen mit Konsequenzen:

> „Wie soll Düsseldorf Motore in Ingolstadt bauen lassen, wenn die Fertigung teurer ist? Dr. Bruhn hat dem Oberbürgermeister gegenüber bereits geäußert, daß das nicht mehr so weitergehen kann und man müsse einen Punkt hinter Ingolstadt setzen. Mehrere Eingaben wurden bereits an die Stadt gemacht, die heute noch unbeantwortet sind. Anscheinend hat die Stadt dringendere Probleme als die Auto Union, obwohl die Auto Union der Entwicklung der Stadt das Gepräge gegeben hat."[18]

Solche Vorwürfe waren jedoch nicht wirklich gerechtfertigt. Die Stadt bemühte sich im Gegenteil in der Regel, ihrem größten Unternehmen und wichtigsten Arbeitgeber entgegenzukommen. Dies zeigte sich bei der Abstimmung von Bebau-

---

17 Aufstellungen: Mitglieder des Ingolstädter Stadtrats 1952-1956 und Mitglieder des Ingolstädter Stadtrats 1960-1966; Stadtarchiv Ingolstadt, A 6997; Aufstellung: Wahlergebnisse und gewählte Betriebsräte 1950-1998; Archiv des Betriebsrats der Audi AG, Betriebsratswahlen.

18 Protokoll der Betriebsversammlung am 16.12.1954; Archiv des Betriebsrats der Audi AG, Betriebsversammlungen.

ungsplänen auf die Bedürfnisse der Auto Union ebenso wie beim Kauf oder
Tausch von Grundstücken, wo die Stadtverwaltung gegenüber dem bayerischen
Finanzministerium die Überlassung ehemals militärisch genutzter Liegenschaften
befürwortete, oder bei Verhandlungen mit den Besitzern von Privatgrundstücken.
Hier führte das Grundstücksreferat der Stadtverwaltung vorbereitende Gespräche,
um der Auto Union die Transaktionen zu erleichtern.[19] Zuweilen nahm die Stadt
dafür auch selbst Kosten oder Einnahmeausfälle in Kauf, etwa als Erschließungs-
kosten entweder gestundet oder zugunsten des Unternehmens reduziert wurden.[20]

Zu einer dauerhaften Zusammenarbeit zwischen der Stadtverwaltung und der
Auto Union kam es bei der Beschaffung von Wohnraum für die Belegschaft des
Unternehmens, und dies war kein Zufall, da der Wohnungsbau gleichermaßen als
Achillesferse von Stadtentwicklung und Wirtschaftswachstum angesehen werden
musste. Dabei standen die Verantwortlichen vor der dreifachen Herausforderung,
das strukturelle Defizit an Wohnungen zu beseitigen, das schon vor 1933 bestanden hatte, die Schäden zu beheben, welche die Bombenangriffe kurz vor Kriegsende verursacht hatten, und die neue Nachfrage nach Wohnraum zu befriedigen,
die zunächst von Flüchtlingen und *Displaced Persons*, dann aber zunehmend von
Arbeitskräften ausging, die in Ingolstadt zwar einen neuen Job, aber noch keine
zufriedenstellende Bleibe gefunden hatten. Für die Auto Union, deren Belegschaft
phasenweise sprunghaft wuchs, war dieses Problem besonders drängend, zumal
der Anteil an Flüchtlingen und Vertriebenen hoch war, die oft wenig mehr hatten
retten können als ihr Leben. Es war daher nur folgerichtig, dass die Auto Union
bereits 1949 Geschäftsanteile der Gemeinnützigen Wohnungsbaugesellschaft erwarb, die 1934 gegründet worden war und im Wesentlichen von der Stadt
Ingolstadt getragen wurde. Als Gegenleistung für ihre finanziellen Beiträge erhielt
die Auto Union Belegungsrechte für Wohnungen, die dann Werksangehörigen
zugewiesen werden konnten. Bis 1955 finanzierte die Auto Union 65 Wohneinheiten mit; weitere 215 wurden dem Unternehmen mit dem Einverständnis der
Stadt ohne finanzielle Beteiligung überlassen. Trotz dieser Bemühungen und trotz
des Entgegenkommens, das die Kommunalpolitiker ihrem wichtigsten Arbeitgeber gegenüber zeigten, konnte von einer Entspannung auf dem Wohnungs-
markt keine Rede sein. Nach Angaben des Betriebsrats befanden sich Ende 1955
noch immer 600 Mitglieder der Belegschaft auf Wohnungssuche, wobei man
mindestens 400 Fälle für vordringlich hielt.[21]

---

19   Sitzungen am 17.12.1958, 6.2.1959 und 8.6.1960; Stadtarchiv Ingolstadt, Stadtratsprotokolle.
20   Sitzungen am 16.7. und 6.8.1958; Stadtarchiv Ingolstadt, Stadtratsprotokolle.
21   Protokoll der Betriebsversammlung am 20.12.1955; Archiv des Betriebsrats der Audi AG,
     Betriebsversammlungen.

Abb. 4: Fahrgestellmontage für den DKW Schnell-Laster und den Militär-Pkw „Munga" in im-
provisierten Werkstätten; im Hintergrund die Lackiererei.
Quelle: Stadtarchiv Ingolstadt, Photosammlung

Freilich tat sich die Auto Union vor allem in wirtschaftlich heiklen Zeiten schwer damit, die nötigen Mittel zur Förderung des Wohnungsbaus aufzubringen, so dass sich die Geschäftsführung verstärkt um öffentliche Mittel für den sozialen Wohnungsbau bemühte und dabei vor allem mit wirtschaftlichen Notwendigkeiten argumentierte.[22] So hieß es in einem Schreiben von Ende 1955: Sollte es nicht gelingen, das geplante Wohnungsbauprogramm in die Tat umzusetzen, sei das Ziel gefährdet, „unsere wichtigen Facharbeiter und technischen Angestellten" in Ingolstadt zu halten und Bemühungen aus Nordrhein-Westfalen oder Baden-Württemberg zu konterkarieren, diese Fachkräfte durch verlockende Versprechungen abzuwerben.[23]

Dieses Problem verschärfte sich vor allem dann, wenn die Produktion ausgeweitet und vertieft wurde, da der Raum- und Flächenbedarf des Unternehmens ständig stieg. Die Auto Union fraß sich zwischen 1949 und 1951 geradezu in den Norden Ingolstadts hinein und bestimmte das Bild eines zentrumsnahen Stadtviertels, das größtenteils innerhalb des alten Festungsrings gelegen und für industriel-

---

22 Tätigkeitsbericht des Betriebsratsvorsitzenden anlässlich der Betriebsversammlung am 21.10.1958; Archiv des Betriebsrats der Audi AG, Betriebsversammlungen.
23 Geschäftsführung der Auto Union an die Regierung von Oberbayern vom 9.12.1955; Stadtarchiv Ingolstadt, A 4902.

le Zwecke nur bedingt geeignet war.[24] Die Auto Union nahm einen großen Teil
der ehemaligen Militärbauten wie die Standortverwaltung, das Heeresverpfle-
gungsamt, die Heeresbäckerei oder das Zeughaus in Beschlag und errichtete zudem neue Werkshallen. Rationell war das nicht. Im Jargon der Mitarbeiter wurde
die Auto Union nicht umsonst auch als „Vereinigte Hüttenwerke" bezeichnet.[25]

*Abb. 5: Einfahrt zum Werksgelände an der Esplanade, im Hintergrund die von der Auto Union ge-
nutzte ehemalige MG-Kaserne. Quelle: Stadtarchiv Ingolstadt, Photosammlung*

Dieser Wildwuchs warf nicht nur betriebswirtschaftliche Probleme auf, auch städtebaulich war er alles andere als erfreulich. Dies zeigte sich bereits 1950/51 an einem Zielkonflikt zwischen den Expansionsplänen der Auto Union im Nordosten
Ingolstadts und den Planungen der Katholischen Wohnungsbaugesellschaft. Im
Einklang mit dem geltenden Bebauungsplan hatte sich diese um Baugrund am
Rande der alten Festungsmauern bemüht und auch zugesagt bekommen. Doch
dann hörte man von Plänen der Stadt, den Forderungen der Auto Union nach-
zugeben, das in Frage stehende Areal nicht mehr als Wohngebiet, sondern als Industriegelände auszuweisen. Rupert Brems, Pfarrer bei Sankt Moritz im historischen Kern Ingolstadts, reagierte auf solche Überlegungen empört, und zwar nicht
nur, weil sie den Absichten der Katholischen Wohnungsbaugesellschaft zuwider-
liefen, sondern auch, weil er sie grundsätzlich für verfehlt hielt. Stadtbild und
Stadtentwicklung würden durch eine weitere Ausdehnung der Auto Union in ge-
fährlicher Nähe des Stadtzentrums irreparabel geschädigt, die Anwohner durch

24 Dieser Prozess ist prägnant dokumentiert in dem Photoband von *Thomas Erdmann*, Auf den
    Spuren der Auto Union. Ein Rundgang durch die ehemaligen Fertigungsstätten der Auto Uni-
    on in Ingolstadt, Bochum 2007[2].
25 Vgl. *Mirsching*, Audi, S. 23 ff.

den wachsenden Verkehr und den zunehmenden Lärm in unzumutbarer Weise belastet, ohne dass der chronischen Raumnot des Unternehmens dauerhaft abgeholfen werden könne. In diesem Sinne beklagte sich der Stadtpfarrer bei einem Vertreter des für militärische Liegenschaften zuständigen bayerischen Finanzministeriums:

> „Im letzten Krieg verursachten hier in Ingolstadt militärische Objekte [...], die innerhalb der Altstadt lagen, besondere Bombardierung und viele Tote. Und nun gefährdet man durch eine neue kriegswichtige Industrie innerhalb der Wohnviertel noch einmal die Stadt! [...] Schließlich müsste es vor allem im Interesse der Auto-Union selbst liegen, auf einem einheitlichen Industriegelände das Werk aufzubauen und zu entfalten. Die Auto-Union hat bisher an mehreren Ecken und Strassen bereits vorhandene Werkräume und Büros ausgenützt und musste ihre Teilerzeugnisse von einer Halle zur anderen transportieren und viel Zeit auf dem Weg verlieren. Diese Unrentabilität wird bei der vorgesehenen Ausweitung nicht besser. Solch ein Grossunternehmen muß sich *ständig* entfalten und auch räumlich ausbreiten können. [...] So ist es nicht zu verdenken, wenn von massgebenden Kreisen und aus allen Schichten der Bevölkerung immer wieder die Befürchtung laut wird, dass die Auto-Union nicht auf Dauer in Ingolstadt bleiben kann und will. Denn die ruhige Überlegung folgert: ‚Wenn die Auto-Union ihren bleibenden festen Sitz in Ingolstadt aufschlagen wollte, müsste sie auf einheitlichem Gelände einen rentablen, sicheren und konkurrenzfähigen Betrieb aufbauen.' Dadurch wären auch die vielen Fragen hinfällig, die an uns Seelsorger, die wir mitten im Volk stehen, immer wieder herangetragen werden: ‚Kann man die knappen Steuergelder Bayerns nicht sicherer anlegen?' So sehr wir vom seelsorgerlichen Standpunkt aus die Arbeitsbeschaffung durch die Auto-Union begrüßen, so furchtbar wäre der Schaden für die Stadt und für die Arbeiterschaft im Falle eines Wegzugs der Auto-Union, der wohl bei der jetzigen eingeengten Anlage unvermeidlich einmal erfolgen muss."[26]

Der Stadt waren solche Bedenken ebenso wenig fremd wie den Ministerien in München. Freilich gab es eine eindeutige Prioritätensetzung, die wirtschaftlichen Notwendigkeiten den Vorzug vor städtebaulichen Erwägungen einräumte, wie ein Beamter der für Ingolstadt zuständigen Bezirksplanungsstelle im Dezember 1951 unumwunden zugab. Gerade bei der Ansiedlung der Auto Union seien die „wirtschaftlichen Verhältnisse für die Firma ausschlaggebender gewesen als die immer wieder von den Planungsstellen geäußerten Bedenken über die ungünstige Lage des Betriebes in der Stadtmitte". Alternativen habe man „unter dem Druck der Verhältnisse, auf Veranlassung der Auto-Union" und wegen der Furcht verworfen müssen, ansonsten die Abwanderung eines Unternehmens zu provozieren, „welches das wirtschaftliche Rückgrat Ingolstadts und seiner Umgebung bildet".[27]

Der Konflikt zwischen Unternehmensentwicklung und Städtebau wurde erst 1958/59 entschärft, als die Auto Union ein neues Werk im Norden Ingolstadts errichtete, das in der ersten Ausbaustufe für eine Tagesproduktion von 250 Pkw ausgelegt war. Auf einem Gelände, das nicht allzu weit vom Stadtzentrum beziehungsweise von der Autobahn München-Nürnberg entfernt war, wurde eine Pro-

26 Stadtpfarrer Rupert Brems an Ministerialrat Dr. Kiefer, bayerisches Finanzministerium, vom 15.11.1950 betr. „Industriegelände im geplanten Wohnviertel"; Stadtarchiv Ingolstadt, A 2994.

27 Bezirksplanungsstelle bei der Regierung von Oberbayern (gez. Regierungsdirektor Scheublein) an die Landesplanungsstelle im bayerischen Wirtschaftsministerium vom 28.12.1951 betr. Verwertung ehemaliger Wehrmachtsanlagen in Ingolstadt; Stadtarchiv Ingolstadt, A 2994.

duktionsstätte errichtet, die von der Lokalpresse als „eine der größten und modernsten Automobilfabriken Europas" gefeiert wurde.[28] Der Bau dieses Werks – möglich durch den Übergang der Auto Union in das Eigentum von Daimler-Benz – war ein Meilenstein in der Geschichte der Auto Union und von entscheidender Bedeutung für die gesamte Region. Nicht nur, dass damit die Improvisation der Nachkriegszeit der Vergangenheit angehörte, auch das Gespenst einer Abwanderung der Auto Union schien nun gebannt. Investitionen von über 120 Millionen DM und groß dimensionierte Neubauten für Produktion und Verwaltung schrieben die Botschaft gleichsam in Stein und Beton fest, dass die Automobilindustrie in Ingolstadt feste Wurzeln geschlagen hatte. Allerdings war das Verhältnis zwischen der Stadt, ihrer Bevölkerung und ihrem wichtigsten Unternehmen auch in der Folgezeit nicht ungetrübt, sondern Konjunkturen unterworfen, die den Konjunkturen der Auto Union folgten. Die – teils existenzbedrohenden – Krisen, die es unter der Regie von Daimler-Benz und seit 1965 von Volkswagen bis in die 1970er Jahre immer wieder gab, hielten die Skepsis gegenüber der Auto Union wach und standen einer weitergehenden Identifikation zwischen Stadt, Region und Automobilindustrie entgegen.

IV. EIN WERK UND SEINE BELEGSCHAFT

Obwohl die Geschichte des Unternehmens von wiederkehrenden Krisen geprägt war, wuchs die Belegschaft der Auto Union in den 1950er Jahren kontinuierlich und verharrte trotz der sich seit 1961 zunehmend verschärfenden Absatzschwierigkeiten auf hohem Niveau. In den Gründerjahren war es sogar steil aufwärts gegangen: 1.676 Beschäftigten Ende 1949 standen 10.957 Beschäftigte Ende 1955 gegenüber. Dann machten sich die ersten größeren Probleme bemerkbar, die vor allem mit der Lage auf dem Zweiradsektor und Missgriffen bei der Konstruktion neuer Fahrzeuge zu tun hatten. In Ingolstadt war mit dem Bau des neuen Werks 1958/59 die Talsohle durchschritten, und die Personalstärke wuchs bis 1960 um mehr als das Doppelte. Mit dem Ausbau der Fertigungsstätten in Ingolstadt übersprang die Zahl der Arbeiter und Angestellten in der Stadt an der Donau 1962 erstmals die magische Grenze von 10.000 und fiel auch in den kritischen Jahren 1963 bis 1965 nicht dahinter zurück.

Während die erste Generation von Führungskräften überwiegend aus Mitarbeitern der alten Auto Union bestanden hatte, wurden mittlere Leitungsfunktionen anfangs vielfach mit Offizieren oder gut ausgebildeten Unteroffizieren der ehemaligen Wehrmacht besetzt, die es nicht nur gewohnt waren zu führen, sondern in Stäben oder Schirrmeistereien Erfahrungen in Personalverwaltung und Materialdisposition hatten sammeln können; der Krieg – auch wenn er so mörderisch war wie der Zweite Weltkrieg – erwies sich so ungewollt als Schrittmacher des „Wirtschaftswunders". Später wurden dann Kandidaten für Führungspositionen auch betriebsintern geschult oder gezielt von außen angeworben. In Ingolstadt selbst

---

28   Donau-Kurier vom 19.6.1959: „Großes Werk für kleinen Wagen".

war zunächst wenig zu holen, denn die Bildungseinrichtungen der Stadt waren nicht dafür prädestiniert, in ausreichendem Maße gewerbliche und technische Nachwuchskräfte hervorzubringen; die dazu nötige Infrastruktur wie Real- und Technikerschulen musste erst geschaffen, die mathematisch-naturwissenschaftliche Ausbildung an den Gymnasien verstärkt werden. In den benachbarten Städten und Landkreisen war aufgrund der vorherrschenden Wirtschafts- und Sozialstruktur ebenso wenig zu holen. Die Auto Union musste also versuchen, besonders qualifizierte Kräfte nach Ingolstadt zu locken, doch sie tat sich vor allem aus zwei Gründen schwer damit: Zum einen zahlte das Unternehmen die niedrigsten Durchschnittsgehälter aller Automobilhersteller in der Bundesrepublik, zum anderen galt der Standort als wenig attraktiv. Die Personalabteilung sah daher Mitte der 1960er Jahre nur eine Lösung, um dringend benötigte Mitarbeiter zu gewinnen: finanzielle Zusagen an die Kandidaten. Die Angestellten, die in Ingolstadt für die Auto Union arbeiteten, wohnten überwiegend in der Stadt selbst. 1962 hatten 80 Prozent der Gehaltsempfänger ihren Wohnsitz in der Stadt an der Donau;[29] Ende 1964 waren es noch immer mehr als 78 Prozent. Diese Zahl ist nicht nur ein Hinweis darauf, dass sich die Angestellten der Auto Union unter anderem aus dem Ingolstädter (Klein-)Bürgertum rekrutierten, sondern auch darauf, wie sehr das Umland noch als Provinz galt und wie wenig attraktiv es für besserverdienende Arbeitnehmer noch war, dort zu wohnen.

Obwohl die Auto Union ein von Männern dominiertes Unternehmen blieb, stieg zwischen 1955 und 1965 die Zahl der Frauen unter den Beschäftigten der Auto Union. Insbesondere seit 1958/59 war der Arbeitskräftebedarf dabei zeitweise so hoch, dass die weibliche Arbeitsmarktreserve interessant wurde, zumal mit dem Bau der Berliner Mauer im August 1961 der entlastende Zustrom von Flüchtlingen aus der DDR versiegte.[30] Die Geschäftsführung der Auto Union stand damit vor dem Problem, Arbeitskräfte auf einem angespannten Arbeitsmarkt zu rekrutieren, und das in durchaus großem Stil. 1964 rechnete die Personalabteilung damit, dass man etwa 4700 neue Lohnempfänger einstellen müsse, um die Produktionsplanung für das kommende Jahr verwirklichen und die erwartete Fluktuation ausgleichen zu können.[31]

In der Stadt Ingolstadt und den Gemeinden der Kernzone waren kaum zusätzliche Arbeitskräfte zu rekrutieren. Die alteingesessenen Betriebe, die vor allem Facharbeiter beschäftigten, fielen als potentielle Arbeitskräftelieferanten weitgehend aus, weil diese Vertreter der Arbeiteraristokratie in der Regel nicht an den Fließbändern einer Automobilfabrik arbeiten wollten. Dasselbe galt für viele Spe-

29 Vormerkung (gez. Eppler) „Firma Auto-Union G.m.b.H., Ingolstadt; hier: Besuch des Herrn Staatsministers" vom 19.6.1962; BayHStA, MWi 25941.

30 Die Personalstatistik der Auto Union (Statistik Lohnempfänger Ingolstadt 1956-1959; Audi AG, Ablage der Abteilung Personalstatistik) zählte Ende August 1959 (dann liegen keine Angaben mehr vor) unter den 3823 in Ingolstadt beschäftigten Lohnempfängern 1188 Flüchtlinge (31,1 Prozent); wie viele davon sogenannte Sowjetzonenflüchtlinge waren, lässt sich nicht sagen.

31 Bericht über das Personalwesen der Auto Union GmbH, undatiert (Ende 1964); Historisches Archiv der Auto Union, ohne Signatur.

zialisten, denen es lieber war, in ihrem erlernten Beruf zu arbeiten, obwohl sie bei der Auto Union – die freilich als nicht eben krisenfester Arbeitgeber galt – vielleicht in den Genuss höherer Löhne und besserer Sozialleistungen gekommen wären. Auch der Landkreis Ingolstadt bot nicht die Reserven, die der Auto Union Ende der 1950er/Anfang der 1960er Jahre weitergeholfen hätten. Immerhin betrug der Anteil der Beschäftigten, die aus dem Landkreis stammten, 1961 bereits mehr als 34 Prozent und ließ sich nur noch mit Mühe steigern. Selbstverständlich war es eine Option, den Zuzug auswärtiger Arbeitskräfte zu forcieren. Doch weder die Stadt Ingolstadt noch die Gemeinden des Landkreises konnten unbegrenzt neue Bürger aufnehmen. Im Gegenteil, zum Teil setzten der Mangel an Wohnraum und das Fehlen einer tragfähigen Infrastruktur dem Wachstum der Kommunen vergleichsweise enge Grenzen, so dass die Auto Union andere Strategien entwickeln musste, um ihren Personalbedarf zu decken.

In dieser Situation richtete die Personalverwaltung des Unternehmens ihr Augenmerk auf die umliegenden Landkreise des Mittelbayerischen Donaugebiets, wo man insbesondere um Arbeiter für weniger anspruchsvolle Tätigkeiten warb, die besonders schmerzlich vermisst wurden. Zu diesem Zweck organisierte man Informationsveranstaltungen in den Gemeinden der benachbarten Landkreise. Dabei klärten Mitarbeiter der Personalabteilung, zuweilen auch in Begleitung von Ingenieuren, nach Feierabend in der Dorfwirtschaft über die Auto Union auf und sparten nicht mit verlockenden Angeboten. Ansprechpartner waren dabei nicht zuletzt verunsicherte Landwirte, die zu Kenntnis nehmen mussten, dass ihr Hof die Familie nicht mehr ernährte. Entsprechend richteten sich die Werbeveranstaltungen der Auto Union nicht nur an „Facharbeiter aller Metallberufe", sondern auch explizit an „ungelernte Männer und Frauen", die bereits „kurzfristig" zahlreiche „vielfältige und interessante Beschäftigungen" verrichten könnten: etwa Maschinen-, Montage-, Rohbau- und Lackierarbeiten, aber auch Tätigkeiten im Transportwesen, der Schreinerei oder in den Ersatzteillagern.[32] Unter den betrieblichen Sozialleistungen, mit denen gezielt geworben wurde, waren unter anderem verbilligte Kantinenverpflegung, betriebliche Altersversorgung, Unterstützung aus einem Sozial- und Sterbegeldfonds oder Wohnraumbeschaffung. Auch der Hinweis auf finanzielle Sonderzuwendungen wie eine Weihnachtsgratifikation oder geldwerte Leistungen wie Rabatte beim Kauf eines Kraftfahrzeugs aus eigener Produktion fehlte nicht.

Ein weiteres zentrales Instrument, um neues Personal auch aus entlegeneren Gebieten zu gewinnen, war der Werkbusverkehr. Die Auto Union machte dabei das Angebot, den Transport vom Wohnort zum Arbeitsplatz zu übernehmen, und zwar kostengünstig und auf die Arbeitszeiten der Beschäftigten abgestimmt. Da das Netz des öffentlichen Personennahverkehrs in der bayerischen Provinz ausgesprochen weitmaschig war und bei weitem nicht alle Interessenten über einen eigenen fahrbaren Untersatz verfügten, kam den Werkbussen bei der Entscheidung, ob man das Wagnis Auto Union eingehen sollte, keine geringe Bedeutung zu. Die Erschließung neuer Arbeitsmarktreserven ging daher mit der Ausweitung des

---

32   Informationsblatt der Auto Union vom 1.6.1962; BayHStA, MWi 25941.

Werkbusverkehrs Hand in Hand. Im Sommer 1962 setzte die Auto Union 20 Werkbuslinien ein. Ende 1964 waren es bereits mehr als 30, die Strecken in einer Entfernung von bis zu 45 km bedienten und dabei täglich etwa 2.500 Arbeiter beförderten. Die Auto Union ließ sich den Werkbusverkehr, der auf Verträgen des Unternehmens mit privaten oder öffentlichen Anbietern wie Post und Bahn basierte, einiges kosten. Der Zuschuss lag zwischen 80.000 und 90.000 DM monatlich, obwohl die Werkbusse nicht wie etwa beim Konkurrenten BMW kostenlos fuhren; wer diesen Service der Auto Union nutzte, hatte mit einer Unkostenbeteiligung von fünf DM pro Woche zu rechnen.[33] Doch wo die Verbindungsstraßen fehlten oder zu schlecht ausgebaut waren, stieß der Werkbusverkehr an natürliche Grenzen.

Zu den wichtigsten Anreizen, über eine Tätigkeit in der Automobilindustrie nachzudenken und dafür eventuell auch weite Anfahrtswege in Kauf zu nehmen, gehörten die Löhne. Zwar zahlte die Auto Union am Standort Ingolstadt im Vergleich zu anderen westdeutschen Automobilherstellern eher mäßig, doch auch Löhne, die anderswo als wenig attraktiv gegolten hätten, waren insbesondere für die strukturschwachen Teile des Mittelbayerischen Donaugebiets beachtlich. Dazu kam, dass bei der Auto Union seit dem 1. Januar 1960 die Höhe der Löhne mit Hilfe der analytischen Arbeitsbewertung ermittelt wurde, die weniger auf berufliche Qualifikation als auf Produktivität und Leistungsanforderungen abstellte und keinen Unterschied zwischen Männern und Frauen oder jung und alt machte. Dies kam nicht zuletzt un- und angelernten Arbeitern entgegen, die dadurch die Chance erhielten, ihr Einkommen spürbar zu steigern. Innerhalb von vier Wochen, so hieß es in einem Informationsflugblatt der Auto Union vom Juni 1962, konnten es auch un- und angelernte Kräfte im Akkord auf Stundenlöhne zwischen 3,05 DM (Maschinen- und Montagearbeiten) und 3,79 DM (Schweißen) bringen; Lager- und Hilfsarbeiten im Zeitlohn sollten mit 2,63 bis 2,99 DM pro Stunde vergütet werden.

Die Personalabteilung der Auto Union war sich der Tatsache wohl bewusst, dass die meisten neugeworbenen Arbeitskräfte aus ökonomisch noch wenig entwickelten Landkreisen stammten, wo sich freilich auch der Agrarstrukturwandel immer stärker bemerkbar machte. Landwirtschaftliche Arbeitskräfte, die mit ihrem Los unzufrieden waren, nachgeborene Bauernsöhne (aber auch Bauerntöchter), die für sich auf dem elterlichen Hof keine Perspektive mehr sahen und nicht als unfreiwillige Dienstboten enden wollten, oder die Inhaber kleiner Anwesen, die ein zweites Standbein benötigten, weil die Landwirtschaft nicht mehr genügend abwarf, um die Familie zu ernähren und zugleich dringend benötigte Investitionen zu finanzieren – sie alle bildeten die strategische Reserve für einen expandierenden Arbeitsmarkt. Für die Auto Union war zunächst die Tatsache entscheidend, dass man aus diesem Reservoir am leichtesten schöpfen konnte. Aber auch sachliche Erwägungen und positive Erfahrungen sprachen dafür, Arbeitskräfte anzuwerben, die aus der Landwirtschaft kamen. Diese hatten in der Regel Erfahrung

---

33 Bericht über das Personalwesen der Auto Union GmbH, undatiert (Ende 1964); Historisches
    Archiv der Auto Union, ohne Signatur.

im Umgang mit Maschinen, was die Anlernzeit verkürzte. Viele von ihnen verfügten auch über Grundkenntnisse der Metallbearbeitung und konnten beispielsweise schweißen, was sie für den Einsatz als Punktschweißer im Karosseriebau
oder in der Endmontage prädestinierte. Zudem kannten aus der Landwirtschaft rekrutierte Industriearbeiter „eher karge Lebensumstände und schwere Arbeit" zumeist von früher Jugend an, waren mit wenig zufrieden, aber durch materielle Anreize leicht zu motivieren und „bereit, hohe Anpassungsleistungen zu erbringen,
um eine stabile Lebensperspektive zu finden". Und nicht zuletzt „waren diese Arbeitskräfte fast immer in stark autoritär-patriarchalisch geprägten Sozialstrukturen
aufgewachsen und ganz selbstverständlich an Unterordnung und Gehorsam ge-
wöhnt", so dass sich der Arbeitgeber ebenso genügsame wie fügsame Belegschaftsmitglieder erhoffen konnte, die zudem nicht unbedingt für linke Parolen
anfällig waren.[34]

Die neu angeworbenen Arbeitskräfte wurden im Betrieb geschult und direkt
in den Abteilungen angelernt, in denen sie später eingesetzt werden sollten. Ver-
anschlagt war dabei eine Einarbeitungszeit von vier Wochen, doch viele der aus-
zuführenden Handgriffe waren so einfach, dass bereits eine Woche ausreichte, um
zu verstehen, worum es im engeren Arbeitsumfeld ging. Wer selbständiges Arbeiten unter freiem Himmel gewohnt war, für den war es jedoch oft nicht leicht, sein
Tagwerk in lauten, geschlossenen Hallen unter Aufsicht von vorgesetzten Fachkräften zu verrichten. Daher nahmen nicht wenige Arbeiter mit landwirtschaftli-
chem Hintergrund Einkommenseinbußen in Kauf und wechselten aus der Produktion in die Lagerhaltung oder das betriebliche Transportwesen, wo sich leichter
Tätigkeiten finden ließen, die sich mit den besonderen Vorstellungen und Wün-
schen dieser Belegschaftsmitglieder vereinbaren ließen. Schwerer wogen freilich
die Vorteile, die sich nicht zuletzt für Arbeiter der Auto Union ergaben, die im
Nebenerwerb weiterhin ihren Hof bewirtschafteten. Die regelmäßige Bezahlung
gewährte nicht nur größere finanzielle Spielräume, sondern machte die Familie
auch unabhängiger von den landwirtschaftlichen Konjunkturzyklen und erleich-
terte zugleich die Modernisierung des Betriebs. Überdies ließen es die Fünf-Tage-
Woche und der Schichtbetrieb zu, dass Nebenerwerbslandwirte die Bauernarbeit
vor Schichtbeginn oder nach Feierabend erledigten. Freilich war der Preis für diesen Spagat zwischen abhängiger Industriearbeit und bäuerlicher Selbständigkeit
hoch – für die Nebenerwerbslandwirte, die durch die permanente Doppelbelastung
ihre Gesundheit aufs Spiel setzten, für die Ehefrauen, die ihre Männer wenigstens
teilweise auf dem Hof ersetzen mussten, und auch für die älteren Kinder, die ihre
Freizeit vielfach den Erfordernissen des Betriebs zu opfern hatten. Die materielle
Lebensqualität hielt mit diesem Einsatz nicht unbedingt Schritt, da mit dem Einkommen aus der Industriearbeit in erster Linie der Hof ausgebaut wurde, während

---

34 *Burkart Lutz*, Die Bauern und die Industrialisierung. Ein Beitrag zur Erklärung von Dis-
    kontinuität der Entwicklung industriell-kapitalistischer Gesellschaften, in: *Johannes Berger*
    (Hrsg.), Die Moderne – Kontinuitäten und Zäsuren, Göttingen 1986, S. 119–137, hier S. 128;
    vgl. auch *Robert Hettlage*, Über Persistenzkerne bäuerlicher Kultur im Industriesystem, in:
    Christian Giordano/Robert Hettlage (Hrsg.), Bauerngesellschaften im Industriezeitalter. Zur
    Rekonstruktion ländlicher Lebensformen, Berlin 1989, S. 287–333.

die Anschaffung langlebiger Konsumgüter oder gar Urlaubsreisen zurückstehen mussten.[35]

Der Übergang vom Voll- zum Nebenerwerb hatte nur selten mit rationalem Kalkül, aber oft mit kurzfristigen finanziellen Engpässen oder der Überzeugung zu tun, man dürfe eine günstige Gelegenheit, zusätzlich Geld zu verdienen, nicht ungenutzt verstreichen lassen, und könne zu gegebener Zeit wieder zum Status quo ante zurückkehren. Daher waren nur wenige Arbeiterbauern wirklich auf das vorbereitet, was sie erwartete. Anstatt ihren Hof gezielt umzustellen, zeitaufwendige Tätigkeiten zu minimieren und auf ertragsstarke Nischenprodukte zu setzen, glaubten viele, ihren Hof auch nach dem Übergang in den Nebenerwerb als kleinen Vollerwerbsbetrieb weiterführen zu können – mit entsprechend belastenden Folgen für die gesamte Familie.

Detaillierte Aussagen über die genaue Zahl der Nebenerwerbslandwirte im Mittelbayerischen Donaugebiet sind schwierig, da entsprechende Daten bei den regelmäßigen Landwirtschaftszählungen nur punktuell erhoben wurden.[36] Immerhin ist es möglich, Trends aufzuzeigen und etwas darüber zu sagen, wie sich die Zahl der Erwerbstätigen mit Nebenberuf in der Landwirtschaft entwickelte. Insgesamt war diese Bevölkerungsgruppe zwischen 1950 und 1970 stark gewachsen; in 126 von 143 bayerischen Landkreisen hatte die Zahl der Erwerbstätigen mit einem Nebenberuf in der Landwirtschaft zugenommen, in sechs Landkreisen gar um 200 Prozent und mehr. Eine gegenläufige Entwicklung ließ sich nur in 17 Landkreisen beobachten, die zumeist in Unter- und Oberfranken lagen. Einer dieser Landkreise war Ingolstadt, wo die Zahl der Nebenerwerbslandwirte um bis zu 50 Prozent zurückgegangen war. In einem der Brennpunkte des „Wirtschaftswunders" in Bayern war offensichtlich bereits der Zenit eines Prozesses überschritten, der in weiten Teilen des Freistaats noch in vollem Gange war und sich praktisch im gesamten Einzugsbereich der Automobilindustrie jenseits des Landkreises Ingolstadt zeigte. In Riedenburg und Schrobenhausen hatte die Zahl der Nebenerwerbslandwirte am deutlichsten zugelegt, gefolgt von Eichstätt, Neuburg an der Donau, Pfaffenhofen an der Ilm und Kelheim; in diesen Landkreisen betrug der Zuwachs zwischen 50 und 150 Prozent.

In der Stadt Ingolstadt und im durch die Gebietsreform neuzugeschnittenen Landkreis Eichstätt wurden 1972 immerhin 49 Prozent aller landwirtschaftlichen Betriebe im Nebenerwerb bewirtschaftet. Allerdings gab es neben Gemeinden, in denen fast alle Landwirte einem zweiten Beruf nachgingen, auch Ortschaften, in denen die Bauern ihre Höfe noch überwiegend im Haupterwerb bewirtschafteten. Die Entscheidung für einen Arbeitsplatz in Industrie oder Gewerbe hing dabei offensichtlich nicht nur vom Angebot, sondern auch vom sozialen Umfeld im Dorf ab, das gleichermaßen als Katalysator oder Hemmschuh wirken konnte. „Aufgrund der Erfahrungen des Bauernverbandes [war] die Bereitschaft der Betriebs-

---

35 Vgl. *Andreas Eichmüller*, „I hab' nie viel verdient, weil i immer g'schaut hab', daß as Anwesen mitgeht." Arbeiterbauern in Bayern nach 1945, in: *Thomas Schlemmer/Hans Woller* (Hrsg.), Gesellschaft im Wandel 1949 bis 1973, München 2002, S. 179–268.

36 Vgl. hierzu und zum folgenden ebd., S. 185–199, insbesondere S. 196 f.

inhaber, den Hof, auch einen kleineren, im Vollerwerb zu bewirtschaften, dort umso größer, wo die dörfliche Struktur noch ganz oder weitgehend erhalten geblieben ist."[37]

Spitzenlöhne erzielten die Arbeiterbauern aufgrund ihrer Ausbildung und ihrer Arbeitsplätze nicht, dies war für sie aber zumeist auch nicht das entscheidende Kriterium; mindestens ebenso wichtig war die Frage, ob man den neuen Arbeitsplatz mit der Bewirtschaftung des Hofes vereinbaren konnte, für den schließlich ausreichend Zeit bleiben musste. Daher stießen auch Initiativen auf Schwierigkeiten, gering qualifizierte Arbeiter aus der Landwirtschaft „für Fortbildungsmaßnahmen zu interessieren", als auch in der Automobilindustrie zunehmend mehr Fachkräfte gefragt waren.[38]

Hier zeichnete sich das zentrale Konfliktfeld zwischen den Nebenerwerbslandwirten, die darauf erpicht sein mussten, ihre Freiräume zu verteidigen, und den Arbeitgebern ab, die erwarteten, dass sich auch dieses Segment der Belegschaft mit ganzer Kraft für das Unternehmen einsetzte. Ein Prokurist von Audi brachte dieses Spannungsverhältnis auf den Punkt, als er betonte, der Nebenerwerbslandwirt entscheide „sich für zwei Berufe und damit für zwei Lebensformen, die er miteinander in Einklang bringen" müsse. Dies sei „eine tiefgreifende Entscheidung, die zwangsläufig Umstellungen in der Gestaltung der Abläufe im persönlichen Bereich der Betroffenen zur Folge haben" müsse. Sollte dies nicht „vollständig" gelingen, könnten „Probleme nicht ausbleiben". Entsprechend lautete sein Fazit: „Eine Beschäftigung ,nebenher' ist in einem Großbetrieb erfolgreich und auf Dauer nicht möglich."[39] In der Ingolstädter Automobilindustrie sah man das Phänomen der Arbeiterbauern mit einem lachenden und einem weinenden Auge. Während man ihre Motivation und ihre überdurchschnittliche Leistungsbereitschaft lobte – schließlich sei „jeder Landwirt in gewissem Sinne auch selbst Unternehmer" –, ihre Selbständigkeit schätzte und den sorgfältigen Umgang mit Material oder Maschinen wohlwollend zu Kenntnis nahm, wurde die oft fehlende Flexibilität bemängelt. Als kritischer Punkt galt auch die Doppelbelastung der Nebenerwerbslandwirte, die deren Arbeitsleistung und Gesundheit bedrohten. Überdies standen die Arbeiterbauern im Verdacht, sie würden insbesondere zur Saat- und Erntezeit Krankheiten vortäuschen, um ihre Felder bestellen zu können

---

37 *Knut Henneke*, Nebenerwerbslandwirt im Großbetrieb, in: Unser Land. Agrarmagazin für den Nebenerwerbslandwirt und die Bauern in Wald- und Bergregionen 4 (1988) H. 1, S. 16–19, hier S. 16.

38 Niederschrift über die Außendienstbesprechung mit den Fachkräften der Arbeitsvermittlung und Berufsberatung sowie den Nebenstellenleitern im Bereich des Arbeitsamts Ingolstadt am 8.12.1969; StA München, Arbeitsamt Ingolstadt 404.

39 *Henneke*, Nebenerwerbslandwirt im Großbetrieb, S. 17.

V. FAZIT

Die Landwirte, die bei der Auto Union arbeiteten, deren Wurzeln aber tief im bäuerlich-dörflichen Milieu lagen, waren ein Grund, warum die Beziehung zwischen Ingolstadt und der Automobilindustrie lange Zeit eher einer Vernunftehe glich als einer Liebesheirat. Verstärkt wurde dieser Effekt durch das weite Einzugsgebiet, aus dem sich die Belegschaft rekrutierte und das die Identifikation zwischen Stadt und Unternehmen erschwerte. Andere Faktoren sind in der lange Zeit erkennbaren Überzeugung zu suchen, der Standort Ingolstadt sei nur ein Provisorium, sowie in der Geschichte des Unternehmens, das ursprünglich aus Sachsen stammte und als „Flüchtlingsbetrieb" trotz seiner Bedeutung keinen leichten Stand hatte. Für die Ingolstädter blieben die „Preußen" aus Sachsen lange Zeit fremd, während sich die Auto Union nur schwer damit anfreunden konnte, dass es ein Unternehmen von internationalem Rang in die bayerische Provinz verschlagen hatte. Krisen, bei denen selbst die Existenz des Unternehmens auf dem Spiel zu stehen schien, taten ein Übriges, um Berührungsängste wachsen zu lassen. Grundlegende Veränderungen, die Ingolstadt heute neben München als zweite bayerische Automobilstadt erscheinen lassen, traten erst in der zweiten Hälfte der 1970er Jahre ein. Doch das ist eine andere Geschichte.

RENAULT, BOULOGNE UND BILLANCOURT

Jean-Louis Loubet

Boulogne-Billancourt war fast 100 Jahre der Sitz des Automobilherstellers Renault. Der Ortsname offenbart bereits eine für die Stadt konstitutive Differenz: Es handelt sich um einen Doppelnamen, der für zwei Facetten steht. Die eine bezeichnet eher die Stadt, die andere das Werk. Boulogne ist der wohlhabende Wohnort, Billancourt dagegen der Ort der Fabrik, die „Festung der Arbeiter". Das Renault-Werk, und damit Billancourt, wurde zum „Schaufenster der Arbeiterschaft" und Ort national wahrgenommener, heftiger gewerkschaftlicher Auseinandersetzungen. Der Kontrast zu Boulogne, nobler Vorort von Paris, prägte die Geschichte dieser ungleichen Orte, die eine verwaltungsrechtliche Einheit bilden. Konflikte zwischen Stadtverwaltung und Werk, ungleiche Bevölkerungsgruppen sowie unterschiedliche Interessen hinsichtlich der Stadtentwicklung kennzeichnen deren Geschichte. Diese ausgeprägten Gegensätze unterscheiden Boulogne-Billancourt von anderen europäischen oder auch US-amerikanischen Autostädten, in denen die Ansiedlung der Automobilindustrie in der Regel identitätsstiftend wirkte und die jeweiligen Städte zum Symbol nationalen Wohlstands wurden, in denen man Stolz auf die Automobilindustrie war.[1]

Doch, das sollte nicht vergessen werden, das bedeutendste französische Automobilwerk befindet sich weder in Boulogne noch in Billancourt, und ist auch nicht Renault. Es hat seinen Sitz nicht weit entfernt von der Schweiz und Deutschland, in Sochaux, wo die Produktionsstätte von Peugeot errichtet wurde, deren Beschäftigtenzahl in der Nachkriegszeit bis zu 50 % über der von Billancourt lag. Die französische Sicht hatte sich jedoch auf Renault konzentriert, also auf Boulogne-Billancourt, einem Ballungszentrum in unmittelbarer Nähe zur Hauptstadt und somit in unmittelbarer Reichweite der Redaktionen der nationalen französischen Medien.

I. DIE GRÜNDUNGSGESCHICHTE VON RENAULT UND DIE TRANSFORMATION BILLANCOURTS

1898, als Louis Renault seine Firma gründete, war die Stadt Boulogne noch weit von dem entfernt, was sie im 20. Jahrhundert werden sollte, nämlich eines der bedeutendsten französischen Industriezentren. Die Stadt wies aber bereits einen Du-

---

1 Vgl. dazu auch den Beitrag von Schlemmer zu Ingolstadt. Schlemmer beschreibt, wie sich Ingolstadt nur sehr langsam mit der Autoindustrie zu identifizieren begann.

alismus auf, der sich im Laufe ihrer Geschichte noch verstärkte: der eines wohlhabenden Ortes, in dem die Industrie ihren Einzug hielt und in dem zwei Welten aufeinander trafen ohne sich jemals zu vermischen. Um diese Eigenheiten zu verstehen, muss man auf die Geschichte der Stadt blicken, deren historischer Name Boulogne-sur-Seine ist. Sie befindet sich an der Schleife der Seine, die ihren weiteren Verlauf von Paris Richtung Westen nimmt. Sie erstreckt sich zwischen einem ausgedehnten Waldgebiet – dem Bois de Boulogne – und dem XVI. Arrondissement von Paris, errichtet auf dem ehemaligen Viertel von Passy. Boulogne stellt eine Verlängerung dieses bürgerlichen Viertels dar, eines der reichsten und wohlhabendsten der Hauptstadt. Das Wohnviertel entwickelte sich entlang der Achse von Paris an der Seine bis zum Pont de Saint-Cloud, parallel zu einem Waldgebiet im Westen und den vornehmsten Vierteln der Stadt. Richtung Osten, zwischen der besagten Achse und am Ufer der Seine erstreckt sich eine Ebene mit dem Namen Billancourt. Aus Verwaltungssicht handelte es sich dabei um ein Stadtviertel von Boulogne. Lange Zeit war es ein landwirtschaftlich geprägter Ort, bevor eine Aufteilung erfolgte in einen Ort der Sommerfrische mit dem Seine-Ufer und Ausflugslokalen zum einen und einer Ansiedlung von Betrieben, hauptsächlich von Wäschereien, zum anderen. Billancourt erlebte gegen Ende des 19. Jahrhunderts somit eine bedeutsame Wandlung: Das Gebiet wurde erschlossen und damit ging eine Urbanisierung einher, zumal die städtische Verwaltung bestrebt war, Billancourt an Boulogne anzubinden. Bald drängten Bauunternehmen nach Billancourt, das in Wohnviertel parzelliert wurde. Stück für Stück, Parzelle um Parzelle verwandelten die Investoren die Landschaft in ein vornehmes Wohngebiet am Stadtrand. Ausgehend von sternförmigen Straßenkreuzungen bildeten die Baugrundstücke ein geordnetes und geschlossenes System. Dabei entwickelten sich Boulogne und Billancourt unabhängig voneinander zu zwei verschiedenen Ansiedlungen. Boulogne wurde zu einer rasch wachsenden Stadt: Mit 14.000 Einwohnern im Jahr 1860 war es die am dichtesten besiedelte Kleinstadt in der Umgebung von Paris. Dreißig Jahre später und dank der Entwicklung von Billancourt zählte sie bereits 32.000 Einwohner. Billancourt blieb ein Viertel, dessen Kern seine Kirche bildete und das entlang der Rue du Vieux Pont de Sèvres, der Seine und eines Bauernhofes verlief. Wenn Grundstücke unbebaut blieben, wurden Spazierwege an den Ufern angelegt, die von prachtvollen Anwesen gesäumt wurden wie das der Baronin Rothschild oder anderer Geschäftsleute, die sich einen Zweitwohnsitz vor den Toren von Paris leisteten.

Doch bald änderte sich der Charakter Billancourts: Zahlreiche Pariser Industrielle beschlossen, sich dort niederzulassen, um den städtischen Zöllen in der Hauptstadt zu entgehen, aber auch, weil sie der betuchten Kundschaft folgten. Schließlich versuchten sie, Epidemien und Aufständen zu entgehen, die das Wirtschaftsleben von Paris bedrohten. Neben den traditionellen Wäschereibesitzern ließen sich auch Tischler, Polsterer und Uhrmacher hier nieder; dann folgten Chemiker, Lackfabrikanten, Munitionshersteller, verschiedenste Industrielle, die Arbeitskräfte anlockten, die sich mehr recht als schlecht auf dem Brachland von

Billancourt einquartierten.[2] Die vielen neu angesiedelten Industrien verschmutzen allerdings die Umwelt, worunter nicht nur die Attraktivität der Stadt litt. Vielmehr erwies sich dies auch als gefährlich für die Einwohner und sogar desaströs für die traditionellen Gewerbe wie die Wäschereien. So beschloss die Stadtverwaltung zwischen 1880 und 1900, zahlreiche Betriebe zu schließen.[3] Im Gegenzug versuchte sie, umweltfreundlichere und modernere Unternehmen anzusiedeln. Das waren Kleingewerbe, spezialisiert auf Mechanik, Karosseriebau und Kunsttischlerei; so entstand ein dynamisches Umfeld in Billancourt. Émile Salmson[4], dessen Pariser Werkstatt zu eng geworden war, ließ sich 1912 in Billancourt nieder, um dort Flugzeugmotoren in Sternform herzustellen. Er war nicht der einzige in diesem neu entstehenden Industriezweig. Im Jahr 1900 errichtete Édouard Surcouf seine Luftschiffwerkhallen in der Rue de Bellevue in Boulogne. Gabriel und Charles Voisin, Kunden von Surcouf, ließen sich in der Rue de la Ferme in Billancourt nieder und schlossen sich Louis Blériot an, um Doppeldecker-Flugzeuge herzustellen. Zwei ihrer Hauptkunden, Henry und Maurice Farman, widmeten sich ihrerseits dem Flugzeugbau. Sie ließen sich in der Rue de Billancourt in Boulogne nieder. Dieser Ort war für Flugversuche ideal. Die Flugzeuge starteten auf der Piste d'Issy-les-Moulineaux und überflogen die Seine. Im Jahr 1905 unternahmen die Brüder Voisin sogar auf der Seine erste Versuche mit Flugzeugen, welche mit Schwimmern versehen waren. Billancourt wurde auf diese Weise zur Wiege der Luftfahrttechnik. All diese Luftfahrtpioniere arbeiteten mit Louis Renault zusammen, einem 1877 in Paris geborenen Konstrukteur von Automobilen und Motoren.

Der Vater von Louis Renault, Alfred, der ein Grundstück im Viertel von Billancourt erworben hatte, erweiterte zwischen 1875 und 1883 sein Anwesen durch acht Zukäufe, um schließlich eine kleine Insel zwischen dem Cours Eugénie und den Rues Gabrielle, Théodore, du Point du Jour und Traversière zu kaufen. Als Alfred Renault 1892 starb, hinterließ er seinen drei Söhnen[5] dieses Anwesen in Billancourt. Louis Renault gründete am 25. Februar 1899 mit seinen Brüdern hier die Firma Renault-Frères[6], die rückwirkend auf den 1. Oktober 1898 datiert wurde.[7] Die Produktion bei Renault schnellte rasch nach oben: 179 Autos im Jahr

2 *Roger Prévot* (Hrsg.), Renault à Billancourt. Histoire, architecture et paysage d'un site industriel, Boulogne-Billancourt 1993, S. 27.
3 *Philippe Rivoirard/Alain Thiébaut*, Billancourt et ses îles. Histoire d'un site, Paris 1993, S. 59.
4 Der Unternehmer Émile Salmson (1858-1917) war dafür bekannt, Pumpen für den Tiefbau und Motoren herzustellen. Er hat sich mit zwei Erfindern zusammengetan, Georges Canton und Georges Umné, um einen Flugzeugmotor in Sternform zu bauen.
5 Fernand (1865-1909), Marcel (1882-1903) und Louis (1877-1944).
6 Das Unternehmen befand sich 139 Rue du Point du Jour.
7 Mehrere Veröffentlichungen beschäftigen sich mit der Geschichte von Renault, darunter sechs universitäre Studien. Für die Geschichte zwischen 1898 und 1945 siehe: *Emmanuel Chadeau*, Louis Renault, Paris 1998, *Gilbert Hatry*, Louis Renault, patron absolu, Paris 1982; *Patrick Fridenson*, Histoire des usines Renault, naissance de la grande entreprise, 1898-1939, Band 1, Paris 1972. Für die gesamte Entwicklungsgeschichte siehe: *Jean-Louis Loubet*, Renault, cent ans d'histoire, Boulogne-Billancourt 1998, *Jean-Louis Loubet* (Hrsg.), Renault.

1900, 1.179 im Jahr 1905, 5.100 im Jahr 1910. Am Vorabend des Ersten Weltkrieges befand sich die Firma Renault bereits auf Augenhöhe mit Peugeot.[8]

Abb. 1: Das Unternehmen Renault im Jahr 1906.
Quelle: Archives de la Société d'Histoire du Groupe Renault

Die Industrieanlagen waren in gleichem Maße wie ihre Produktion gewachsen, das Werk expandierte. Entsprechend hatte sich Renault um die Beschaffung von weiteren Grundstücksflächen in Billancourt bemüht. Von einst 4.680 m^2 im Jahr 1900 erreichte die Betriebsfläche 1914 bereits 143.600 m^2. Grundstück für Grundstück, Parzelle für Parzelle, Anwesen für Anwesen – Renault kaufte alles auf, was von seinen unmittelbaren Nachbarn zu kaufen war. Es wurde angemietet, aber vor allem angekauft und dies zu einem hohen Preis: Aufgrund des Drucks von Renault stieg der Preis pro Quadratmeter von einst 29,1 auf 49,7 Franc.[9] Während zahlreiche Nachbarn ihre Grundstücke zu überhöhten Preisen verkauften, so kapitulierten andere. Das Hochwasser von 1910 führte dazu, dass ein Teil der Bewohner ihren Besitz unter Preis verschleuderte. Hinzu kam, dass die Entwicklung der Betriebe die Einwohner dazu trieb, den Ort zu verlassen und sich in Richtung Bois de Boulogne niederzulassen. Renault vergrößerte somit die Unterschiede zwischen Boulogne und Billancourt. Im Krieg von 1914 verstärkte sich der ohnehin dominante Einfluss von Renault auf das Viertel, insbesondere auf dessen Raumstruktur. Denn mit der Beteiligung an den Kriegsaktivitäten stärkte Renault seine Position, indem er vorübergehend das Recht erlangte, mehrere Straßenzüge, die den Betrieb umgaben, zu annektieren, wie die Rues de l'île, Gustave-Sandoz, Théodore, Traversière und sogar die Avenue du Cours. Auf diesen öffentlichen Straßen ließ das Un-

Histoire d'une entreprise. Mit einem Vorwort von Louis Schweitzer, Boulogne-Billancourt 2000 und *Jean-Louis Loubet*, Carnet de route: Renault 1898-2001, Boulogne 2001.

8   *Jean-Louis Loubet*, Histoire de l'automobile française, Paris 2000.

9   *Fridenson*, Histoire des usines Renault, S. 99.

ternehmen Gleise verlegen, damit die Produktion auf direktem Wege bis zum Bahnhof von Sèvres gelangte. Die Anrainer und Nachbarn beschwerten sich massiv, aber Renault konnte sich gegen diese Widerstände durchsetzen. Im Ersten Weltkrieg war Renault von einem großen Betrieb zu einem riesigen Unternehmen geworden: 365.000 m^2 im Jahr 1918, bei einer Zahl von 22.500 Beschäftigten gegenüber 4.970 vier Jahre zuvor. Innerhalb von zwanzig Jahren wurde das Viertel von Billancourt zum industriellen Imperium von Louis Renault, der den Beinamen „absoluter Herrscher" erhielt. Seine Betriebe nahmen die Form eines großen Trapezes ein und dehnten sich zwischen der Stadt Boulogne und der Seine aus. Der Betrieb wurde zu einer separierten Zone innerhalb der Stadt. Boulogne-sur-Seine und Billancourt unterschieden sich hinsichtlich ihrer Bevölkerungsstruktur sowie in Bezug auf ihre Wirtschaftstätigkeit inzwischen erheblich, was sich nicht zuletzt in zwei verschiedenen Wahlbezirken widerspiegelte. Um diesen Gegensatz zu beenden, beschloss der Staatsrat am 22. November 1925 Boulogne-sur-Seine und Boulogne-Quartier de Billancourt administrativ zu vereinen und es entstand Boulogne-Billancourt – eine Einheit, die nur der Fassade nach bestand.

II. DER EINFLUSS VON RENAULT AUF BOULOGNE

Wie bereits angedeutet, ging Louis Renault aus dem Ersten Weltkrieg als großer Industrieller hervor. Er gehörte nun zu den Mächtigen: Er verkehrte mit den höchsten Rängen des Generalstabs, den wichtigen Ministern, den an der Spitze der Gesellschaft stehenden Industriellen. Ohne zu zögern, erwarb er in Boulogne zusätzliche Grundstücke und erweiterte 1939 seine Flächen auf 100 Hektar Land. Er baute, vergrößerte und organisierte. Er verhandelte nicht mit der Stadt, insbesondere nicht mit dem Bürgermeister André Morizet, der mit einer kurzen Unterbrechung (1922-1923) von 1919 bis 1942 amtierte, ein Mann der Linken, der an der Gründung der Kommunistischen Partei beteiligt war, bevor er sich wieder der Section française de l'Internationale ouvrière (SFIO) anschloss. Morizet wurde von Renault als ein Politiker mit feindlicher Gesinnung gegenüber seinen Betrieben angesehen. Nicht nur, dass er als Amtsträger seine Unterstützung für die streikenden Arbeiter während der sozialen Unruhen nicht verhehlte. Er wurde auch scharf angegriffen, indem man ihm vorwarf, den Interessen seiner Anwohner Vorrang vor denen der Unternehmen in der Stadt zu geben: 1920 zwang das Rathaus Renault, die missbräuchlich besetzten Straßen zu pachten; die Stadt leitete sogar ein Verfahren ein, um den nun unbrauchbar gewordenen Flächen den öffentlichen Status zu entziehen, um sie 1929 an Renault verkaufen zu können. Zur gleichen Zeit ließ Morizet über Gesetze abstimmen, die erstmals den Schadstoffausstoß in den Betrieben, insbesondere von Rauchgasen, reduzieren sollten. Auch wenn der vorherrschende Westwind Boulogne vor dem Schlimmsten bewahrte, war die Geruchsbelastung mitunter unerträglich.

Doch Renault expandierte weiter – entgegen aller Widerstände. Louis Renault hatte sich entschieden, ein Werk mit hoher vertikaler Integration zu errichten, um völlig unabhängig von Zulieferern zu sein, eine Strategie, die auch Henry Ford

verfolgte hatte. Die Betriebsteile bei Renault verfügten daher über eigene
Schweiß- und Schmiedewerkstätten, deren Produktionsvolumen mit dem Absatz
an Fahrzeugen wuchs.

Die geplante Veränderung hin zur Serienproduktion bereitete Renault allerdings Schwierigkeiten. Bereits 1920 wurde deutlich, dass der fortwährende An-
kauf von Grundstücken in Billancourt nicht ausreichen würde, um genügend Platz
für ein Unternehmen nach amerikanischer Art zu schaffen. Die Werkstätten von
Renault bildeten eher ein Mosaik von aneinandergereihten Werkstätten als einen
nach rationellen Gesichtspunkten gestalteten Industriekomplex. Der Beginn der
Fließbandproduktion in den engen Werkstätten erwies sich daher als schwierig:
Renault wurde von Citroën überholt, das nur einen Katzensprung von Billancourt
entfernt lag und das seine alte Munitionsfabrik für Bomben am Quai de Javel in
Paris nutzte, um die Großserienproduktion zu starten und wichtigster Automobilhersteller in Frankreich zu werden. Renault reagierte auf diese Entwicklung, indem er beschloss, sich im Umland niederzulassen, vor allem in Clichy bzw. Saint-
Denis, um so der räumlichen Beschränkung in der Stadt zu entgehen. Auch Meudon, die Nachbarstadt von Boulogne, wurde in Betracht gezogen. Schließlich richtete Renault das Augenmerk auf die Seine-Insel Séguin, die sich im Süden von
Billancourt, befindet, ohne dass diese Absicht zunächst öffentlich gemacht wurde.[10] Einen Betrieb auf einer Insel zu errichten erschien so absurd, dass niemand
daran dachte: Die Insel war groß, sie erstreckt sich über zirka 900 Meter und umfasst 12 Hektar Landfläche, aber sie lag isoliert ohne einen Brückenzugang. Vor
allem wurde sie jeden Winter überschwemmt, da ihr Ufer auf gleicher Höhe mit
der Seine liegt.[11] Renault fädelte Gespräche mit den vier Besitzern ein und teilte
diesen mit, es bestünde die Absicht „für ihre Arbeitnehmer Land zu beschaffen,
um sportliche und soziale Veranstaltungen der Arbeitnehmerschaft durchführen zu
können". Kein Betrieb also, aber dafür Sportflächen und Schrebergärten. Auf diese Weise sollten geringe Grundstückspreise sichergestellt werden. Drei Eigentü-
mer gaben ihre Grundstücke ab, einer jedoch, Louis Gallice, weigerte sich, denn
er vermutete, dass bald ein Betrieb auf der Insel entstehen würde. Ohne die Stadt
zu informieren, führte Renault bereits 1923 auf den Grundstücken, die das Unternehmen besaß, Erdaufschüttungsarbeiten durch, mit dem Vorwand, dies sei als
Schutz vor dem Hochwasser notwendig. Die Baustelle bestand fünf Jahre. Sie
nahm pharaonische Ausmaße an, da der Boden bis zu neun Meter hoch aufge-
schüttet werden musste. 600.000 m^3 Material waren dazu nötig, wobei es sich
hauptsächlich um Abfälle aus der Fabrik handelte. Als Renault im Jahr 1927 mit
der Errichtung der ersten Gebäude beginnen wollte, stieß dieses Vorgehen auf den
Widerstand der Stadtverwaltung und der Präfektur, die gemeinsam daran erinner-
ten, dass „die Flächen der Insel Séguin ausschließlich für öffentliche Nutzungen

---

10 *Jean-Louis Loubet/Alain Michel/Nicolas Hatzfeld*, Île Seguin, des Renault et des hommes,
     Boulogne 2004.
11 2,5 Meter über dem durchschnittlichen Ufer.

bestimmt sind."[12] Die Verwaltung drohte sogar mit Enteignung im Falle einer industriellen Nutzung. Louis Renault gab jedoch nicht nach und setzte die Ge-
sprächspartner mit der Liste der bereits getätigten Investitionen unter Druck, deren Kosten er andernfalls zurück erstattet haben wollte. 1928 begann das Unternehmen mit dem Bau einer Brücke zwischen der Insel und Billancourt. Die Stadt
forderte eine Baugenehmigung – die eintraf, als die Bauarbeiten bereits im vollen
Gange waren. Renault errichtete zudem eine zweite Brücke auf der Seite von
Meudon. Boulogne und das Département de la Seine zögerten, die Baupläne eines
so mächtigen Industriellen, wichtigen Steuerzahlers und Beschaffers von Arbeitsplätzen zu behindern. Renault wusste dies und verzichtete fortan auf jegliche Sozialpolitik: Keine Wohnungen mehr von Renault[13], lediglich die geringen Abgaben für das Bauprogramm für Einkommensschwache (HBM)[14]. Der Wohnungsbau für die Bevölkerung in Billancourt beschränkte sich auf schmale Parzellen mit
einigen Läden und kontrastierte deutlich mit den Häusern im Hausmann'schen
Stil in Boulogne. Es gab auch keinen von Renault geförderten Werksverkehr
mehr: Es existierte die Zugverbindung nach Meudon, die Richtung Seine-et-Oise
fuhr und vor allem die Linie 9 der Metro, aus Paris kommend, die 1923 bis zur
Porte de Saint-Cloud verlängert wurde. Als die Stadtverwaltung zögerte, der Stre-
ckenverlängerung dieser Linie in ihrer Kommune zuzustimmen – vermutlich auf
Druck der Straßenbahnbetreiber – traf Renault mit den Direktoren der Pariser
Metrogesellschaft zusammen und Boulogne erhielt zwei Stationen, darunter die
von Billancourt, nur wenige Straßenzüge von den Betriebsanlagen entfernt (1934).

*Abb. 2: Bombardierung der Fabrikanlagen von Renault durch die US Air Force,
4. April 1943. Quelle: Archives de la Société d'Histoire du Groupe Renault*

12 Schreiben des Directeur de l'Extension de Paris, 12 août 1928, Archives Société d'Histoire du
    Groupe Renault (SHGR), Boulogne-Billancourt.
13 Zu diesem Zeitpunkt bringt Peugeot im Département Doubs ein Drittel seiner Arbeiterschaft
    unter, vgl. *Jean-Louis Loubet,* La Maison Peugeot, Paris 2009.
14 Habitations à Bon Marché.

Die betriebliche Politik des Unternehmens führte zu sozialen Konflikten. Die 1936 im Renault-Werk stattfindenden, heftigen Streiks und erste Betriebsbesetzungen machten Boulogne-Billancourt zu einem Brennpunkt gewerkschaftlicher Auseinandersetzungen in Frankreich. Bereits seit 1926 waren die Betriebe von Renault eines der erklärten Kampfziele der Parti communiste français (PCF). Junge Streikaufrufer wurden von ihr dorthin beordert. Getragen von dem Willen, die Partei der Arbeiterklasse zu werden, zeigte der PCF Präsenz bei Streikposten sowie dem Verteilen von Flugblättern und Zeitungen. Der Streik und die Auseinandersetzungen bei Renault machten Billancourt zu einem Symbol im Kampf der Gewerkschaften für mehr Arbeitnehmerrechte. Gleichzeitig demonstrierten die Arbeiter in Boulogne. Der vornehme Ort sah sich im Umkreis der Bourgeoisie mit Aufmärschen der Arbeiter konfrontiert: Boulogne zitterte vor Billancourt, was erneut das schwierige Zusammenleben zweier gegensätzlicher Welten verdeutlichte. Dies zeigte sich besonders deutlich bei den Wahlen zum Abgeordnetenhaus im Juni 1936, als Alfred Costes, Metallarbeiter bei Renault, zum Abgeordneten gewählt wurde. Im Streik von 1938 verkündeten die Streikenden schließlich „die Marneschlacht gegen das Patronat"[15]. Der Konflikt eskalierte. Renault entschied sich für die Aussperrung, was zu heftigen Gewalttätigkeiten in der Stadt und Hunderten von Verhaftungen führte, die das Polizeikommissariat in Boulogne regelrecht überfluteten. Die Antwort Renaults war wiederum eine drastische Reduzierung der Belegschaft: 1.868 Arbeiter wurden entlassen, darunter 843 militante Gewerkschafter und 78 seiner 82 Betriebsratsmitglieder.[16]

Dies war der Beginn einer Zeit, in der nicht nur die Auseinandersetzung zwischen Betrieb und Gewerkschaft die Stadt belasteten. Vor allem in den Jahren der Besatzung und des Bombenkrieges erwies sich das Werk als eine Gefahr für die Stadt. Beschuldigt, den deutschen Befehlen gegenüber zu willfährig gewesen zu sein, wurden die Betriebsanlagen von den Alliierten am 3. März 1942 bombardiert. Renault machte sich jedoch unverzüglich an den Wiederaufbau und führte seine Produktion weiter. Die Alliierten flogen am 4. April 1943 einen weiteren Luftangriff, aber Renault baute sofort wieder auf. Am 3. und 15. September schlugen die Alliierten erneut aus der Luft zu. Die Nacht war für Bombardements geeignet: „In der Dunkelheit zeichnet sich die Insel Séguin gut zwischen den beiden silbernen Streifen der Seine ab, erinnert sich ein Pilot. Die Betriebsanlagen von Renault waren somit besonders leicht verwundbar."[17] Die Lage der Werkstätten inmitten eines Stadtgebiets führte zu enormen Verlusten bei der Bevölkerung in Boulogne-Billancourt. Das Wohngebiet wurde schwer beschädigt: Häuser waren eingestürzt, ganze Straßenzüge verwüstet und die Metro aufgerissen. Der Betrieb lag am Boden. Das Ende des Zweiten Weltkriegs bedeutete schließlich massive Veränderungen für Renault.

---

15 Simone Weill, zitiert nach *Loubet*, Renault, S. 46.
16 *Patricia Darrasse*, La Condition ouvrière aux usines Renault, décembre 1938–août 1944, Mémoire de maîtrise d'histoire, Université Paris I, 1986, S. 20.
17 *Jean Guittard*, L'île Séguin, citadelle industrielle, in: De Renault frères, constructeurs d'automobiles, à Renault Régie nationale. Bulletin de la Section d'histoire des usines Renault, N° 1, décembre 1970, S. 20–27, hier S. 24.

III. „FESTUNG DER ARBEITERSCHAFT" – BILLANCOURT ALS ORT GEWERKSCHAFTLICHER AUSEINANDERSETZUNGEN

Im September 1944 wurde Louis Renault verhaftet und wegen Kollaboration angeklagt. Er starb aus bis heute ungeklärter Ursache vier Wochen später. Sein Tod beschleunigte die Ereignisse: Die Betriebe von Renault wurden verstaatlicht. Sie unterstanden von nun an der Régie nationale des Usines Renault (RNUR) mit Pierre Lefaucheux an der Spitze, einem ehemaligen bedeutenden Widerstandskämpfer. Billancourt wurde nun zu einem Labor der sozialen und industriellen Entwicklung. Während die Ingenieure und Techniker die Organisation der Massenproduktion des 4 CV vorbereiteten, riefen die Betriebsräte die Arbeiter zur Produktionssteigerung auf, damit alle gemeinsam „die Schlacht der Verstaatlichung gewinnen". In seiner denkwürdigen Ansprache auf dem Vorplatz der Seine-Insel Séguin kehrte Lefaucheux die frühere Unternehmensphilosophie um und appellierte in einem leidenschaftlichen Aufruf an die „Genossen": „Ich bitte Sie, mit mir zusammen zu arbeiten […]. Zusammen mit Euch, bin ich mir sicher, werden wir erfolgreich sein […]. Unterstützt mich durch Eure Arbeit […]."[18] Das Anliegen seiner Rede war grundlegend: Er versprach den Beschäftigten, nun nicht mehr „für das Interesse einer Einzelperson, sondern für das Gesamtinteresse zu arbeiten". Und er führte dazu aus: „Seid versichert, dass Ihr von nun an für Euer Land und für Euch selbst arbeitet."[19] Billancourt sollte zu einem Modell werden.

Abb. 3: Die Renault-Werke um 1950. Quelle: Archives de la Société d'Histoire du Groupe Renault

18 Pierre Lefaucheux, Rede an die Belegschaft der régie Renault, 10. November 1944, zitiert nach *Loubet*, Renault, S. 137.
19 Ebd.

Aber ein Streik vom 25. April 1947 überraschte die Betriebsleitung und die Gewerkschaften.[20] Niemand war auf eine Arbeitsniederlegung mit Besetzung der Produktionsstätten gefasst, vor allem nicht wegen Lohnforderungen. Die Bewegung war außerhalb der Confédération générale du travail (CGT) entstanden, aus einer anderen Gewerkschaft heraus, die rasch als „links"[21] bezeichnet wurde. Angefeindet und überfordert, änderte die CGT ihre Taktik, um nicht in die Missgunst ihrer Wähler[22] zu geraten, bis sie wieder in der Lage war, die Bewegung nach eigenem Ermessen zu führen. Die Aktion gewann an Bedeutung, die Streiks in Billancourt verwandelten sich in große Demonstrationen auf der Place Nationale, der somit zum landesweiten Schauplatz von sozialen Auseinandersetzugen wurde. Der Konflikt weitete sich vom Unternehmen und von Billancourt auf ganz Frankreich aus. Das Land taumelte zwei Wochen und zwang die Regierung zu verhandeln. Die Bewegung flammte im November wieder auf, erneut von Billancourt ausgehend, dieses Mal aber mit noch mehr Wucht. Die Streikenden rissen die Pflastersteine aus der Place Nationale und errichteten Barrikaden. Die Presse sprach von aufständischen Streiks: Billancourt war zur Arbeiterfestung geworden und zwar so sehr, dass „wenn Renault niest, ganz Frankreich eine Erkältung bekommt". Der Ort wurde zum Sinnbild, zum Epizentrum der sozialen Auseinandersetzung, aber auch zum Schmelztiegel weitreichender sozialer Fortschritte: In Billancourt wurden erstmals in Frankreich Betriebsvereinbarungen geschlossen (1955), die dritte (1955), später dann die vierte bezahlte Urlaubswoche eingeführt (1962), die „fonds de régularisation des ressources" (1958) festgesetzt, die Rente mit 62 Jahren in Höhe von 75 % des letzten Gehalts/Lohns (1973) eingeführt.[23] Wie selbstverständlich kamen im Mai 1968 die Gewerkschaftsführer nach Billancourt, um den Arbeitern Rechenschaft abzulegen über den Umfang der Grenelle-Vereinbarungen zwischen Gewerkschaft und Arbeitgeberseite: Die Sozialpartner versuchten Lösungen für den am längsten schwelenden sozialen Konflikt – „die Dreißig Glorreichen Tage" – zu finden. Dort, in Billancourt machte sich der Ärger des Volkes Luft, das sich ablehnend verhielt und beschloss, seinen Kampf fortzusetzen. In Billancourt hielt der Philosoph Jean-Paul Sartre eine Veranstaltung auf einem Kanister stehend vor den Fabrikgebäuden an der Place Nationale ab. Auch war es in Billancourt, wo Pierre Overney, Anhänger der Maoisten, am 25. Februar 1972 durch einen Wachposten der Régie, inmitten des Aufkommens der stärksten extremen Linken, erschossen wurde. Renault beunruhigte die Mächtigen so sehr,

---

20 *Edmond Le Garrec*, 37 années aux usines Renault, in: De Renault frères, constructeurs d'automobiles, à Renault Régie nationale. Bulletin de la Section d'histoire des usines Renault, N° 9, décembre 1974, S. 74–89; *Fernand Picard*, Journal clandestin (mars 1944 à mai 1945), in: De Renault frères, constructeurs d'automobiles, à Renault Régie nationale. Bulletin de la Section d'histoire des usines Renault, N° 18, juin 1979, S. 293–303.

21 Le Syndicat démocratique.

22 *Philippe Fallachon*, Les grèves de la régie Renault en 1947, in : Le Mouvement Social, octobre-décembre 1972, S. 111–142 u. *Marie-Renée Courty-Valentin*, Les grèves de 1947 en France. Recherche centrée sur le secteur public et nationalisé, Thèse d'histoire, Paris 1981.

23 Vgl. *Loubet*, Renault.

dass ihnen das so nah vor den Toren von Paris gelegene Billancourt Angst ein-
jagte. Teile der Gaullisten befürchteten gar, dass „die Arbeiter aus Billancourt
den Sturm auf den Élyséepalast antreten könnten".[24] Billancourt war zu einem
nationalen Krisenherd geworden. Die Auseinandersetzungen zwischen Renault
und dem Werk setzten sich auch in den 1970er und 1980er Jahren fort – letztlich bis zur Schließung des Werks im Jahr 1992. Die Verlegung von Teilen des
Werkes bis hin zu seiner Schließung waren allerdings bereits seit den 1940er
Jahren in verschiedenen Kreisen diskutiert worden.

IV. DIE ZEIT DER PERMANENTEN INFRAGESTELLUNG: ERHALTUNG, VERLEGUNG ODER SCHLIESSUNG DES STANDORTS?

Als Pierre Lefaucheux die Leitung bei Renault im September 1944 übernommen
hatte, war er unter den Akten auf einen beigen Ordner gestoßen, dessen Oberseite
den durchgestrichenen Namen „Billancourt" in Großbuchstaben trug. Beim Lesen
dieser Akte stellte er fest, dass das Fortbestehen dieses Standorts diskutiert worden war. Seit 1941 hatten sich die Behörden mit der Frage der Zukunft der Renault-Werke in Boulogne-Billancourt beschäftigt. Unter Leitung des Generalin-
spektors Glasser, dem Leiter für Technische Dienste der Präfektur Seine, fanden
mehrere Treffen mit der Direktion von Renault statt. Glasser machte aus seinem
Ziel kein Geheimnis, er wollte „reinen Tisch mit den Renaultwerken machen"[25].
Er legte Louis Renault verschiedene Lösungen vor, von denen drei von dem Ge-
danken geleitet waren, die Betriebe in Billancourt zu schließen. Unterschiede
zeigten sich in Glassers Vorschlägen nur bei der Vorgehensweise, „die Betriebe zu
dezentralisieren"[26]. Die erste Lösung sah vor, dass sich Renault weit ab von Paris
neu ansiedeln sollte, indem die Betriebsteile um einen einzigen Ort gruppiert würden. Die zweite Lösung sah vor, die anderen Produktionszweige von denen der
reinen Automobilherstellung abzutrennen, was zwei Standorte bedeutet hätte. Bei
der dritten Lösung war eine vollständige Zersplitterung der Betriebsteile vorgesehen, d.h. in eine Zuliefer- und eine Endfertigung, wobei letztere in die Bereiche
Autos, LKW, Eisenbahnausrüstung und Militärtechnik zu spezialisieren waren.
Letztere Variante des Berichts war die einzige, die das Fortbestehen der Produktion in Billancourt vorsah, insbesondere die Herstellung von leichten Fahrzeugen,
jedoch auf ein „viel kleineres Territorium beschränkt [um die Insel Seguin her-
um]"[27]. Louis Renault indes hatte diese Diskussion ignoriert und seine Betriebe,
wie oben bereits erwähnt, nach den Bombardements immer wieder aufgebaut.[28]

---

24 *Jacques Foccart*, Le général en mai. Journal de l'Élysée, 1968-1969, Bd. 2, Paris 1998 u.
    Loubet, Histoire de l'automobile française, S. 238.
25 „Décentralisation", Notiz von Pierre Lefaucheux, 28 Juni 1945, Archives Renault, bâtiment
    X.
26 „Rapport Glasser". Dezember 1943, Archives Renault, bâtiment X.
27 Ebd.
28 René de Peyrecave (die rechte Hand von Louis Renault), „Conférence aux directeurs de
    l'usine, 13 avril 1942", Archives SHGR.

Dies und anderes hatten zu massiven Konflikten zwischen Renault und der Leitung der Technischen Dienststellen an der Seine geführt.

Pierre Lefaucheux nun teilte die Haltung Renaults gegenüber Glassers Plänen nicht. Die Klagen über die Industrieniederlassung zwischen Boulogne und Paris waren aus seiner Sicht berechtigt. Die negativen Auswirkungen durch den Standort seien dergestalt, „dass sie einen der schönsten Orte im Pariser Westen verschwinden ließen"[29]. Der Betrieb hatte sich für eine Ansiedlung eindeutig zu weit ausgedehnt. Dazu kam, dass sich das öffentliche Verkehrssystem im Verhältnis zur wachsenden Anzahl der Betriebsbelegschaft als unzureichend erwies: Der Preis für die Serienproduktion – einer Industrie, die auf der Arbeitskraft basiert – war, dass die Betriebe statt 15.000 (1922) nunmehr 30.000 (1929) Arbeiter beschäftigten. 1939 ereichte die Zahl der Belegschaft 40 % der Einwohnerschaft von Boulogne. Hinzu kam das Problem des Wohnungsbaus. Wie überall, versuchten auch die Arbeiter von Renault möglichst im Umkreis des Betriebes zu wohnen, um allzu lange Fahrzeiten zu vermeiden. Sie waren bestrebt, in Billancourt zu wohnen, wo aber zu keiner Zeit eine wirkliche Wohnungsbaupolitik betrieben worden war, auch nicht seitens des Unternehmens. Lefaucheux war sich dessen bewusst: „Wir schleppen die Fehler der Vergangenheit mit uns mit." Der Vorsitzende der Régie, äußerst sensibel bei sozialen Fragen, scheute sich nicht, öffentlich zu erklären, dass für eine große Anzahl von Arbeitern „Billancourt, ein Straflager sei, ein Ort der proletarischen Unzufriedenheit. Die Familien sind gezwungen selbst eine Wohnung zu finden, was schlichtweg unmöglich ist"[30]. Die Vorkriegssituation hatte sich in der Tat noch durch die Folgen der Krise und Besatzung zugespitzt, d.h. die Wohnungen wurden nicht instand gehalten und die Bombardierungen taten ihr übriges: Viele Wohnungen, die den Bomben standgehalten hatten, wiesen schwere Schäden auf, sie hatten Wände und Mauern mit Rissen und Spalten sowie Fußböden, die dem Verfall preis gegeben waren, verbeulte Fenster- und Türrahmen, undichte Dächer, nicht funktionierende Wasserleitungen und Abflussrohre. Angesichts dieser erschreckenden Zustände kamen im neuen Ministerium für Wiederaufbau und Stadtentwicklung neue Ideen in Umlauf mit dem Versuch, das Frankreich von morgen zu entwerfen. Unter der Vielzahl von Projekten, in denen vom Wiederaufbau und der Neugestaltung die Rede war, wurde auch die Zukunft der Betriebe von Renault in Boulogne 1945 erneut hinterfragt, mit Argumenten, die sich seit dem Glasser-Bericht nicht geändert hatten – „enge Werkstätten, unsaubere Luft, unzureichende Grünanlagen"[31]. Der Gedanke, Boulogne-Billancourt völlig aufzugeben, tauchte wieder auf, jedoch mit der Frage verbunden: Kann man einen der größten Industriebetriebe Frankreichs tatsächlich umsiedeln? Lefaucheux hatte eine klare Position dazu: „Wenn die Regierung aus Gründen der Staatsräson, die ich nicht nachvollziehen kann, schnell handeln und Billancourt

---

29   Pierre Lefauncheux, „Billancourt", Notiz vom 30 Juni 1945, und „Rapport Glasser". Dezember 1943, Archives Renault, bâtiment X.

30   Conseil d'administration de la RNUR, 3 juillet 1945 und „Décentralisation", Notiz von Pierre Lefaucheux, 28 Juni 1945.

31   Propos rapportés au conseil d'administration de la RNUR, 3 juillet 1945.

umsiedeln will, folgen wir dieser Direktive mit Begeisterung; dazu genügt es, uns zu unterstützen und uns Geld zu einem Zinssatz zu leihen, der unter dem marktüblichen liegt."[32]

Als Pragmatiker war Lefaucheux bereit, den Produktionsapparat neu zu organisieren, so dass in Billancourt nur noch LKWs, Eisenbahnausrüstung und Rüstungsgüter hergestellt würden. Das bedeutete, den Automobilsektor auszulagern, jedoch verbunden mit der Bedingung, dass ein neuer Standort gefunden und die Finanzierung sicher gestellt werde. Renault machte sehr schnell eine Kostenkalkulation und kam auf 5,5 Milliarden Franc[33], nebst 8 bis 10 Milliarden für Unterkünfte der Arbeitnehmer.[34] Über diesen Betrag verfügte die Régie nicht. Lefaucheux wurde noch deutlicher: „Früher hat der Staat entweder die Augen verschlossen oder aber alle Genehmigungen erteilt, damit Renault Billancourt einnehmen kann, und jetzt ist er es, der uns auffordert, zu gehen. Somit ist es an dem Staat, uns zu finanzieren und zu unterstützen."[35] Ohne Furcht sich zu widersprechen, machten die Ministerien eine Kehrtwendung: Sie gaben vor, dass es schwierig sei, die Verlagerung eines Betriebes finanziell umzusetzen, während ganze Städte, Häfen und die Verkehrsinfrastruktur woanders im Land neu aufgebaut werden müssten. Mit Vorsicht wurde der Gedanke entwickelt, in kleinere Städte abzuwandern. Städte, deren „Ausdehnung nach einem städtebaulichem Plan vorhersehbar ist, womit verhindert werden könnte, dass spezifische Renault-Siedlungen entstehen"[36]. Reims (Marne), Louviers (Eure) und Saint-Quentin (Aisne), einige Zeit interessiert, lehnten dann aber doch ab. Alle teilten die Furcht vor den wirtschaftlichen und sozialen Folgen, wenn ein Riese wie Renault auf den Plan tritt. Das Bestreben von Lefaucheux war es jedoch, dass die Régie nationale als Vorbild für den Wiederaufbau der Industrie wirken sollte. Er zielte darauf, die Hauptstadt und ihre Vorstädte zu entlasten und die Provinz zu stärken. Lefaucheux kehrte daher zu seinem ersten Vorschlag zurück: Warum sollte man nicht den Standort Billancourt und die Seine-Insel Séguin ausschließlich auf die Produktion von leichten Fahrzeugen und Motoren konzentrieren, wodurch der Personalbestand in Boulogne bei 22.000 Personen eingefroren werden könnte? Zwischen September 1945 und Juni 1946 kaufte Renault schließlich drei Betriebe in Orléans (Loiret), Vernon (Eure) und Annecy (Haute-Savoie) zurück. Der erste Standort war für die KfZ-Mechanik, der zweite für die Metallgießerei und der letzte für Kugellager vorgesehen. LKWs sollten künftig in einem noch zu errichtenden Werk in Flins (Seine-et-Oise)[37] hergestellt werden. Genügend Standorte also, um die Produktion von Boulogne in die Provinz zu verlagern, so dass Flächen im Pariser Raum frei würden.

---

32 Pierre Lefaucheux, conseil d'administration de la RNUR, 3 juillet 1945.
33 670 Millionen Euro.
34 1,2 Milliarden Euro.
35 Pierre Lefaucheux, Comité de direction de la RNUR, 18 octobre 1945.
36 Conseil d'administration de la RNUR, 3 juillet 1945.
37 Etwa 36 km von Boulogne, auf dem Weg nach Mantes. Die landwirtschaftliche Einheit wurde in die Fabrik in Mans verlegt, eingerichtet von Louis Renault, aber noch sehr wenig entwickelt.

Die Frage des Umzugs von Renault geriet jedoch sehr schnell ins Hintertreffen. Der Erfolg der Régie nationale und ihr spektakuläres Wachstum entwickelten sich zum Leitbild für die gesamte französische Wirtschaft. Trotzdem mussten die beiden Vorsitzenden – Pierre Lefaucheux, dann Pierre Dreyfus – von einer Expansion absehen und die Flächen in Billancourt „einfrieren", um der neuen Gesetzgebung gerecht zu werden, die eine Auslagerung umweltschädlicher Betriebe aus Paris und seiner näheren Umgebung vorsah. Mit den neuen Anlagen in Flins, Cléon (Eure), Sandouville (Seine Maritime) und Douai (Nord), einem Zentrum für die Fertigung von Einzelteilen in Grand-Couronne (Seine Maritime), setzte Renault daher auf ein Wachstum außerhalb von Boulogne-Billancourt. Zudem gelang es, ehemalige Werkstätten, meist vom historischen Zentrum entfernt, zu verkaufen. Allerdings war das nur die eine Seite. Denn gleichzeitig kaufte und mietete das Unternehmen die immer wichtiger werdenden Büroflächen in der Stadt. Schließlich wurde 1968 in Billancourt für die Montage des R 4 und des R 6 die Belegschaft erweitert.[38] Dies zeigt, dass eine Verlagerung von Produktion mit der Ausdehnung in Billancourt parallel verlief. Billancourt blieb ein angestammter Betrieb, den man beim Wettlauf um Produktionsvolumen zwischen Renault, Fiat und Volkswagen nicht einfach außer Acht lassen konnte. Trotz der Verringerung der Produktionsfläche machte die Produktion in Billancourt einen spektakulären Sprung von 300 (1949) auf 600 (1967), schließlich 1.100 Pkw pro Tag (1970).[39] Dem Betrieb drohte angesichts dieser Vergrößerung der „Erstickungstod" und er bürdete der Stadt so viele Probleme auf, dass die Existenz des Werkes erneut in Frage gestellt wurde. Das Unternehmen erhielt die Einzelteile und ließ die fertigen Autos per Schiff abtransportieren. Die Nutzung der Seine statt der Straßen von Boulogne war allerdings eine kostspielige Wahl für das Unternehmen, da diese Lösung in Frankreich sehr wenig verbreitet war. War Billancourt wirklich noch rentabel, vor allem auf der Seine-Insel Séguin, die auf acht Ebenen über 6.570 Meter Transportbänder verfügte und die von 48 Lastenaufzügen und 33 Fördereinrichtungen beschickt wurden? Die Finanziers jedenfalls waren beunruhigt, und die Belegschaft zweifelte an ihrer beruflichen Perspektive an diesem Ort.

V. DER UNVERMEIDLICHE NIEDERGANG

Erneute Diskussionen über die Perspektiven von Billancourt gab es seit dem Jahr 1972. Das plötzliche Absinken der Verkaufszahlen für den R 6 bildete dabei den Ausgangspunkt. In den Produktionsstätten auf der Insel Séguin kam es erstmals in der Nachkriegszeit zu arbeitsfreien Tagen aufgrund von Produktionsrückgängen, auch die Neuanstellungen wurden gestoppt.[40] Diejenigen Arbeiter aus Billancourt,

---

38 Die Erweiterung der Belegschaft führte dazu, dass ein großer Teil der Arbeiter von Billancourt in der Banlieue lebte, vor allem in den Vorstädten von Yvelines. Sie bewerkstelligten das tägliche Pendeln mit speziellen Autos, die von Renault gestellt werden.

39 *Loubet/Michel/Hatzfeld*, Île Seguin, S. 78.

40 Die Insel erfuhr in der Nachkriegszeit zwei weitere schmerzhafte Ereignisse, die Krise von 1963, die zu 275 Entlassungen in Billancourt führte, und der Einbruch des Exports in die

die im Département Yvelines wohnten, wurden aufgefordert, um Versetzung nach Flins[41] zu bitten. Immer mehr Gerüchte gerieten in Umlauf, besonders, als Citroën seine Betriebsteile in Quai de Javel schließen musste, da diese Betriebsanlagen nicht mehr im Einklang mit dem Gesetz standen. Und diese lagen vor der Haustür von Billancourt. Aber Pierre Dreyfus erschien als Garant des Fortbestands für diesen Standort, wenngleich er die Gießerei 1972 schließen musste. Doch die baldige Übernahme des Vorsitzes der Régie durch Bernard Vernier-Palliez bedeutete den Abbau von Billancourt. Er hatte 1975 die Auslagerung der schweren Anlagen Richtung Spanien beschlossen. Es folgten erneut, wie schon in den 1940er und 1950er Jahren, harte soziale Auseinandersetzungen. Billancourt wurde wieder zu einer Festung, umzingelt von den Ordnungskräften und im Innern von den Arbeitern verteidigt, die die Tore des Betriebs zuschweißten. Während die CGT den Slogan „Billancourt wird weiterleben" wiederholte, in dem – belebt von der Idee der „Arbeiterfestung" – der Erhalt der Beschäftigung zu einer Hauptforderung erhoben wurde, die symbolisch für die Verteidigung der industriellen Produktion im Ort stand, sah die Leitung von Renault die Zukunft nicht unter dem Gesichtspunkt, dass der Standort ein Sinnbild für industrielle Produktion sei. Er war für sie lediglich der älteste Standort des Unternehmens. Auch verwies sie beharrlich auf die geringe Bedeutung hin, die Billancourt nur noch zukomme: Nicht nur, dass dies längst nicht mehr der einzige Standort sei, sondern auch die Tatsache, dass dessen Bedeutung mit 15 % der Gesamtproduktion schwinde, wurde betont. Diese Entwicklung entging der Stadtverwaltung von Boulogne nicht, dessen neuer Bürgermeister Georges Gorse[42] sich als Mann erwies, der nicht vor neuen Weichenstellungen zurückschreckte. Schon 1974 bot der neue Raumbewirtschaftungsplan Anreize für Luxusimmobilien,[43] während die Wohnungsfrage für die Arbeiter außer Acht gelassen wurde. Sie wurden de facto in das Umland verdrängt. Ist darunter zu verstehen, dass die Aktivitäten von Renault verringert werden sollten oder gar, dass eine Strategie entwickelt wurde, in der langfristig die alte Bedeutung von Boulogne-sur-Seine und der Verfall von Boulogne-Billancourt vorgesehen waren?

Mit der Machtübernahme der Linken in Frankreich im Jahr 1981 und einem neuen Präsidenten bei der Régie Renault, Bernard Hanon, wurden alle bisherigen Entscheidungen revidiert. Die Zukunft lautete nun „Billancourt 2000". Projektiert wurde ein Vorhaben von gigantischen Ausmaßen, das ein neu zu gestaltendes Billancourt vorsah, das um eine modernisierte Betriebsanlage entstehen sollte. Mit dem Entwurf wurde der Architekt Claude Vasconi betraut, einer der Bauherren des „Forum des Halles" und der neuen Stadt von Cergy-Pontoise. Vasconi plante den

USA, der in der Konsequenz im Jahr 1960 zu 1.930 Entlassungen in Billancourt führte, dann die Schließung der Fabriken am 23. und 30. Januar 1961. Diese beiden Krisen sind aber nicht vergleichbar mit den Konsequenzen, die die Schließung der Fabriken von Boulogne-Billancourt hätte.

41   Conseil d'administration de la RNUR, 26 septembre 1972.

42   Georges Gorse wurde auf der Liste der UDR (Droite) gewählt, in einer Stadt, die lange Zeit die Bastion der SFIO (Gauche) gewesen war. Er war Minister in den Regierungen Debré, Pompidou und Messmer.

43   *Loubet/Michel/Hatzfeld*, Île Seguin, S. 143.

Standort Renault auf dem alten Gelände neu, wobei nur die geschichtsträchtigsten Gebäude erhalten bleiben sollten, so in Billancourt nur das Gebäude X, der Arbeitsort der Vorsitzenden, das alte Artilleriegebäude, das zum „Musée Renault" umgestaltet werden, und das Wärmekraftwerk, dessen Fassade als Zeugnis der Architektur des 19. Jahrhundert dienen sollte. Das erste neu erbaute Gebäude, das „57 Métal", fand breite Zustimmung mit seiner bemerkenswerten Architektur aus strengen geometrischen Formen. Das mächtige Gebäude vereint Glas und Metall und steht für neue industrielle Bauformen, die moderne Baumaterialien in ästhetischer Weise präsentieren. „Hier erfolgt die Produktion nicht zu Lasten der Formgebung, im Gegenteil, die Form dient hier als Schaufenster der Produktion".[44] Dennoch, das Unternehmen befand sich in einer ökonomisch schwierigen Situation. Renault wurde von der Automobilkrise getroffen. Die Verluste waren enorm: 12,5 Milliarden Franc 1984.[45] Bernard Hanon wurde zum Rücktritt gedrängt. Sein Nachfolger, Georges Besse, unterzog die Régie Renault einer radikalen Umstrukturierung. Kostensenkung und Kampf gegen Personalüberhang, eine rigiden Sparpolitik, bei der das Projekt „Billancourt 2000" zur Disposition gestellt wurde, prägten seine unternehmerische Politik. Zudem kündigte Besse an, dass Séguin wegen seiner Insellage und seiner Lage in der Stadt in keiner Weise wettbewerbsfähig sei: Der Betrieb sei 10 % teurer als in Belgien, „einem Land, in dem die Arbeitskraft teuer ist"[46], und 20 % teurer als in Spanien.[47] Man müsse folglich den Produktionsumfang reduzieren, die Fertigung des alten R 4 einstellen, und sich mit einem neuen Fließband allein auf den *Express* konzentrieren, dessen Produktion mit 600 Stück pro Tag festzusetzen sei und kein Stück mehr, „das bedeutet 800 Beschäftigte weniger".[48]

Am 22. Juli 1986 gab Georges Besse weitere, entscheidende Projekte bekannt:

> „Seit zirka 15 Jahren mussten bedeutende Industrieproduktionen – wie Schmieden, Gießereien – den historischen Standort von Billancourt aus technischen und wirtschaftlichen Gründen verlassen. Diese Verlagerung führte zur Freigabe von 35 ha der Trapezfläche[49], von Grundstücksflächen, deren Bedeutung und Wert ein gründliches Nachdenken über den Horizont in den nächsten Jahren rechtfertigen."

Besse schlug vor, aus Billancourt ein hochmodernes Zentrum für Forschung und Entwicklung zu machen (R&D).[50] Weit entfernt vom Projekt „Billancourt 2000" und seinen architektonischen Träumen, sollte das neue Projekt in erster Linie eine strukturelle Neuausrichtung von Forschung und Entwicklung als Voraussetzung für eine Kostenminimierung sein. Besse hatte bereits mit Georges Gorse, Abgeordneter und Bürgermeister in Boulogne und Vorsitzender des Conseil général des

---

44 *Hélène Jantzen/Paul Smith*, Une site, une usine. Renault à Boulogne-Billancourt, Paris 2000, S. 23.
45 3,37 Milliarden Euro.
46 Michel Auroy, früherer Direktor des Unternehmens in Billancourt.
47 *Loubet/Michel/Hatzfeld*, Île Seguin.
48 Michel Auroy, früherer Direktor des Unternehmens in Billancourt.
49 Georges Besse arrondierte die Zahl: Es handelte sich letztlich um 31 Hektar.
50 Recherche et Développement.

Départements Hauts-de-Seine verhandelt. Renault werde 13 ha seines Bodens in Billancourt an die Société d'Économie Mixte 92 verkaufen. Diese Transaktion belief sich auf 1,3 Milliarden Franc[51], einen Betrag, der in Beziehung zu setzen ist zu den für 1986 angekündigten 5,5 Milliarden Franc Verlusten.[52] Was die Seine-Insel Séguin anbelangt, „so ist diese nicht davon betroffen", erläutert Besse, „da die Produktion des Express dort gerade angelaufen ist".[53]

Abb. 4: Die Île Séguin heute. Quelle: Archives de la Société d'Histoire du Groupe Renault

Georges Besse wurde am 17. November 1986 von Terroristen der Gruppe Action Directe ermordet. Er wurde zunächst von Raymond Lévy ersetzt, der sich verpflichtete, den von Besse eingeleiteten Wiederaufschwung bei Renault fortzuführen. Zehn Monate nach seiner Amtsübernahme griff Lévy das Projekt eines „Technologischen Zentrums Renault" auf, wobei er Guyancourt gegenüber Billancourt den Vorzug gab.[54] Mit dem Argument, dass die Insel Séguin für die just-in-time-Produktion nicht geeignet sei, kündigte er an, dass der Standort nicht modernisiert werde. Dies bedeutete das Ende einer historischen Epoche, die Schließung wurde für den 21. November 1989 angekündigt mit dem letzten Termin 31. März 1992. Renault verließ Boulogne-Billancourt und machte Platz an einem besonderen Standort vor den Toren von Paris, der 47 ha umfasste, aufgeteilt auf die Insel Séguin (11,5 ha) – plus 4,5 ha in Meudon –, und auf das Gelände des „Trapezes" (31 ha), von dem Renault eine Teilfläche behalten wollte, um dort seinen künftigen Firmensitz zu errichten.[55] Die Transaktion sollte Renault nach Schätzungen 4 bis 6 Milliarden einbringen.

51 Conseil d'administration de la RNUR, 23 septembre 1986.

52 Im Gegensatz zu 10,9 Milliarden im Jahr 1985 mit einer Rekapitalisierung von 8 Milliarden durch den Staat als Anteilseigner.

53 Georges Besse, réunion du conseil d'administration de la RNUR, 22 juillet 1986.

54 Im Februar 1989 wurde der Standort Guyancourt endgültig in Betracht gezogen, um dort das Technocentre zu errichten, ein neues Zentrum der Forschung und Entwicklung von Renault.

55 Seit seinen ersten Versuchen der Restrukturierung hat Renault bereits 5,6 ha an den SEM 92 für den ZAC du Point du Jour und 2,1 ha an die SEM 92 für den ZAC du Parc verkauft. Renault belegt in Boulogne mittlerweile eine Grundfläche von 51,8 ha, aufgeteilt in die 31,1

VI. EPILOG

Die Neugestaltung des ehemaligen Renaultgeländes war wieder eine ganz andere Geschichte. Der Wert des Geländes war derart hoch und es waren so verschiedene finanzielle Interessen im Spiel, dass der Staat eingriff. Premierminister Michel Rocard (1990) beschloss, daraus einen „Vorgang von nationalem Interesse zu machen, um Spekulationsrisiken zu verhindern". Später half dann der französische Präsident Jacques Chirac dem Unternehmer und Kunstsammler François Pinault die Baugenehmigung für eine Stiftung Zeitgenössischer Kunst zu erhalten (2000). Pinault entschied sich letztendlich jedoch nach langwierigen Verhandlungen dafür, sich in Venedig niederzulassen. Mehr als 20 Jahre nach dem Weggang von Renault waren die Gebiete des „Trapezes" ein Bereich für Büros und Luxuswohnungen geworden. Was die Seine-Insel Séguin anbelangt, dem Herzstück der ganzen Auseinandersetzung, so wartet sie noch immer auf die konkrete Umsetzung ihrer Projekte. Eines ist jedoch sicher: Die Stadt hat wieder zu ihrem alten Glanz zurück gefunden, wie es der exorbitante Quadratmeterpreis bezeugt. Die Tradition von Boulogne-sur-Seine hat sich nach einem Jahrhundert der Automobilindustrie erneut etablieren können.

ha des „Trapezes", die 9,2 ha des Gebietes nahe des „Trapezes" und die 11,5 ha der Insel Séguin. Zu Renault gehört außerdem das Gebiet bei Meudon (4,5 ha) und Sèvres (8,8 ha), die beiden letztgenannten sind vermietet.

EISENACH - SOZIALISTISCHE AUTOSTADT MIT GEBREMSTER ENTWICKLUNG

Christoph Bernhardt / Harald Engler

I. EINLEITUNG

Im Rückblick auf das 20. Jahrhundert verkörpert die sozialistische Autostadt nicht mehr das Komplementär- und Gegenmodell zur kapitalistischen „Automobile City", sondern eher einen von mehreren historischen Entwicklungspfaden, der 1989 zu Ende ging. Gegenüber den großen, bekannten sozialistischen Autostädten repräsentiert der Fall Eisenach dabei insofern einen besonderen Typus, als in dieser Region sowohl die Autoindustrie als auch die Stadt in der sozialistischen Periode nicht neu begründet, sondern auf sehr alten Traditionen weiter entwickelt wurden. Diese älteren Traditionen wurden in der DDR-Zeit zeitweise stark von Elementen der sozialistischen Moderne überformt.

Die Besonderheiten der Autoproduktion im Sozialismus begründeten ein von westlichen Autostädten in mehrfacher Hinsicht abweichendes Wechselverhältnis zwischen Werks- und Stadtentwicklung. Im Kontrast zum Grundmuster der zyklischen Marktschwankungen zwischen dynamischer Expansion und krisenhaften Rückschlägen im Kapitalismus verursachten wechselnde politische Interventionen der sozialistischen Zentralgewalt mehrere Phasen von Ausbau und Stagnation, von Konsumförderung und technologischer Blockade und prägten spezifische Rhythmen der Entwicklung von Werk und Stadt.[1] Die Besonderheiten und Phasen des sozialistischen Produktionsmodells der Autoindustrie stehen daher als maßgebliche Rahmenbedingungen der Stadtentwicklung Eisenachs im Mittelpunkt des ersten Hauptteils dieses Aufsatzes. Diesem Teil sind einführende Bemerkungen zur Entstehung des Grundmodells sozialistischer Autostädte in der frühen Sowjetunion und zu den Anfängen der sozialistischen Autostadt Eisenach in den 1950er Jahren vorangestellt. Nur bei Einbeziehung dieser Rahmenbedingungen lässt sich angemessen erklären, dass und warum Eisenach als eines der beiden Zentren der Automobilproduktion der DDR demographisch und in seiner Stadtentwicklung weitgehend stagnierte. Im zweiten Hauptteil werden die räumliche und kulturelle Prägung der Stadt durch die Automobilwerke sowie die sozialräumlichen Folgen dieser relativen Stagnation umrissen. Besondere Aufmerksamkeit wird dabei der

---

1   Vgl. *Reinhold Bauer*, Ölpreiskrisen und Industrieroboter. Die siebziger Jahre als Umbruchphase für die Automobilindustrie in beiden deutschen Staaten, in: *Konrad Jarausch* (Hrsg.), Das Ende der Zuversicht? Die siebziger Jahre als Geschichte, Göttingen 2008, S. 68–83.

internationalen Verflechtung des Standortes Eisenach und deren Auswirkungen auf die Entwicklung des VEB Autowerke Eisenach und auf die Stadt gegeben.

Zusammen genommen entwickelte sich, wie zu zeigen ist, unter den spezifischen Bedingungen eines gebremsten Wachstums in Eisenach eine besondere und trotz aller systembedingten Mangelerscheinungen populäre sozialistische Autokultur, die auf den langjährigen Traditionen der vorsozialistischen Zeit aufbaute.

II. AUTOPRODUKTION IN EISENACH IM SOZIALISMUS – TRADITION, INNOVATION, STAGNATION

Die Anfänge der sozialistischen Autostadt

Das heutige Bild der sozialistischen Autostadt wird stark von dem in der Frühzeit der Sowjetunion etablierten Modell der nach den Prinzipien der städtebaulichen Moderne gestalteten Planstadt bestimmt. In der jungen UdSSR hatte 1930 der führende amerikanische Autofabrik- und -Stadt-Designer Albert Kahn auf Einladung der Sowjetregierung und mit Unterstützung Henry Fords als Pilotprojekt zunächst ein Traktorenwerk mit Wohnhäusern bei Stalingrad geplant und errichtet. Die Ford Motor Company selbst steuerte auf der Grundlage eines Vertrages von 1929 den Bau des ersten großen sowjetischen Automobilwerkes in Niznij Novgorod inklusive der dazu gehörigen „ersten kommunistischen Musterstadt" Avtostroj.[2] Zeilenbauten, Kommunehäuser und verschiedene kollektive Dienstleistungseinrichtungen waren prägende Elemente dieser frühen sozialistischen Modellstadt der Moderne.[3]

Auch die einflussreiche, wegen ihrer expliziten Orientierung an westlichen Vorbildern allerdings bald verbotene Schrift des sowjetischen Architekten und Städtebauers Nikolai Alexandrowitsch Miljutin (1889–1942) über die sozialistische Idealstadt „Sozgorod" von 1930 diskutierte die Grundprinzipien sozialistischen Städtebaus am Beispiel einer Autostadt.[4]

2 *Maurice A. Kelly*, Russian Motor Vehicles. Soviet Limousines 1930–2003, Dorchester 2011.

3 *Harald Bodenschatz/Christiane Post* (Hrsg.), Städtebau im Schatten Stalins. Die internationale Suche nach der Sozialistischen Stadt in der Sowjetunion 1928–1935, Berlin 2003, S. 40f.

4 *Nikolai A. Miljutin*, Sozgorod. Probleme des Planens sozialistischer Städte, Faksimile-Ausgabe. Mit einem Kommentar von *Dmitrij Chmelnizki*, Berlin 2009; vgl. dazu *Thomas Flierl*, Standardstädte. Ernst May in der Sowjetunion 1930–1933. Texte und Dokumente, Berlin 2012, v.a. S. 510–513; *Milka Bliznakov*, Soviet housing during the experimental years 1918 to 1933, in: *William Craft Brumfield/Blair A. Ruble* (Hrsg.), Russian housing in the modern age. Design and social history, New York u.a. 1994, S. 85–148, hier v.a. S. 126; *Michaela Marek*, Die Idealstadt im Realsozialismus. Versuch zu den Traditionen ihrer Notwendigkeit, in: *Christiane Brenner/Peter Heumos* (Hrsg.), Sozialgeschichtliche Kommunismusforschung, München 2005, S. 425–480, hier v.a. S. 457f.

Neuanfang und sozialistische Transformation:
Die Anfänge der Fahrzeugproduktion in Eisenach nach 1945

Eisenach repräsentiert im Kontrast zu diesen Vorläufern und zu anderen im Sozialismus neu gegründeten Autostädten den Fall einer alt-industriellen Autostadt.[5] In den Anfangsjahren der DDR stand die Autoproduktion hier (wie auch in Zwickau als zweitem großen ostdeutschen Standort) noch ganz im Zeichen der Kriegseinwirkungen und sowjetischen Demontagen. Sie verursachten Verluste an Produktionskapazität, die im Eisenacher BMW-Werk 60 Prozent der Vorkriegskapazitäten betrugen. Nach Kriegsende beschlagnahmte die sowjetische Besatzungsmacht die BMW-Werke und baute sie bis 1949 als von der UdSSR aus gesteuerte „Sowjetische Aktiengesellschaft" zum größten PKW-Produzenten Ostdeutschlands aus.[6] Zu diesem Zeitpunkt arbeiteten 4.200 Mitarbeiter an teilweise bereits neu aufgebauten Produktionsanlagen. Zunächst wurden weiter das Vorkriegsmodell BMW 320 sowie als erste Neuentwicklung die viertürige Limousine BMW 340 hergestellt, die noch auf dem Vorkriegsmodell BMW 326 basierte. Die deutsche Teilung hatte zur Folge, dass viele Zulieferer verloren gingen und das Werk die Fertigungstiefe erhöhen und schrittweise neue Zuliefererstrukturen im Umland aufbauen musste. 1952 gab die UdSSR das Eisenacher PKW-Werk an die DDR zurück, die es in „Volkseigentum" überführte.[7] Es wurde in die neue Organisationsstruktur des DDR-Fahrzeugbaus integriert und erhielt 1955 den endgültigen Namen „VEB Automobilwerke Eisenach" (AWE).[8]

Die Zusammenführung der Fahrzeugbetriebe in der DDR zur IFA (Industrieverband Fahrzeugbau - Vereinigung Volkseigener Fahrzeugwerke) war bereits zum 1. Juli 1948 vollzogen worden. Als im Oktober 1955 die Vorserienfertigung des neuen Mittelklassewagens „Wartburg 311"[9] aufgenommen und auch in den Audi- und Horch-Werken im Raum Zwickau/Chemnitz mit der Produktion neuer Typen begonnen wurde, waren die Grundstrukturen für den DDR-Fahrzeugbau gelegt.

Die Mitte der 1950er Jahre eingeleitete Rationalisierung und Reduzierung der Modellpalette auf die beiden Typen Wartburg (produziert in Eisenach) und Trabant (Zwickau) vollendete 1959 diese Formierungsphase, die in den Grundstrukturen bis zum Fall der Mauer 1989 fortbestehen sollte.

---

5   Überblicksdarstellungen zur historischen Genese der Autostadt Eisenach bei *Horst Ihling*, DDR-Legende Wartburg, Giel-Courteilles 2010; *Michael Stück/Werner Reiche*, Meilensteine aus Eisenach. Ein Jahrhundert Automobilgeschichte, Stuttgart 2003; dies., 100 Jahre Automobilbau in Eisenach, 2. Aufl. Prittriching 2001.

6   Das Werk in Eisenach war bis 1960 der größere der beiden Produktionsstandorte für Automobile in der DDR, ab den sechziger Jahren bis zum Ende der DDR wurden dann in Zwickau mehr PKW produziert; vgl. Tabelle 1 in diesem Beitrag.

7   Vgl. die Meldung „BMW Eisenach wurde Volkseigentum", in: Kraftfahrzeugtechnik 2, 1952, H. 6, S. 193.

8   AWE-Kleinchronik–Zerstörung und Wiederaufbau nach dem 2. Weltkrieg (1945–1970), in: Stadtarchiv Eisenach, Bestand 30.8.3, Automobilwerk Eisenach.

9   *Peter Kurze*, Wartburg 311/312. Ein Favorit seiner Klasse, Bielefeld 2008; *Jürgen Lisse*, Fahrzeuglexikon Wartburg, Witzschdorf 2007.

Abb. 1: Der von 1955 bis 1965 hergestellte Wartburg 311. Quelle: Henryk Zielinsky,
http://commons.wikimedia.org/wiki/File:XW-87-11.jpg

Bemerkenswert insbesondere für die Frühphase der Autoproduktion in Eisenach in den fünfziger Jahren war das zu diesem Zeitpunkt noch vergleichsweise große Maß an technischen Innovationen und Verbesserungen sowie die Vielfalt von Karosserievarianten, die beispielsweise 1955 für den Wartburg 311 entwickelt wurden. Durch die Initiierung von „Schwarzentwicklungen", also technischen Innovationen, die nicht im Plan vorgesehen waren und vom Werk in Eisenach in eigener Verantwortung vorangetrieben wurden, gelang es unter geschickter Einbeziehung von Mitgliedern des Zentralkomitees der SED, einzelne Neuerungen oder die Entwicklung neuer Fahrzeugtypen durchzusetzen.[10] So führte der Eisenacher Werksdirektor Martin Zimmermann beispielsweise den Eisenacher Entwurf des neuen Wartburg 311 als Nachfolger des alten F9-Wagens im Hof des ZK der SED in Berlin Parteichef Walter Ulbricht persönlich vor, der selbst hinter dem Lenkrad des schwarz lackierten Fahrzeugs Platz nahm. Gegen seine lobende Anerkennung konnte der zuständige Minister kein Veto mehr einlegen – und die neue Serie wurde genehmigt.[11] Im Jahr 1958 wurden an jedem Arbeitstag schon 110 PKW gefertigt, wobei sich der Exportanteil auf immerhin etwa ein Drittel belief, davon 25 Prozent in die Bundesrepublik.[12] Vom Typ Wartburg 311, der im AWE in Eisenach von 1955 bis 1965 in einer Stückzahl von 259.000 produziert worden war, konnten immerhin 114.000 Stück und damit knapp die Hälfte in das Ausland ex-

10 *Peter Kirchberg*, Plaste, Blech und Planwirtschaft. Die Geschichte des Automobilbaus in der DDR, Berlin 2005, S. 207f.

11 Ebd., S. 208.

12 Ebd., S. 209.

portiert werden.[13] Der Grund für den großen Exporterfolg des Wartburg in dieser frühen Phase lag vor allem im günstigen (Export-)Verkaufspreis: während ein Bundesbürger um 1960 den Wartburg für den attraktiven Preis von 4.800 DM erwerben konnte, musste er für einen vergleichbaren Westwagen beispielsweise vom Typ DKW Universal mit 6.775 DM deutlich mehr Geld ausgeben. Allerdings mussten die DDR-Bürger mit 14.500 Mark der DDR deutlich tiefer in die Tasche greifen.[14]

Die Formierungsphase der sozialistischen Autoproduktion in der DDR in den fünfziger Jahren war durch ein vergleichsweise hohes Investitionsniveau im Automobilsektor geprägt, das noch erhebliche betriebswirtschaftliche Spielräume eröffnete. Ein Vergleich der in der Volkswirtschaft der DDR im Transport- und Nachrichtenwesen, zu dem der Automobilbau zählte, aufgebrachten Investitionen zeigt für die fünfziger Jahre eine stabile Aufwärtsentwicklung und einen Anteil an den Gesamtinvestitionen zwischen 14 und knapp 17 Prozent.[15] Die Betriebsleitungen an den beiden Standorten in Zwickau und Eisenach nutzten diese Phase für die Entwicklung von Innovationen an den Fahrzeugtypen. Mit Blick auf die erstaunlichen Exporterfolge, insbesondere des in Eisenach gefertigten Wartburg, ist festzuhalten, dass die fünfziger Jahre für den Automobilbau in der DDR eine Zeit der relativen Stabilität mit guten Ansätzen zu einer innovativen Entwicklung waren.

Der Automobilbau in der Volkswirtschaft der DDR und in Eisenach während der sechziger Jahre

Dennoch spielte die Automobilindustrie bis weit in die sechziger Jahre hinein in der DDR gesamtwirtschaftlich eine eher untergeordnete Rolle.[16] Die Partei- und Staatsführung bevorzugte andere Industriezweige, und der Autobau erhielt in den Planansätzen vergleichsweise geringe Investitionsmittel zugewiesen.[17] Technologisch vollzog der ostdeutsche Automobilbau in dieser Zeit den Übergang zur Fließfertigung und die großen Automobilproduzenten in Eisenach und Zwickau erhielten im Rahmen der wirtschaftlichen Reformpolitik größere Handlungsspielräume zugestanden. Ein gravierendes Problem für die Automobilproduktion der

13 Ebd., S. 215; *Ihling*, DDR-Legende Wartburg; *Eli Rubin*, Understanding a Car in the Context of a System. Trabant, Marzahn and the East-German Socialism in: *Lewis H. Siegelbaum* (Hrsg.), The Socialist Car. Automobility in the Eastern Bloc, Ithaca/London 2011, S. 124–140, hier S. 129.

14 Das monatliche Durchschnittseinkommen eines DDR-Haushalts lag zu diesem Zeitpunkt bei etwa 758 DDR-Mark; vgl. dazu *Kirchberg*, Plaste, S. 719 sowie *Uwe Müller*, Mobilität in der Planwirtschaft. Das Verkehrswesen, in: *Helga Schulz/Hans-Jürgen Wagener* (Hrsg.), Die DDR im Rückblick. Politik, Wirtschaft, Gesellschaft, Kultur, Berlin 2007, S. 176–198, hier S. 184f.

15 Der höchste Wert wurde 1959 mit 16,6 % erreicht; vgl. die Zahlen bei *Kirchberg*, Plaste, S. 722.

16 *André Steiner*, Von Plan zu Plan. Eine Wirtschaftsgeschichte der DDR, Berlin 2007, S. 153.

17 *Kirchberg*, Plaste, S. 317–320; *Reinhold Bauer*, PKW-Bau in der DDR. Zur Innovationsschwäche von Zentralverwaltungswirtschaften, Frankfurt am Main 1999, S. 87–90.

DDR bildeten die sich zusehends verschlechternden Produktionsbedingungen, eine Folge der strukturellen Leistungsschwäche des DDR-Maschinenbaus bei der Zulieferung von Fertigungsanlagen. Zwar erreichten die jährlich produzierten PKW-Stückzahlen in den sechziger Jahren wieder das Niveau der Vorkriegszeit, doch blieben sie unterhalb eines Produktionsvolumens, das für die Massenproduktion wirtschaftlich rentabel gewesen wäre. Im Jahr 1970 wurden in der DDR insgesamt 126.000 PKW hergestellt, davon 86.000 in Zwickau (Trabant) und 40.000 in Eisenach (Wartburg).

Jahr	Eisenach/Wartburg		Zwickau/Trabant		DDR
	absolut	Anteil %	absolut	Anteil %	insgesamt
1950	3.649	50,9	3.516	49,1	7.165
1955	14.490	65,1	7.757	34,9	22.247
1960	28.801	45,0	35.270	55,0	64.071
1965	29.650	28,8	73.227	71,2	102.877
1970	40.411	31,9	86.200	68,1	126.611
1975	54.040	34,0	105.107	66,0	159.147
1980	58.325	33,0	118.436	67,0	176.761
1985	74.000	35,2	136.370	64,8	210.370
1989	71.680	34,1	145.289	65,9	216.969

Tabelle 1: Autoproduktion in der DDR, Zwickau und Eisenach 1950-1989. Quelle: Bauer, PKW-Bau, S. 317f.; Kirchberg, Plaste, S. 724f., 732–734.

In der Rückschau begann in den sechziger Jahren für den Automobilbau in der DDR bereits die Phase eines sich kontinuierlich verstärkenden Abstiegs. Nach dem Höhepunkt von 1959 sanken die staatlichen Investitionen in den Verkehrsbereich und damit auch den Automobilbau im Verlauf der sechziger Jahre deutlich ab. Seit 1965 erreichten sie nur noch Werte von unter 10 Prozent der Gesamtinvestitionen.[18]

---

18 Die Anteile der staatlichen Investitionen in den Volkswirtschaftssektor Transport- und Nachrichtenwesen (einschließlich Autoproduktion) bei Kirchberg, Plaste, S. 722.

Verhinderte Innovationen und das gescheiterte RGW-Gemeinschaftsauto –
die siebziger Jahre in Eisenach

Ein Grund für die weiterhin niedrigen Produktionszahlen im Automobilbau der
DDR lag in der Reformunfähigkeit und in Defiziten der Wirtschaftsorganisation,
die sich bei der Kombinatsbildung und -umbildung in den siebziger Jahren
nachteilig für die Automobilwerke in Eisenach und Zwickau auswirkten. Nachdem das Automobilwerk in Eisenach in den sechziger Jahren noch zur übergrei-
fenden VVB Automobilbau gehörte, wurde 1978 auf Anordnung des Präsidiums
des Ministerrats der DDR die Auflösung des VVB Automobilbaus und die Bildung von vier neuen Kombinaten dekretiert, die nunmehr deutlich größere Wirt-
schaftseinheiten bildeten.[19] Die Automobilwerke Eisenach gehörte von nun an
zum VEB IFA Kombinat PKW Karl-Marx-Stadt. Durch die Zuordnung verschiedener Zulieferbetriebe zu unterschiedlichen Kombinaten ergaben sich erhebliche
Probleme der Ersatzteillieferung sowie Kompetenzkonflikte. Die bis dahin orga-
nisch gewachsenen Betriebe des Automobilbaus in der DDR wie das Werk in Eisenach wurden durch die Gründung der IFA-Kombinate zerschlagen und in neue
Organisationsstrukturen überführt, denen eine funktionierende Zulieferstruktur
fehlte. Auch die hinter der Umstrukturierung stehende Idee einer Personaleinspa-
rung scheiterte. Sie wurde sogar in ihr Gegenteil verkehrt, weil das Leitungsper-
sonal der vier neuen Kombinate letztlich mehr als doppelt so viele Mitarbeiter
umfasste als zuvor die alte Organisationsstruktur der VVB Automobilbau.[20]
Die Anfang der siebziger Jahre nach wie vor nicht zufriedenstellenden Produktionszahlen der Automobilbranche in der DDR und das damit verfehlte Ziel
der Kaufkraftabschöpfung über diesen volkswirtschaftlich gesehen effektivsten
Bereichs des ostdeutschen Maschinenbaus ließ die Partei- und Staatsführung umdenken. Die systemstabilisierende Wirkung des Prestige-Konsumprodukts Auto
und die wachsende Unzufriedenheit in der DDR-Bevölkerung mit der (Un)-
Möglichkeit, dieses käuflich zu erwerben, veranlasste die Regierung, Anfang der
siebziger Jahre ein neues PKW-Programm aufzulegen, mit dem die Autoproduktion in der DDR deutlich gesteigert werden sollte.[21]
Der Kurswechsel stand in engem Zusammenhang mit dem neuen wirtschafts-
politischen Kurs des an die Macht gekommenen neuen Staatsratsvorsitzenden und
SED-Chefs Erich Honecker. Er versprach sich von dem als „Einheit von Wirt-
schafts- und Sozialpolitik" bezeichneten Sozial- und Konsumprogramm eine Ver-
breiterung der ins Wanken gekommenen Legitimationsbasis von Partei und Regime.[22] Der neue Kurs bestand auf der einen Seite darin, der Bevölkerung nun

19 Allgemein zu den VVB vgl. *Hellmut Heuer*, Zur Organisation der Betriebsplanung in der
    volkseigenen Industrie des sowjetischen Besatzungsgebiets, Berlin 1958, S. 66f.
20 *Kirchberg*, Plaste, S. 372–374.
21 Ebd., S. 345–357; *Bauer*, PKW-Bau, S. 135–258.
22 *Hans-Hermann Hertle*, Der Fall der Mauer. Die unbeabsichtigte Auflösung des SED-Staates,
    2. Aufl. Wiesbaden 1999, S. 32f.; *Lothar Fritze*, Panoptikum DDR-Wirtschaft. Machtver-
    hältnisse, Organisationsstrukturen, Funktionsmechanismen, München 1993, S. 26f.; *Rainer*

endlich die begehrten PKW auf dem neuesten Stand der Technik zur Verfügung zu stellen. Auf der anderen Seite sollten die DDR-Wirtschaft im Allgemeinen und der Maschinenbau im Besonderen davon profitieren, dass mit der Einfuhr moderner westlicher Produktionsmittel die Wachstums- und Exportchancen für die ostdeutsche Autoproduktion verbessert werden sollten. Insbesondere die mit der CSSR forcierte Entwicklung eines neuen Viertaktmotors sollte den Anschluss an weltweite technische Standards des Autobaus herstellen und mit dem „RGW-Auto" die Jahresproduktion der DDR von 200.000 PKW beinahe verdoppeln.[23]

Die Planungen für diesen radikalen Systemwechsel im DDR-Automobilbau wurden in den siebziger Jahren vorangetrieben. An den beiden Produktionsstandorten in Eisenach und Zwickau wurden bereits die Produktionsanlagen umgebaut und für die zu erwartenden neuen PKW-Prototypen ausgerüstet. Während nach dem neuen Konzept in Zwickau ein gehobener Kleinwagen gebaut werden sollte, war der Standort Eisenach in der Nachfolge des Wartburg als Produktionsstandort eines verbesserten PKW der unteren Mittelklasse vorgesehen.[24] Die Herausforderungen waren enorm: Allein für die Getriebeproduktion für den Eigenbedarf in der DDR sowie für den Kooperationspartner CSSR hätte am Standort Eisenach eine Verzwölffachung der hergestellten Getriebeeinheiten 50.000 auf 600.000 jährlich erfordert. Für die Fertigung der im Eigenbedarf benötigten Baugruppen und -teile hätte in Eisenach die Kapazität versechsfacht werden müssen – und im gleichen Maßstab die von den Zulieferbetrieben produzierten Stückzahlen.[25]

Mit einem solchen Kraftakt war der Maschinenbau in der DDR bei weitem überfordert. Zudem war infolge des neuen Kurses der konsumorientierten Wirtschaftspolitik Honeckers gerade der Werkzeugmaschinenbau von starken Investitionskürzungen betroffen, so dass die anvisierten Kapazitätserweiterungen im Automobilbau unrealistisch waren.[26] Mitten in dem bereits weit vorangeschrittenen Umstellungsprozess, der Millionen an Investitionsmitteln in Anspruch genommen hatte, veranlassten Politbüro und Ministerrat 1979 plötzlich den Abbruch des Programms und dekretierten die Weiterproduktion der alten Typen von Wartburg und Trabant in Eisenach und Zwickau.[27] In längerfristiger Perspektive betrugen die staatlichen Investitionen im Automobilbau 1972 mit einem Anteil von 8,3 Prozent nur noch die Hälfte des gesamtwirtschaftlichen Investitionsanteils von Ende der fünfziger Jahre und sanken in den siebziger Jahren tendenziell weiter ab. Diese

Weinert, Wirtschaftsführung unter dem Primat der Parteipolitik, in: *Theo Pirker* u.a. (Hrsg.), Der Plan als Befehl und Fiktion, Opladen 1995, S. 285–308, hier S. 298f.

23 *Bauer*, PKW-Bau, S. 156–158, *Kirchberg*, Plaste, S. 350–352.
24 *Bauer*, PKW-Bau, S. 154f.
25 Ebd., S. 190.
26 *Jörg Roesler*, Einholen wollen und Aufholen müssen. Zum Innovationsverlauf bei numerischen Steuerungen im Werkzeugmaschinenbau der DDR vor dem Hintergrund der bundesrepublikanischen Entwicklung, in: *Jürgen Kocka* (Hrsg.), Historische DDR-Forschung. Aufsätze und Studien, Berlin 1993, S. 163–285, hier S. 276f.; *Bauer*, PKW-Bau, S. 191.
27 Ebd., S. 250–258; *Kirchberg*, Plaste, S. 357.

Abwärtsentwicklung setzte sich bis in die achtziger Jahre fort und erreichte 1983 mit einem Wert von nur noch 7,3 Prozent den geringsten Wert seit den fünfziger Jahren. Erst Mitte der achtziger Jahre stiegen sie mit dem letzten Kraftakt des DDR-Automobilbaus beim Einbau des VW-Motors in den Wartburg 1.3 wieder leicht an.[28]

Diese gescheiterte Reform und der Blick auf die langfristige Entwicklung des Automobilbaus in der DDR und am Standort Eisenach lassen erkennen, dass die 1970er Jahre für die DDR-Automobilproduktion insgesamt wie auch für das AWE in Eisenach eine Wendezeit darstellten, wie sie die Geschichtswissenschaft in jüngster Zeit sowohl für die Wirtschafts- und Automobilgeschichte wie für die Politik- und Stadtgeschichte festgestellt hat.[29] Im Gegensatz zum Umgang mit der tiefen Krise im westlichen PKW-Bau war für die Zentralverwaltungswirtschaft der DDR symptomatisch, dass der Reformbedarf im Automobilbau zwar erkannt und eine grundlegende Reform angestoßen, diese aber nicht konsequent umgesetzt wurde.[30] Die unzureichende Leistungsfähigkeit des DDR-Maschinenbaus,[31] Schwierigkeiten bei den Zulieferungen aus der CSSR und eine Umorientierung in den Investitionsschwerpunkten der DDR-Wirtschaftspolitik verursachten eine wachsende Unzufriedenheit in weiten Kreisen der Bevölkerung und trugen damit zum großen Legitimationsverlust des gesamten Systems bei.[32]

28 Die Anteile der staatlichen Investitionen im Verkehrssektor bei *Kirchberg*, Plaste, S. 722.

29 *Konrad H. Jarausch*, Krise oder Aufbruch? Historische Annäherungen an die 1970er Jahr, in: Zeithistorische Forschungen 3, 2006, 3, S. 334–341; *Bauer*, Ölpreiskrisen.

30 Zum Hintergrund der Innovationsdefizite in der DDR-Wirtschaft vgl. *Arnd Bauerkämper/Burghard Ciesla/Jörg Roesler*, Wirklich wollen und nicht richtig können. Das Verhältnis von Innovation und Beharrung in der DDR-Wirtschaft, in: *Jürgen Kocka/Martin Sabrow* (Hrsg.), Die DDR als Geschichte. Fragen, Hypothesen, Perspektiven, Berlin 1994, S. 116–121.

31 *Hans-Jürgen Wagener*, Zur Innovationsschwäche der DDR-Wirtschaft, in: *Johannes Bähr/Dietmar Petzina* (Hrsg.), Innovationsverhalten und Entscheidungsstrukturen. Vergleichende Studien zur wirtschaftlichen Entwicklung im geteilten Deutschland 1945–1990, Berlin 1996, S. 21–48.

32 *Jonathan R. Zatlin*, The Vehicle of Desire. The Trabant, the Wartburg and the End of the GDR, in: German History 15, 1997, H. 3, S. 358–380, hier v.a. S. 358–363; zum Hintergrund *Hans Günter Hockerts*, Soziale Errungenschaften? Zum sozialpolitischen Legitimitätsanspruch der zweiten deutschen Diktatur, in: *Jürgen Kocka* (Hrsg.), Von der Arbeiterbewegung zum modernen Sozialstaat. Festschrift für Gerhard A. Ritter zum 65. Geburtstag, München u.a. 1994, S. 790–804, hier S. 799; *Manfred G. Schmidt*, Sozialpolitik in Deutschland. Historische Entwicklung und internationaler Vergleich, 3. überarb. Aufl. 2005, v.a. S. 138–140.

Politisch erzwungene Stagnation und verspätete Innovationsversuche –
Der Automobilstandort Eisenach in den siebziger und achtziger Jahren

So wurde im Automobilwerk Eisenach auch in den siebziger und achtziger Jahren
weiter der Typ Wartburg 353 hergestellt, auf den die Produktion Mitte der sechziger Jahre umgestellt worden war.[33] An diesem Modell wurde dann auch bis zur
Wende von 1989/90 nichts mehr wesentlich verändert. Viele von den Konstruk-
teuren entwickelte Verbesserungen, wie beispielsweise 4-Takt-Motoren oder neue
Fahrzeugmodelle, durften auch in den siebziger und achtziger Jahren auf staatli-
che Anordnung hin nicht in Serie gehen. Dazu gehörte auch ein im Automobilwerk Eisenach seit 1968 entwickelter „Perspektiv-PKW" mit einem Vierzylinder-
Reihenmotor von 70 bis 100 PS. Nach Jahren der Entwicklung erfolgte durch die
Parteiführung der Abbruch dieses Innovationsversuchs mit dem Argument, dass
das in Eisenach entwickelte Perspektivauto für die Massenfertigung in der DDR
viel zu groß und die entsprechend hohen Fertigungs-kosten nicht abzudecken wären.[34]
Im Vergleich zum Zwickauer Trabant blieb der größere, leisere und komfortablere
Wartburg 353 für die Bürger in der Spätphase der DDR deutlich schwerer zu erwerben. Mit Neupreisen von 17.000 bis 23.000 Mark[35] kam er ohnehin nur für
Käufer mit höherem Einkommen in Frage.[36] Zudem erreichte nur ein relativ kleiner Teil der Wartburg-Neuwagen, nämlich nur jeder sechste in Eisenach produzierte PKW, über die herkömmlichen Vertriebswege die DDR-Bevölkerung. Die
wachsende Nachfrage nach einem modernen Auto der – nach sozialistischen Maß-
stäben – gehobenen Mittelklasse konnte also für die Bewohner der DDR durch-
schnittlich nur mit etwa einem Sechstel der Jahresproduktion des in Eisenach produzierten Wartburg befriedigt werden (der entsprechende Anteil lag beim Trabant
dagegen bei knapp zwei Dritteln).[37] Auch Sonderbedarfe wie diejenigen der staatlichen Organe, Invest-Träger sowie des Geschenk-Dienstes Genex[38] wurden vor-

---

33 Zum Wartburg 353 sowie allen übrigen Wartburg-Typen siehe den Überblick bei *Jürgen
    Nagler/Peter Böhlke*, Wartburg. Alle Modelle 1953–1991, München 2011, v.a. S. 48–67.

34 *Kirchberg*, Plaste, S. 390f.; *Ihling*, DDR-Legende Wartburg; Wolfgang Schröder, Die
    Motorrad- und PKW-Produktion der DDR. AWO, MZ, Simson, Trabant, Wartburg, Bielefeld
    2009, S. 146f.

35 *Kirchberg*, Plaste, S. 725; vgl. auch *Werner Oswald*, Kraftfahrzeuge der DDR, 3. erg.
    Auflage Stuttgart 2003.

36 *Stefan Wolle*, Die heile Welt der Diktatur. Alltag und Herrschaft in der DDR 1971–1989, 2.
    Aufl. Berlin 1999, S. 217f. Zu dieser Frage übergreifend *Siegfried Grundmann*, Räumliche
    Disparitäten in der DDR, in: *Lothar Mertens* (Hrsg.), Soziale Ungleichheit in der DDR. Zu
    einem tabuisierten Strukturmerkmal der SED-Diktatur, Berlin 2002, S. 159–201, hier v.a. S.
    165.

37 Zur PKW-bezogenen Konsumkultur in der DDR vgl. *Luminta Gatejel*, Privat oder Staatlich?
    Automobile Konsumkultur in der Sowjetunion, der DDR und Rumänien, in: Comparativ 19,
    2009, H. 6, S. 16–21, hier v.a. S. 23–26.

38 Mit dem Geschenkdienst Genex konnten Bürger der Bundesrepublik mit harten West-
    Devisen Bürgern der DDR begehrte Konsumgüter bis hin zu Fertighäusern oder eben dem

rangig mit dem höherklassigen Wartburg-Modell abgedeckt und in geringerem Umfang mit dem Trabant.

Zeitraum	Typ/Modell	Produktionszahlen	davon Export	
			absolut	Anteil %
1945-1956	Nachkriegsmodelle BMW/EMW/IFA 9	69.548	36.679	52,7
1955–1966	Wartburg 311/312/313	293.156	125.914	43,0
1966–1988	Wartburg 353, W	1.225.190	676.837	55,2
1988–1991	Wartburg 1.3	152.775	68.148	44,6
1945–1991	Gesamt	1.740.669	907.578	52,1

Tabelle 2: Produktionszahlen für die am Standort Eisenach produzierten PKW-Modelle 1945-1991, Quelle: Kirchberg, Plaste, S. 724f.

Empfänger	Zahl	Anteil %
Export	34.250	63,4
DDR-Verkauf	8.941	16,5
Genex	7.300	13,5
Invest-Träger	556	1,0
Staatliche Organe	3.003	5,6
Insgesamt	54.050	100,0

Tabelle 3: Verteilung der Wartburg-Produktion 1975, Quelle: Kirchberg, Plaste, S. 517.

Wartburg als Geschenk zukommen lassen; vgl. *Armin Volze*, Die Devisengeschäfte der DDR. Genex und Intershop, In: Deutschland Archiv 24, 1991, H. 11, S. 1145–1159.

Erst ab 1988 wurden in das äußerlich nur wenig veränderte Modell des Wartburg
in Lizenz gebaute Viertaktmotoren von VW eingesetzt.[39] Damit war zwar die Abkehr von den berüchtigten Zweitaktmotoren mit ihrer geruchsintensiven blauen
Abgasfahne eingeläutet, doch zeigte das Zustandekommen dieser späten technologischen Innovation die Steuerungsdefizite sowie die eklatanten Defizite in den
Wirtschaftlichkeitsberechnungen der DDR-Planwirtschaft. Bei dem in der Presse
groß gefeierten Modellwechsel wurde zwar – bis dahin ein Tabu in der DDR-
Wirtschaftspolitik – die Preisstabilität aufgegeben und der Neuwagenpreis an die
realen Gestehungskosten angepasst. Der günstigste Wartburg kostete daher 1989
stolze 30.200 Mark statt bisher 16.950 Mark.[40] Doch die aufwändige Einpassung
des Motors verschlang die Summe von über sieben Mrd. Mark, während die vom
AWE in Eisenach seit Jahren vorgeplante und verfolgte Eigenentwicklung des
Motors einschließlich der Erneuerung des gesamten Wartburgwerkes nur etwa
vier bis fünf Millionen DDR-Mark gekostet hätte.[41]

III. STADTRÄUMLICHE UND -KULTURELLE DIMENSIONEN DER
AUTOPRODUKTION IM SOZIALISTISCHEN EISENACH

Autowerke und Stadt in gebremster Expansion

Obgleich das Automobilwerk Eisenach den mit Abstand größten Wirtschaftsbe-
trieb in der Stadt bildete, nahm es im Vergleich mit anderen Autostädten einen relativ geringen Teil der städtischen Grundfläche ein (vgl. Abb. 2). Die seit Ende
des 19. Jahrhunderts entwickelten beiden Hauptstandorte im Norden, relativ nah
an der Altstadt südlich des Flusses Hörsel, sowie ein kleiner Teil des Betriebsge-
ländes südlich der Bahnlinie Erfurt-Frankfurt/Main wurden während der gesamten
DDR-Zeit nicht wesentlich erweitert. Es gelang vielmehr nur unter Schwierigkeiten eine erste Auslagerung von kleineren Produktionsstätten in den westlich von
Eisenach gelegenen Ortsteil Gries (heute Stadtteil Eisenach-Stadtfeld), wo Opel
nach 1990 ein neues und modernes Werksgelände auf der grünen Wiese errichten
sollte.

Die vergleichsweise langsame Entwicklung von Eisenach war zudem offensichtlich politisch gewollt: Bereits 1950 hatte die Stadt ihren Status als kreisfreie
Stadt verloren und war in den Kreis Eisenach eingegliedert worden, was einen er-

---

39 *Horst Ihling*, 1889–1991. Über neun Jahrzehnte Automobilbau in Eisenach, Melsungen 1991,
    S. 25: *Kirchberg*, Plaste, S. 562–570; *Bauer*, PKW-Bau, S. 292f., 302f.; *Manfred Grieger*,
    Business with the Socialist Automotive Industry. Volkswagen's Economic Relations with the
    Soviet Union and the German Democratic Republic, in: *ders.* (Hrsg.), Towards Mobility. Va-
    rieties of Automobilism in East and West. Wolfsburg 2009, S. 1011–109.
40 Das durchschnittliche monatliche Haushaltsnettoeinkommen betrug zu diesem Zeitpunkt in
    der DDR ca. 1.746 Mark der DDR; vgl. *Kirchberg*, Plaste, S. 719.
41 Reportage „Der Wartburg vom Traum zum Kultauto" des MDR auf der Seite
    www.youtube.com/watch?v=4dUn-s-pmOc&list=PLFE7ED3E06DFD9152 (20.05.2013).

heblichen Kompetenzverlust anzeigte.[42] Städtische Plandokumente, wie z.B. zum städtebaulichen Ideenwettbewerb 1967, wiesen nur eine geringe Bevölkerungszunahme als politisches Ziel aus, was im Kontext der mit solchen Planziffern ausgetragenen Ressourcenkonkurrenz zwischen den DDR-Städten nichts anderes als einen freiwilligen Verzicht auf Wachstum bedeutete.[43] Andererseits war bereits 1957 von dem Direktor der Automobilwerke, Martin Zimmermann, bei der Weimarer Bauhochschule ein Konzept für den Bau einer neuen „Autostadt" für 18.000 Einwohner bei Sättelstadt östlich von Eisenach in Auftrag gegeben worden,[44] das jedoch nicht umgesetzt wurde.

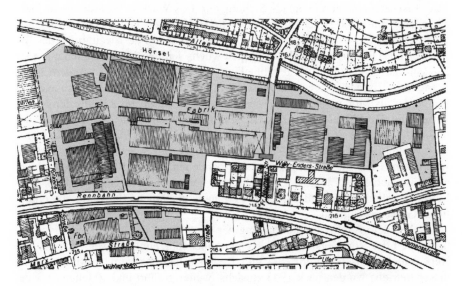

Abb. 2: Das Werksgelände des Automobilwerks Eisenach im Stadtraum, das bis 1989/90 kaum erweitert wurde. Quelle: http://commons.wikimedia.org/wiki/File:AWE_WERK.png

Diese Rahmenbedingungen führten, im Kontext der DDR-weiten starken Konkurrenz der Industriestandorte um Arbeitskräfte, dazu, dass Eisenach trotz einer Verfünffachung der jährlichen Automobilproduktion im AWE von 14.000 Stück 1956 auf 74.000 PKW im Jahr 1985 in der DDR-Zeit keinen Bevölkerungszuwachs erfuhr. Während die Stadt ihre Einwohnerzahl seit dem Beginn des Automobilbaus Ende des 19. Jahrhunderts von 24.000 auf 52.000 in der unmittelbaren Nachkriegszeit hatte mehr als verdoppeln können, setzte danach ein leichter, aber kon-

---

42 Zwei Jahre später wurde der Kreis dann wiederum geteilt; seit 1998 ist Eisenach wieder kreisfreie Stadt.

43 Vgl. *Rat der Wartburgstadt Eisenach* (Hrsg.), Städtebaulicher Ideenwettbewerb zur sozialistischen Umgestaltung und Rekonstruktion des Stadtzentrums von Eisenach, Eisenach 1967, S. 9.

44 *Holger Wetzel*, Neues Buch über Wartburg. Immer wieder ausgebremst, in: Thüringer Allgemeine v. 3.7.2010.

tinuierlicher Schrumpfungsprozess ein. Im Ergebnis sank die Zahl der Einwohner bis zum Ende der DDR 1990 auf 48.000.[45]

Der VEB Autowerke Eisenach in der Stadt

Angesichts der beschriebenen Schwierigkeiten war die Steigerung der jährlichen Produktionszahlen des Wartburg, der in den 1980er Jahren in 30 Länder exportiert wurde, als Erfolg zu werten. Der VEB AWE nahm in der Wirtschaftsstruktur der Stadt Eisenach eine dominierende Stellung ein. Das Werk stellte Anfang der siebziger Jahre mit 8.200 Beschäftigten etwa die Hälfte aller Industriebeschäftigten in Eisenach und war damit der größte Betrieb im Kreis und der zweitgrößte des Bezirks Erfurt. Die Anzahl der Beschäftigten wuchs seit den 1970er Jahren nur noch langsam auf 8.600 (1980) und schließlich auf 9.145 (1989) an.[46] Andere große Betriebe in Eisenach waren das Zweigwerk Eisenach des VEB Fahrzeugelektrik Ruhla, der als Monopolist für den gesamten RGW-Raum, so z.B. für den Moskwitsch und den Shiguli/Lada, elektrische Ausrüstungen, baute, der VEB Spezialmaschinenbau, der VEB Elektroschalgeräte sowie der VEB Elektrotechnik. Insgesamt zählte die Wartburgstadt 17 größere Betriebe mit jeweils mehr als 200 Beschäftigten.[47] Anfang der achtziger Jahre pendelten täglich 10.334 Arbeitnehmer nach Eisenach ein.[48] Einige der Betriebe, wie vor allem die Fahrzeugelektrik Ruhla, entwickelten im Verlauf der DDR-Zeit auch zunehmend Standorte von erheblicher Größe im Umland.

Neben dem AWE kam die Prägung der Stadt durch die Automobilproduktion bereits seit der Vorkriegszeit auch in einem über Jahrzehnte hinweg gewachsenen Netz mittelständischer Vertriebs- und Reparaturbetriebe zum Ausdruck. Viele dieser Betriebe wurden nach 1945 zunächst weiter geführt und erhielten Serviceverträge der IFA. Doch setzte der Staat die meisten Inhaber in den späten 1960er Jahren zunehmend unter Druck und enteignete sie schließlich zu Beginn der 1970er Jahre. Gleichzeitig wurde mit städtebaulichen Maßnahmen im Stadtzentrum auf eine Aufhebung der Zersplitterung von Handel und Dienstleistungen „in viele Kleinverkaufsstellen und Kleinhandwerker" und auf eine Zentralisierung dieser Sektoren hingewirkt.[49] Die enteigneten Betriebe wurden überwiegend in das VEB Verkehrskombinat Erfurt oder in die zu dieser Zeit neu gebildete KfZ-

---

45   *Ilse Domizlaff* u.a., Eisenach, 2. Aufl. Leipzig 1976, S. 23; Statistisches Jahrbuch der DDR
     (1) 1955, S. 16; (30) 1985, S. 9; (35) 1990, S. 9.
46   Konzeption zur komplexen und langfristigen Entwicklung 1989–1995 im Territorium der
     Stadt Eisenach v. 15.2.1989, hrsg. v. Rat der Wartburgstadt Eisenach, in:
     IRS, Wissenschaftliche Sammlungen, A_4_0, Nr. 9, Generalbebauungsplanung Eisenach,
     Bezirk Erfurt, S. 4.
47   Konzeption zur komplexen und langfristigen Entwicklung sowie Anlage 2, S. 40.
48   Konzeption zur komplexen und langfristigen Entwicklung, S. 4.
49   Vgl. *Rat der Wartburgstadt Eisenach* (Hrsg.), Städtebaulicher Ideenwettbewerb zur sozialistischen Umgestaltung und Rekonstruktion des Stadtzentrums von Eisenach, Eisenach 1967,
     S. 12.

Produktionsgenossenschaft des Handwerks, die sogenannte „PGH automot", ein-gegliedert. Nur wenige der Unternehmen konnten, z.B. als Vertragswerkstatt für den Wartburg oder das Berliner Bremsenwerk, in privatem Eigentum weiter ge-führt werden.

Unabhängig von der Eigentümerstruktur prägten diese Betriebe zusammen mit den Tankstellen und anderen Folgeeinrichtungen, wie z.B. Autowaschanlagen, das Stadtbild und den Alltag auch in der sozialistischen Periode. Genau genom-men überformte das Regime nur eine seit langem gewachsene, sehr populäre Au-tostadtkultur. So war das Straßenbild Eisenachs schon in den 1930er Jahren von einer Vielzahl von Tankstellen geprägt gewesen, sogar in größeren Hotels gab es Tankmöglichkeiten.

Die sozialistische „Verbetrieblichung der Stadt" im fordistischen Jahrhundert

Das für das „fordistische Jahrhundert" charakteristische sozialpolitische Engage-ment großer Industriebetriebe in „ihren Städten"[50] erreichte in der DDR-Zeit einen historischen Höhepunkt. Teilweise konnten die AWE dabei nahtlos an entspre-chende Initiativen der BMW-Werke in der Vorkriegszeit anknüpfen, die bereits Wohnungsbau für ihre Automobilarbeiter betrieben und unter anderem in den 1930er Jahren den sogenannten „BMW-Block" gebaut hatten. In Fortsetzung die-ser Politik unter nunmehr sozialistischen Vorzeichen wurde bald nach Aufnahme der Serienfertigung des neuen Wartburg-Modells ab 1958 das „erste sozialisti-sche" Wohnviertel in Großblock-Bauweise in der Thälmannstraße im Nordwesten von Eisenach errichtet. Es bot für insgesamt 5.000 Bewohner Wohnraum, vor-nehmlich Angehörigen des Automobilwerks, sowie die entsprechenden Einrich-tungen der sozialen Infrastruktur, wie z.B. Kinderkrippen. Diese und weitere So-zialleistungen wurden in umfangreichen „Betriebskollektiv-Verträgen" den Be-schäftigten garantiert.[51]

Auch auf den Feldern der technischen und sozialen Infrastruktur sowie im Kulturleben von Eisenach weitete der VEB AWE die für die DDR typische „Ver-betrieblichung" der Stadt und des Alltagslebens aus. Für den Bau stadttechnischer Infrastrukturanlagen wurden „stadtwirtschaftliche Verträge" zwischen dem Au-tomobilbetrieb und der Kommune abgeschlossen. Das AWE unterhielt zudem zahlreiche Dienstleistungsbetriebe und Einrichtungen der sozialen Infrastruktur. Dazu zählten neben der werkseigenen Poliklinik Kindergärten, -krippen, Ferienla-ger, Betriebssanitätsstellen, Sportanlagen und Verkaufsstellen der staatlichen Handelseinrichtungen. Zu den von den Großbetrieben in Eisenach unterhaltenen kulturelle Einrichtungen gehörte auch ein vom VEB Automobilwerk und vom

50 Vgl. *Adelheid von Saldern/Rüdiger Hachtmann*, Das fordistische Jahrhundert. Eine Ein-leitung, in: Zeithistorische Forschungen/Studies in Contemporary History, Online-Ausgabe, 6, 2009, 2, URL:
http://www.zeithistorische-forschungen.de/16126041-Editorial-2-2009.

51 Vgl. *VEB Automobilwerke Eisenach* (Hrsg.), Betriebskollektivvertrag [1983] (Broschüre, o.O., o.J.).

VEB Fahrzeugelektrik Eisenach unterhaltenes Kulturhaus. Seit 1970 führten die AWE im Frühjahr groß angelegte Betriebsfestspiele als herausragendes kulturelles Ereignis der Stadt durch. Daneben organisierten sie regelmäßig Volkskunst-ausstellungen und -darbietungen, Aufführungen des Eisenacher Landestheaters, Konzerte im Palas der Wartburg, Sportfeste und weitere Veranstaltungen. Im Werk existierten zudem ein „Zirkel lesender Arbeiter" sowie eine eigene „Lan-deskapelle" und das weithin bekannte „Wartburg-Ensemble".[52]

Sozialistisches Automobil- und Stadtmarketing

1967 eröffneten die AWE einen Autosalon mit Museum, das bis 1976 bereits 800.000 Besucher registrierte.[53] Die Präsentation eines eigenen AWE-Renn-wagens und die sehr populäre Motorsporttradition mit regelmäßigen großen Auto-rennen sowie die Inszenierung als „Autostadt" bei städtischen Festen[54] vertieften die Verankerung der Autokultur in der Region. Verschiedene Firmen wie der VEB Reifenwerk Riesa unterstützten die Werks- und Privatrennfahrer und zogen daraus Know-How für die Entwicklung von Rennreifen. Ein dichtes Gewebe an Mythen und Legenden rund um die Fahrer, wie z.B. um die Rennlegende Bobby Kohlrausch, und selbst um einzelne legendäre Motorräder stärkte die Verbunden-heit der Motorsportfans mit der sozialistischen Automobilkultur. Der Rat der Stadt verlieh erfolgreichen Rennfahrern wiederholt die städtische Anerkennungs-medaille mit Ehrenurkunde.[55]

Das „sozialistische Stadtmarketing" und die Tourismuswerbung, die unter an-derem mit Intershops in Hotels auch Gäste aus dem Ausland umwarb, stellten die Verbindung von Modernität, für die die Autoindustrie stand, und Tradition beson-ders heraus: Das große Kulturerbe der Wartburg, Luthers und Bachs wurde, zu-sammen mit der Tradition Eisenachs als Hochburg der Arbeiterbewegung, zu ei-nem mehrdimensionalen sozialistischen Stadtimage verschmolzen. Der Weiter-führung des Namens Wartburg für den in den AWE gefertigten Autotyp, der schon auf die Namensgebung in der BMW-Zeit 1930 zurückging, war dafür ein charakteristischer Ausdruck.[56]

---

52 Vgl. *Rat der Wartburgstadt Eisenach* (Hrsg.), Eisenach zwischen dem VII. und XI. Parteitag der SED, Eisenach 1986.

53 Die Museumstradition wird mit einer neuen Sammlung nach der Wende fortgeführt; vgl. dazu *Michael Stück* u.a., 10 Jahre Automobilbau-Museum Eisenach e.V. 1992–2002, Eisenach 2002.

54 Vgl. *Lu Seegers*, Die Inszenierung Zwickaus als Vorreiterstadt. Stadtjubiläen im National-sozialismus und in der DDR (1935 und 1968), in: *Adelheid von Saldern* (Hrsg.): Inszenierter Stolz. Stadtrepräsentationen in drei deutschen Gesellschaften (1935–1975), Stuttgart 2005, S. 185–240, hier S. 218ff.

55 Zum Vorangegangenen *Horst Ihling*, Benzin im Blut. Autotradition und Motorsport in Eisenach, Erfurt 2010, S. 66, 71, 106.

56 *Klaus G. Beyer/Fritz Kämper*, Eisenach, Leipzig 1973, S. 20.

Zwei Wege der Regionalentwicklung im Zeichen der Automobilindustrie:
Eisenach und Zwickau

Im Vergleich der beiden traditionsreichen Standorte der PKW-Fertigung der DDR, Eisenach und Zwickau, werden zwei Wege einer von der Autoindustrie bestimmten Regionalentwicklung sichtbar: das gebremste Wachstum Eisenachs, das sich weitgehend im Rahmen der traditionellen kompakten Stadtstrukturen bewegte, im Kontrast zu einer dispersen Siedlungsstruktur rund um Zwickau.

In Eisenach entwickelte sich aufgrund der schwierigen topographischen Lage der Stadt im engen Tal der Hörsel eine kleinere industrielle Agglomeration vorrangig in dem sich westlich anschließenden Erbstromtal. Hier entstand im Verlauf der DDR-Zeit ein industrielles Band, in dem die Städte und Gemeinde Ruhla, Farnroda und Wutha funktional verflochten waren[57] und dessen zweites Zentrum die etwa zehn km südöstlich von Eisenach gelegene Industrie- und Arbeiterwohnstadt Ruhla mit 6.200 Einwohnern (1984) bildete. Ruhla wurde 1969 mit vier weiteren Ortschaften zum ersten Gemeindeverband der DDR vereint, der hauptsächlich Industrieorte zusammenfasste.[58]

Im Kontrast zu der mittelstädtisch-kompakten Siedlungsstruktur rund um Eisenach wies der Ballungsraum um Zwickau mit 400.000 Einwohnern auf 780 km^2 (um 1975) eine sehr viel höhere Bevölkerungsdichte und einen hohen Verstädterungsgrad auf.[59] Merkmale einer besonders stark verflochtenen Region waren die Erreichbarkeit mehrerer Städte in 20 bis 30 Minuten und eine hohe Zahl an Arbeitspendlern, vor allem entlang von zwei wichtigen Siedlungs- und Verkehrsbändern in den Tälern der Pleiße und der Zwickauer Mulde.[60] In der Mitte der 1970er Jahre galten die Straßen, insbesondere Fernverkehrs- und Bezirksstraßen, als chronisch überlastet.[61] Entgegen dem politischen Primat des Großsiedlungsbaus kam es im Verlauf der DDR-Periode rund um Zwickau zu einer zunehmenden Zersiedlung durch Wochenendhäuser.[62] Nicht zufällig wurde daher 1974/75 in Umsetzung einer von Erich Honecker auf dem IX. Parteitag der SED formulierten Aufforderung zur verstärkten planerischen Auseinandersetzung mit „grundsätzlichen Entwicklungsproblemen der Territorien" das Gebiet um Zwickau für

---

57 Aktenvermerk betr. Bearbeitung/Weiterführung der Arbeiten an den GBP Eisenach, Gotha, Mühlhausen Nordhausen v. 11.2.1989, in: IRS, Wissenschaftliche Sammlungen, A_4_0, Nr. 9, Generalbebauungsplanung Eisenach, Bezirk Erfurt.

58 *Heinz Göschel* (Hrsg.), Lexikon Städte und Wappen der Deutschen Demokratischen Republik, 2. Aufl. 1984, S. 389f.

59 89% der Bevölkerung lebten in Gemeinden mit mehr als 2000 Einwohnern. Vgl. *Ursula von Schirmeister*, Beispielplanung zur städtebaulichen und landeskulturellen Entwicklung des Ballungsraumes um Zwickau, in: Architektur der DDR 26, 1977, H. 8, S. 497–499.

60 Ebd.; *Rolf Kuhn*, Überlegungen zur Nutzung des Wohnungsbaus für die Entwicklung der Siedlungsstruktur am Beispiel des Ballungsraumes um Zwickau, in: Architektur der DDR 26, 1977, 8, S. 500f.

61 *Walter Ihsecke*, Untersuchungen zur technischen Infrastruktur im Ballungszentrum um Zwickau, in: Architektur der DDR 26, 1977, H. 8, S. 504–506.

62 *Gabriele Schulz*, Untersuchungen zur kurzfristigen Erholung im Ballungsraum Zwickau, in: Architektur der DDR 26, 1977, 8, S. 506–509, hier S. 509.

eine „Beispielplanung zur städtebaulichen und landeskulturellen Entwicklung"
ausgesucht,[63] da sich hier „auf engstem Raum von der Großstadt über Mittelstäd-
te, Kleinstädte und Dörfer nahezu alle Siedlungskategorien" fanden.[64] Hier entwickelten sich faktisch sozialistische Varianten der „Zwischenstadt" und regionaler
Cluster der Autoindustrie.

IV. SCHLUSS

Am Beispiel sozialistischer Autostädte lassen sich Grundfragen und Probleme der
sozialistischen Planungs-, Stadt- und Konsumkultur besonders prägnant analysie-
ren. Die Autostadt Eisenach bildet dabei einen exemplarischen Fall der sozialistischen Überformung überlieferter Industrie- und Stadtstrukturen, gegenüber der
die Politik von Partei und Staat beim Aufbau *neuer* Industriestrukturen und -städte
stark abwich. Aufgrund der Bedeutung der Autowerke für die Stadt und der teilweise scharfen Brüche infolge von politischen Blockaden der Produktentwicklung
kam es wiederholt zu abrupten Wechseln zwischen Auf- und Abschwungphasen
in der Stadtentwicklung. Wiederholt wurden technologische Innovationen, die von
den Eisenacher Ingenieuren entwickelt wurden, politisch blockiert und nicht in die
Serienfertigung übernommen. Dieser Innovationsstau, der relative Rückgang der
staatlichen Investitionen in die Autoproduktion und der unterlassene Ausbau der
Betriebsflächen der Eisenacher Autowerke wirkten sich sehr nachteilig auf die
Konkurrenzfähigkeit des Standortes Eisenach und die Qualität der dort produzierten PKW aus.

Auf der anderen Seite war die Autoproduktion in Eisenach durch ein erstaun-
lich hohes Maß an transnationaler Verflechtung gekennzeichnet, das sich auch in
einem außergewöhnlich hohen Export an PKW vom Typ Wartburgs über die gesamte Produktionszeit hinweg ausdrückte. Zu der zunehmenden Verflechtung innerhalb der Automobilproduktion der RGW-Staaten trat in den 1980er Jahren eine
wachsende Abhängigkeit vom Import technologischer Innovationen des Westens,
wie vor allem dem VW-Motor. In epochenübergreifender Perspektive erscheinen
die Interventionen des Werkes in die Sozialpolitik und in die städtische Infrastruktur als Höhepunkt fordistischer Politik im 20. Jahrhundert unter sozialistischen
Vorzeichen. Diese sozial-politischen Angebote festigten, zusammen mit der Ver-
schmelzung älterer Traditionsbestände in der sozialistischen Autokultur, die starke Verankerung der Automobilindustrie in der Region Eisenach während der sozialistischen Periode.

63 *Von Schirmeister*, Beispielplanung, S. 497.
64 Ebd., S. 497.

NABEREŽNYE ČELNY – BREŽNEVS BOOMTOWN

Esther Meier

„Eine Stadt wie ein Lied", urteilte der Architekt Boris Rubanenko im Jahr 1974 über Naberežnye Čelny, sein Werk an der Kama.[1] Leonid Brežnev pries die Stadt, die nach seinem Tod im Jahr 1982 in Brežnev umbenannt wurde, als „strahlendes Beispiel" für die Errungenschaften des sowjetischen Städtebaus.[2] Die Medien und Fachzeitschriften der 1970er Jahre feierten Naberežnye Čelny als „Stadt der Zukunft". Die Autostadt war Motiv zahlreicher Gedichte, Romane, Bilder, Lieder und Filme. Der Dichter Evgenij Evtušenko besang sie als Ort der sowjetischen Völkerfreundschaft.[3]

Die Stadt Naberežnye Čelny mit dem Lastwagenwerk KamAZ (Kamskij Avtomobil'nyj Zavod – Die Kama Automobilwerke) war eines der größten sowjetischen Bauprojekte. Im Jahr 1969 wurde mit dem Bau begonnen, 1976 lief der erste Lastwagen vom Band. In Zusammenarbeit mit westlichen Firmen (Renault, Liebherr, Swindell-Dressler, Kamatsu, Hitachi u.a.) entstand ein Industriegigant, der heute international konkurrenzfähig ist. Für ein Werk, das jährlich 150.000 Lastwagen produzieren sollte, berechneten die Planer in Moskau eine Bevölkerung von 400.000 Menschen. Wie die meisten sowjetischen Städte, so wurde auch Naberežnye Čelny in Abhängigkeit von der industriellen Produktion gebaut.[4] In den 1970er Jahren wanderten mehrere Hunderttausend Menschen aus verschiedenen Regionen der Sowjetunion nach Naberežnye Čelny zu. Heute zählt die Stadt eine halbe Million Einwohner.

Sie befindet sich ca. 1.000 Kilometer östlich von Moskau, im Osten der Republik Tatarstan, die Teil der Russländischen Föderation ist, und heißt auf Tatarisch Jar Čally. Sie lag somit für sowjetische Verhältnisse relativ zentral, was für die Arbeitskräfte ein entscheidendes Kriterium war, ihr Glück in Naberežnye Čelny zu versuchen. Naberežnye Čelny ist nur wenige Hundert Kilometer von der Stadt Tol'jatti entfernt, in der seit den 1970er Jahren bei VAZ der Žiguli (für den Export Lada) produziert wurde. Aufgrund ähnlicher geologischer und klimati-

---

1 *B.R. Rubanenko*, Gorod – kak pesnja, in: Podvig na Kame, Moskau 1978, S. 129–147.
2 *S.A. Bogatko*, Tovarišč KamAZ, Moskau 1979, S. 33.
3 *Evgenij Evtušenko*, Iz kamazovskoj tetradi, in: ders.: Utrennij narod, Moskau 1978, S. 7–32; Ispytanie batyra. Literaturno-chudožestvennyj i publicističeskij sbornik, god 1974, Kazan' 1975; Lebedi nad Čelnami, Moskau 1981.
4 *B. Rubanenko/R. Pateev*, Naberežnye Čelny. Proektirovanie, stroitel'stvo, in: Architektura SSSR 1976, 8, S. 5–23.

scher Verhältnisse und ebenfalls unter der Federführung von Rubanenko entworfen, war Tol'jatti in vielerlei Hinsicht Vorbild für die Stadt an der Kama.[5]

Mit VAZ wurde in der Sowjetunion die Grundlage für die Motorisierung der Massen geschaffen, während mit KamAZ eines der größten Lastwagenwerke der Welt entstand. Es hatte Vorschläge gegeben, das Lastwagenwerk ebenfalls in Tol'jatti anzusiedeln. Vertreter des Verteidigungsministeriums lehnten eine so hohe Industriekonzentration aus sicherheitspolitischen Gründen ab. Die Verantwortlichen entschieden sich für eine Arbeitsteilung zwischen den Städten Tol'jatti und Naberežnye Čelny.[6] Die zeitliche Nähe der beiden Großprojekte – in Tol'jatti begannen die Bauarbeiten nach dem Vertragsabschluss mit Fiat im Jahr 1966 – hatte vor allem in der Anfangsphase eine starke Konkurrenz um hoch qualifizierte Ingenieure zur Folge. In den späten 1980er Jahren gab es dann Versuche der Zusammenarbeit. In Kooperation mit VAZ wurde in Naberežnye Čelny seit 1987 auch ein Personenkraftwagen hergestellt, der Oka. Die Produktion dieses preisgünstigsten sowjetischen bzw. russischen Autos war jedoch niedrig und wurde im Jahr 2006 eingestellt, da der Oka den in Russland in Kraft tretenden Abgasnormen für Neuwagen nicht entsprach.[7] Im Selbstbild der Stadt übernahm der Oka keine tragende Rolle. Naberežnye Čelny war und blieb die LKW- und Tol'jatti die PKW-Stadt.

Die politische Führung der Brežnev-Ära verlieh den beiden Autowerken und -städten den Status von Allunionsprojekten. Als solche wurden sie in Moskau geplant und hatten oberste Priorität in allen Belangen (Zuteilung von Ressourcen, Anwerbung der Arbeitskräfte, Agitation, Technologietransfer etc.). Eine zentrale Stelle bei der Organisation all dieser Aufgaben war das Ministerium für Automobilindustrie.[8] Im Zuge der forcierten Industrialisierung der 1930er Jahre war die sowjetische Wirtschaft nach Branchen gegliedert worden. Aus dieser Organisationsstruktur ging auch das Ministerium für Automobilindustrie hervor, das im Jahr 1965, im Vorfeld des Tol'jatti-Projekts, neu organisiert wurde und eine starke Aufwertung erfuhr.

Beide Großprojekte der Automobilindustrie sind im Kontext einer Politik zu verorten, mit der sich Brežnev, wie auch bereits sein Vorgänger Chruščev, von Stalin abzugrenzen versuchte. Ziel dieser Politik war es, den Lebensstandards breiter Schichten der Bevölkerung zu heben: Der sowjetische Bürger sollte ein eigenes Auto und, dies war von weitaus größerer Dringlichkeit, eine eigene Wohnung erhalten. Für den Massenwohnungsbau, der seit den 1950er Jahren stark ge-

---

5 *Lewis Siegelbaum*, Cars for Comrades. The Life of the Soviet Automobile, Ithaca 2008, S. 80–124.

6 Rossijskij gosudarstvennyj archiv ėkonomiki (RGAE), f. 4372, op. 66, d. 3554, l. 42.

7 Istoričeskaja spravka, http://www.kamaz.net/ru/company/history, (20.04.2013); Oka-Produktion in Nabereshnye Tschelny eingestellt, 30.06.2006, http://www.aktuell.ru/russland/news/oka_produktion_in_nabereshnye_tschelny_eingestellt_1 4909.html, (20.04.2013).

8 RGAE, f. 398, op. 1.

fördert wurde, brauchte es Lastwagen, die KamAZ liefern sollte.[9] Zudem produzierte KamAZ (und produziert bis heute) für die Armee. Im Jahr 1979 rollten die sowjetischen Truppen auf KamAZ-Lastwagen in Afghanistan ein.

Während die Brežnev-Ära als „Phase der Stagnation" in die Geschichtsschreibung eingegangen ist und westliche Autostädte wie etwa Detroit in den 1970er Jahren schrumpften, hatten Tol'jatti und Naberežnye Čelny (wie auch die asiatischen Autostädte) in dieser Zeit einen Boom zu verzeichnen. Es waren diese beiden Städte, die in der Sowjetunion der 1970er Jahre das größte Bevölkerungswachstum aufwiesen.[10]

Für die Anwerbung der Arbeitskräfte und die Inszenierung des hier untersuchten Großprojekts war der Städtebau von zentraler Bedeutung. Der Aufsatz untersucht, welche Bilder der neuen Stadt entworfen wurden. Welche räumlichen Konzepte lagen den Plänen zugrunde? Wie eigneten sich die Menschen die neue Stadt an, und wie sah ihr Alltag aus? Was gehört zu einer Stadt? In dieser Frage waren sich die lokale Bevölkerung und die Planer in Moskau nicht immer einig. Der Beitrag diskutiert, wie unterschiedliche Vorstellungen ausgehandelt und umgesetzt wurden. Der zeitliche Schwerpunkt liegt auf den 1970er und frühen 1980er Jahren, der Zeit des Aufbaus, wobei durch Ausblicke auch die weitere Entwicklung kurz skizziert werden soll.

Die sowjetischen Autostädte wurden bislang von der westlichen Forschung kaum zur Kenntnis genommen. Einen wichtigen Anfang haben Lewis Siegelbaum und Elke Beyer mit ihren Arbeiten zu Tol'jatti geschaffen.[11] Zu verschiedenen Aspekten der osteuropäischen Autokultur liegen seit Kurzem einige Aufsätze vor. Seit einigen Jahren werden die osteuropäischen Länder nicht mehr nur unter dem Vorzeichen der Mangelwirtschaft untersucht, sondern als Konsumgesellschaften verstanden und so in die europäische Geschichte integriert. In diesem Zusammenhang hat die Forschung das Auto, insbesondere den „sowjetischen Fiat" (Lada), entdeckt und unter verschiedenen Fragestellungen beleuchtet (Verteilung, Produktion, Technologietransfer, Mobilitätskonzepte etc.).[12] Naberežnye Čelny mit sei-

---

9 Zum sowjetischen Massenwohnungsbau siehe *Monica Rüthers*, Moskau bauen von Lenin bis Chruščev. Öffentliche Räume zwischen Utopie, Terror und Alltag, Wien u.a. 2007; *Thomas M. Bohn*, Minsk – Musterstadt des Sozialismus. Stadtplanung und Urbanisierung in der Sowjetunion nach 1945, Köln u.a. 2008.

10 *Isolde Brade/Frank-Dieter Grimm* (Hrsg.), Städtesysteme und Regionalentwicklungen in Mittel- und Osteuropa. Rußland, Ukraine, Polen, Leipzig 1998, S. 45.

11 *Siegelbaum*, Cars, S. 80–124; *ders.*, Modernity Unbound. The New Soviet City of the Sixties, in: *Anne E. Gorsuch/Diane P. Koenker (Hrsg.)*, The Socialist Sixties. Crossing Borders in the Second World, Bloomington 2013, S. 66–83; *Elke Beyer,* Planning for Mobility. Designing City Centers and New Towns in the USSR and the GDR in the 1960s, in: *Lewis Siegelbaum* (Hrsg.), The Socialist Car. Automobility in the Eastern Bloc, Ithaca 2011, S. 71–91. Elke Beyer schreibt an einer Dissertation über Stadtzentrumsplanungen der 1960er Jahre in der UdSSR und der DDR, in der sie auch Tol'jatti berücksichtigt.

12 *Luminita Gatejel*, Privat oder Staatlich? Automobile Konsumkultur in der Sowjetunion, der DDR und Rumänien, in: Comparativ. Zeitschrift für Globalgeschichte und Vergleichende Gesellschaftsforschung 19, 2010, 6, S. 16–32; *dies.*, Sozialistische Volkswagen. Trabant, Lada und Dacia im Kalten Krieg, in: Osteuropa 59, 2009, 10, S. 167–184; *Manfred*

nen Lastwagen blieb von dieser Entwicklung in der westlichen Forschung weitgehend unberührt.[13] In Russland hingegen haben einige Soziologen sowie die Kunsthistorikerin Rausa Sultanova, die die Industriali-sierung als produktiv für die Kunst bewertet, zu Naberežnye Čelny publiziert.[14] Die meisten Arbeiten über Naberežnye Čelny wurden von „kraevedy", Regionalkundlern, verfasst. Zum einen haben sie Zugriff auf ein großes lokales Wissen sowie auf eine Fülle an Quellen. Zum anderen sind sie auch Zeitzeugen, zumeist Ingenieure und Zuwanderer der ersten Generation, und somit selbst Teil ihres eigenen Forschungsgegenstands, wodurch sich die Grenzen zwischen der Deutung ihrer Texte als Quelle oder als wissenschaftliche Literatur verwischen.[15] Insgesamt gibt es bislang, nur wenige Arbeiten zu sowjetischen Städten – mit Ausnahme von Moskau und Leningrad –, wobei gerade auf diesem Gebiet zurzeit sehr viel geforscht wird.[16] Für die Ver-

---

Grieger/Corinna Kuhr-Korolev (Hrsg.), Towards Mobility. Varieties of Automobilism in East and West, Wolfsburg 2009; *Nordica Nettleton*, Driving towards Communist Consumerism. AvtoVAZ, in: Cahiers du monde russe 47, 2006, 1–2, S. 131–151; *Valentina Fava*, La Fiat e la AutoVAZ di Togliatti. Alla ricerca del fordismo perduto, *in:* Storicamente 9, 2013, art. 4, DOI 10.1473/stor433, http://www.storicamente.org/07_dossier/est/fava.htm, (20.04.2013); zur russischen Forschung vgl. *S.V. Žuravlev/M.P. Zezina/P.G Pichoja u.a.* (Hrsg.), AvtoVAZ meždu prošlim i buduščim. Istorija Volžskogo avtomobil'nogo zavoda 1966-2005, Moskau 2006.

13   Erwähnt sei ein Aufsatz des Philosophen Dariusz Aleksandrowicz mit einem kurzen Abschnitt über Naberežnye Čelny in der Transformation. *Dariusz Aleksandrowicz*, The Socialist City and its Transformation, Frankfurt/Oder 1999 (Frankfurter Institut für Transformationsstudien, Discussion Papers, No. 10). Die Dissertationsschrift der Autorin über Naberežnye Čelny befindet sich im Druck. Bereits erschienen sind: On the Streets of a Truck-Building City. Naberezhnye Chelny in the Brezhnev Era, in: *Siegelbaum*, The Socialist Car. S. 105–123; Visual Change in the Soviet „City of the Future". Naberezhnye Chelny and the Sculptures of Ildar Khanov, in: Journal for Northeast Issues 2010, 5-6, S. 4.

14   *Jagfar Garipov*, Molodye goroda: formirovanie naselenija, mežnacional'nye i mežkonfessional'nye otnošenija, in: Islam v tatarskom mire. Istorija i sovremennost' (Materialy meždunarodnogo simpoziuma, Kazan' 29 aprelja-1 maja 1996 g.), Kazan' 1997 (Panorama-forum 1997, 12 – Special'nyj vypusk), S. 266–277; *ders.*, Social'no-étničeskaja struktura rabotnikov i mežnacional'nye otnošenija na KamAZe, in: Sovremennye nacional'nye processy v Respublike Tatarstan 1992, 1, S. 65–82; *Rausa Sultanova*, Iskusstvo novych gorodov Respubliki Tatarstan (1960-1990 gg.). Živopis', grafika, monumental'no-dekorativnoe iskusstvo, skul'ptura, Kazan' 2001;

15   Vgl. die von der Gesellschaft für Regionalkunde „Nižnjaja Kama" herausgegebenen Sammelbände Prikam'e. Al'manach Nr. 1-14, Naberežnye Čelny 1988-1990.

16   Verwiesen sei auf den Forschungsverbund „Second World Urbanity" mit Projekten zu China, Kuba, Jugoslawien und Russland, http://secondworldurbanity.umwblogs.org/ (20.04.2013); *Paul R. Josephson*, New Atlantis Revisited. Akademgorodok, the Siberian City of Science, Princeton/NJ 1997; *Stephen Kotkin*, Magnetic Mountain. Stalinism as a Civilization, Berkeley/Calif. 1995; *Julia Obertreis*, Tränen des Sozialismus. Wohnen in Leningrad zwischen Alltag und Utopie 1917-1937, Köln 2004; *Lennart Samuelson,* Tankograd. The Formation of a Soviet Company Town. Cheliabinsk, 1900s-1950s, Basingstoke 2011; *Karl Schlögel*, Moskau lesen, Neuausgabe, München 2011; *Paul Stronski*, Tashkent. Forging a Soviet City, 1930-1966, Pittsburgh 2010; *Rüthers,* Moskau; *Bohn,* Minsk.

bindung von Planungs- und Alltagsgeschichte in sozialistischen Städten kann unter anderem die DDR-Forschung eine Reihe von Anregungen bieten.[17]

I. EINE STADT WIRD NEU ERFUNDEN

„Möge auch in Zukunft unsere Jugend die große Ehre in Begeisterung versetzen, die ersten Montage-bauarbeiter, die ersten Bewohner der Städte zu sein, die noch auf keiner Karte zu finden sind."[18]

Mit diesem Grußwort Brežnevs in der Tasche trafen die jungen Arbeiter, die den Auftrag hatten, auf freiem Feld eine neue Stadt zu bauen, an der Kama ein. Manche Zuwanderer, die nicht aus der Region kamen, waren nicht wenig überrascht, dass es da bereits eine Stadt mit dem Namen Naberežnye Čelny gab. Ihre erste Aufgabe bestand darin, diese abzureißen.

Vor dem Bau von KamAZ war Naberežnye Čelny eine Kleinstadt mit knapp 40.000 Einwohnern gewesen. Die Anfänge der Siedlung sind umstritten. Als Konsens gilt, dass Naberežnye Čelny im 19. Jahrhundert eine wichtige Funktion im Getreidehandel der unteren Kama-Region einnahm und 1930 Stadtstatus erhielt.[19] 1969 lebten in Naberežnye Čelny ca. 50% Tataren und 47% Russen. Im Zuge des Großprojekts sollte sich die ethnische Zusammensetzung der Stadt stark verändern: 1979 war der Anteil der Russen doppelt so hoch wie derjenige der Tataren (60% Russen, 30% Tataren und 10% andere „Nationalitäten").[20] Vor 1969 gab es einige kleinere Industriebetriebe, zu nennen sind insbesondere die Fabriken der Bauindustrie. In den frühen 1960er Jahren wurde bei Naberežnye Čelny mit dem Bau eines Wasserkraftwerks begonnen. Dies war für die Planer nicht nur im Hinblick auf die Stromversorgung, sondern auch auf die Arbeitskräfte ein entscheidendes Kriterium, das geplante Lastwagenwerk in Naberežnye Čelny anzusiedeln.

Für den Stausee von Nižnekamsk – geplant war eine Fläche von 2.850 km² – wurden 158 Siedlungspunkte, darunter sechs Kleinstädte, als Überflutungszone ausgewiesen. Im Jahr 1978 wurde ein Drittel der ehemals bebauten Fläche des alten Naberežnye Čelny geflutet. Eine Expertenkommission, die sich aus Wissenschaftlern und Ingenieuren unterschiedlicher Fachrichtungen zusammensetzte, berechnete 1969, dass für den Stausee 74.150 Menschen umgesiedelt werden müssen.[21]

17 *Philipp Springer*, Verbaute Träume. Herrschaft, Stadtentwicklung und Lebensrealität in der sozialistischen Industriestadt Schwedt, Berlin 2006.
18 Komsomol-Entsendungsschein von Biljal Kaneev, Privatarchiv B. Kaneev. Kaneev kam zwar nicht als Bauarbeiter, sondern als Ingenieur nach Naberežnye Čelny, die Vordrucke der Komsomol-Entsendungsscheine waren jedoch für alle Berufsgruppen gleich.
19 *V.V. Ermakov*, Vechi čelninskoj istorii. Sbornik dokumentov po istorii Naberežnych Čelnov, Naberežnye Čelny 1998.
20 *Garipov*, Molodye goroda, S. 267.
21 RGAE, f. 4372, op. 66, d. 3569, l. 24. An anderer Stelle hat die Kommission eine Zahl von 56.100 Menschen berechnet (ebenda, l. 177). Mit Blick auf die Einwohnerzahlen der gefluteten Siedlungen erscheinen mir beide Zahlen als zu niedrig. Der geplante Wasserspiegel wurde allerdings nie erreicht.

Um Platz für KamAZ und die neue Stadt zu schaffen, wurden auch mehrere Dörfer abgerissen, die nicht in den Bebauungsplan des Stausees fielen.[22] Andere Dörfer in der Region wiederum erhielten keine staatlichen Zuwendungen mehr: Es fehlte an Ärzten und Lehrern, Investitionsprogramme wurden gestrichen und Schulen geschlossen. Die Forcierung der Landflucht war Teil der Planung. Sowjetische Wissenschaftler, die dieses Mittel der Besiedlungspolitik bereits in den 1970er Jahren kritisierten, konnten sich nicht durchsetzen.[23] Die Industrieprojekte setzten Migrationsströme in Gang, die die Region grundlegend veränderten. Perspektivlosigkeit und Abrissbirnen trieben die Bauern in die „Stadt der Zukunft". Während ihre Dörfer verfielen, wurde hier in den Aufbau eines Bildungssystems mit Hochschulen und von Wohnungen mit „allen Annehmlichkeiten" investiert. Den Preis für den Boom der Autostadt hatte die Landbevölkerung zu bezahlen.

Abb. 1: Naberežnye Čelny auf dem Weg in die Zukunft.
Quelle: S.A. Bogatko, Tovarišč KamAZ, Moskau 1979

In der Sowjetunion war möglich, was in Demokratien nicht ging: der große Entwurf, der Traum vieler Architekten. Dazu wurde der Raum nicht nur physisch, sondern auch diskursiv leer geräumt. Die neue Stadt entstehe mitten in der Steppe, war in sowjetischen Darstellungen immer wieder zu lesen. KamAZ erscheint als

22 *A.G. Dubrovskij* (Hrsg.), Sosedi Naberežnych Čelnov, Naberežnye Čelny 2000.
23 RGAE, f. 4372, op. 66, d. 3569, l. 25, l. 299.

göttlicher Finger, der aus dem Nichts eine ganze Welt erschafft. Bis heute werden die Zuwanderer mit Kolumbus verglichen und als Entdecker gefeiert.[24] Der Mythos des leeren Raums war zentraler Bestandteil der Mobilisierungskampagnen der Brežnev-Ära, in denen die Künste eine tragende Funktion übernahmen. Der neuen Stadt mit ihren wenn auch nur zum Teil weißen Plattenbauten wurden in Gedichten, Romanen, Liedern und Bildern die weiblichen Attribute „schön", „weiß", „jungfräulich" und „neu" zugeschrieben. 1981 schrieb der tatarische Dichter Machmut Gazizov:

„И в белый город полетим,	„Wir fliegen in die weiße Stadt,
ты видишь – город впереди,	siehst du, die Stadt da vorne,
весь в белом, как невеста!"[25]	ganz in Weiß, wie eine Braut!"

Naberežnye Čelny symbolisierte Reinheit und Aufbruch. Ein Raum, der als leer konstruiert wurde, konnte neu besetzt werden. Die Zeichen der Sowjetmacht markieren ihn als sowjetisch und fortschrittlich: Augenfälligstes Merkmal waren die hohen Plattenbauten, die die Holzhäuser der Dörfer und die für das alte Čelny typische zweistöckige Bebauung (Erdgeschoss aus Stein, erste Etage aus Holz) ersetzten. Zudem verwiesen die weiblichen Attribute auf Heimat. Heimat, so unterschiedlich die Vorstellungen auch sein mögen, ist in Ost und West weiblich konnotiert. In der Figur der „Mutter Heimat" war dies in der Sowjetunion für alle sichtbar.[26] Naberežnye Čelny, so wurde durch die weiblichen Zuschreibungen vermittelt, sollte für die Zuwanderer neue Heimat werden.

II. AVTOGRAD – DIE AUTOSTADT

Für das neue Naberežnye Čelny wählten die Planer ein lineares Siedlungsmodell. Die Stadt und ihre Umgebung gliedern sich in horizontale Funktionszonen:
Erholungszone, Wohnzone, Schutzzone mit Transportstreifen, Industriezone, Landwirtschaftszone
Die Kama und die anliegenden großen Waldgebiete wurden als Erholungsgebiete ausgewiesen, an die die anderen Funktionszonen angrenzten. Während das alte Čelny auf beiden Seiten der Kama angelegt gewesen war, entstand die neue Stadt südlich der Kama. Die Wohnzone wurde durch eine Grünfläche mit einem Transportband für den öffentlichen und privaten Verkehr (Busse, Straßenbahnen und Autos) von KamAZ und einigen weiteren Industriebetrieben (Lebensmittel- und

---

24 In dem sowjetischen Spielfilm „Man wechselt die Pferde nicht an der Furt", den Mosfilm 1980 über die Autostadt drehte, trägt Naberežnye Čelny bezeichnenderweise den Namen „Stepnaja", „die Stadt in der Steppe". Konej na pereprave ne menjajut, Spielfim, Moskau 1980, Fil'moteka Naberežnye Čelny (im Besitz der Autorin); *Petr Dronov*, Noktjurn na „stiral'noj doske". Polety nad ostrovkom v okeane vo sne i najavu, in: Kazan' 1994, 1-2, S. 56 f.

25 *Machmut Gazizov*, V doroge, in: Lebedi nad Čelnami, Moskau 1981, S. 36.

26 *Gisela Ecker* (Hrsg.), Kein Land in Sicht. Heimat – weiblich?, München 1997; *Oleg Rjabov*, „Rossija-Matuška". Nacionalizm, gender i vojna v Rossii XX veka, Stuttgart 2007.

Bauindustrie) getrennt. Durch das Transportband konnten die Wohngebiete vor
den Belastungen des Transitverkehrs geschützt werden. Die Landwirtschaft der
Region erfuhr im Zuge des Großprojekts eine vollständige Umstrukturierung. Die
neu geschaffene Landwirtschaftszone sollte die Autostadt mit Lebensmitteln ver-
sorgen.[27]

Mit der linearen Stadt griffen die Planer auf ein Modell zurück, das von dem
Spanier Arturo Soría y Mata bereits im 19. Jahrhundert entworfen worden war
und in der Sowjetunion mit der Arbeit „Sozgorod", die „sozialistische Stadt", von
Nikolaj Miljutin aus dem Jahr 1930 seinen Durchbruch erlebt hatte.[28] Die Band-
struktur sollte die Arbeiter vor den Industrieabgasen schützen und gewährleistete
eine Trennung der Stadt in die Bereiche Wohnen, Arbeit, Freizeit und Verkehr,
wie sie 1933 in der Charta von Athen gefordert wurde. Die städtebaulichen Leitbilder in Ost und West unterschieden sich im Kalten Krieg nur unwesentlich. Entscheidend für die Unterschiede in der Stadtplanung waren vielmehr die Eigen-
tums- und Machtstrukturen. Während die Parzellierung des Bodens den Phanta-
sien der Planer in Demokratien Grenzen setzte, wurden in der Sowjetunion seit
den 1930er Jahren radikale Lösungen der Funktionstrennung umgesetzt: Das lineare Modell findet sich auch in Magnitogorsk, Stalingrad (Volgograd), Akademgorodok, Angarsk und Novopolock.

Dieses Siedlungsschema wurde in Naberežnye Čelny mit der Einheit des Mikrorayon kombiniert, die den Städtebau der Ostblockstaaten seit den 1950er Jahren vom Pamir bis an die Ostsee prägte. Im Idealfall war ein Mikrorayon keine
bloße Ansammlung von Plattenbauten – 90% aller Gebäude in Naberežnye Čelny
wurden in Plattenbauweise errichtet –, sondern eine autonome Einheit, in der alle
Einrichtungen des täglichen Bedarfs fußläufig erreichbar waren. Ein Mikrorayon
war in Naberežnye Čelny für 8-12.000 Menschen konzipiert. Hier sollten sich eine Schule, eine Kinderbetreuungseinrichtung, öffentliche Speisesäle, Dienstleistungsbetriebe und Freizeiteinrichtungen befinden. Die Schulen und Kindertagesstätten waren in den Mikrorayons so angelegt, dass die Kinder keine Straßen ü-
berqueren mussten. Kurze Wege waren ein zentrales Ziel dieser Nachbarschafts-
einheit, was durch eine dichte Bebauung angestrebt wurde.[29] Auch dies sollte in
Naberežnye Čelny mit Wohnhäusern von 5, 9, 12, 14, 16, 20 und 25 Etagen mus-
tergültig umgesetzt werden. Technische Neuerungen, Kostenüberlegungen, Fort-
schrittskult und die Konkurrenz mit dem Westen ließen die Gebäude in der

---

27 Archiv Naberežno-Čelninskogo Otdelenija Sojuza Architektorov, GP 262 (Genplan g. Nabe-
    režnye Čelny Central'nyj gosudarstvennyj archiv istoriko-političeskoj dokumentacii Respu-
    bliki Tatarstan (CGA IPD RT), f. 7403, op. 1, d. 199, l. 3 f.; *Rubanenko*, Naberežnye Čelny,
    S. 5–7.
28 *Arturo Soría y Mata*, Tratados de urbanismo y sociedad, Madrid 2004; *N.A. Miljutin*, Sozgo-
    rod. Probleme des Planens sozialistischer Städte. Socgorod. Problema stroitel'stva
    socialističeskich gorodov, Faksimile der russischen Erstausgabe von 1930, Berlin 2008.
29 Žiloj rajon No. I, in: Vse o KamAZe 1973, 3, S. 64.

Brežnev-Ära in die Höhe schnellen.[30] In der Stadt an der Kama, einer der letzten sowjetischen Planstädte, wurde insgesamt höher gebaut als in den meisten sowjetischen Städten.

Die neue Stadt wuchs rasant. Neben den Bauern, die überwiegend aus der näheren Umgebung kamen, wanderten auch Städter aus verschiedenen Regionen der Sowjetunion zu. Für sie war der Wohnungsbau ein zentraler Mobilisierungsanreiz. Viele Zuwanderer erhielten in Naberežnye Čelny schneller eine Wohnung als dies in den Städten, aus denen sie kamen, möglich gewesen wäre.[31] Auch in der Brežnev-Ära waren Wartezeiten von zehn, fünfzehn Jahren vielerorts an der Tagesordnung. Der Wohnungsbau war im zarischen Russland wie auch unter Stalin kaum gefördert worden, hinzu kamen die enormen Zerstörungen während des Zweiten Weltkriegs. Mit den Wohnungsbauprogrammen unter Chruščev begann sich die Lage etwas zu entschärfen, doch auch in den 1970er Jahren lebten viele Menschen in beengten Verhältnissen. Die nach der Revolution im Zuge der Wohnraumverteilung entstandenen Kommunalkas – Wohnungen, in denen jeder Familie ein Zimmer zur Verfügungen stand, während Bad und Küche mit den anderen Parteien gemeinsam genutzt wurden – hatten längst noch nicht ausgedient. Die Kommunalka, in der nicht selten drei Generationen in einem Raum lebten, war ein Ort zahlreicher Konflikte.[32]

Die Autostadt hingegen versprach ein Leben „frei und geräumig". Dieser Traum wurde insbesondere in Filmen und Architekturzeichnungen an die Adressaten herangetragen. In dem Dokumentarfilm „KamAZ – das sind wir!" aus dem Jahr 1971 gleitet die Filmkamera und mit ihr das Auge des Betrachters mit hoher Geschwindigkeit über Tausende neu gebauter Wohnungen. Im Wechsel mit diesen dynamischen Luftaufnahmen werden Aufnahmen fröhlicher Menschen gezeigt, die in ihre neuen Wohnungen einziehen.[33]

In den 1970er Jahren wurden in Naberežnye Čelny über 80% der Wohnungen von KamAZ gebaut – und verteilt. Die Bauorganisation Kamgėsėnergostroj, die die Bauaufträge ausführte, verteilte nur 11% der Wohnungen.[34] „Wir bauen KamAZ, und KamAZ baut uns!" hieß eine der zentralen Aufbaulosungen.[35] In diesem Satz, in dem das Werk sowohl Objekt wie auch Subjekt ist, wird KamAZ die Rolle eines Akteurs zugewiesen, der Identität konstruiert. Die Macht der Betriebe und die Bedeutung der innerbetrieblichen Beziehungen für den Alltag der Be-

---

30 *Blair A. Ruble*, From khrushcheby to korobki, in: *William Craft Brumfield/Blair A. Ruble* (Hrsg.), Russian Housing in the Modern Age. Design and Social History, Cambridge/Mass. 1993, S. 232–270.

31 CGA IPD RT, f. 7403, op. 1, d. 334.

32 *Steven E. Harris*, In Search of „Ordinary" Russia. Everyday Life in the NEP, the Thaw, and the Communal Apartment, in: Kritika. Explorations in Russian and Eurasian History 6, 2005, 3, S. 583–614.

33 KamAZ – ėto my! Dokumentarfilm, Kazan' 1971, Fil'moteka Naberežnye Čelny (im Besitz der Autorin).

34 KamAZ. Organizacija stroitel'stva i proizvodstvo stroitel'nych rabot. Dlja služebnogo pol'zovanija, ėks. No. 003438, Moskau 1986, S. 255.

35 Mit dieser Losung wurde KamAZ in die Tradition der stalinistischen Großprojekte gestellt. In den 1930er Jahren hieß es: „Wir bauen die Fabriken, und die Fabriken bauen uns!".

schäftigten wurden durch die sowjetische Wirtschaftsverwaltung, die unter Brežnev wieder wie in den 1930er Jahren nach Branchen und nicht mehr wie unter Chruščev nach territorialen Einheiten organisiert war, wesentlich befördert. Das Automobilministerium und KamAZ waren aufgrund dieser Umstrukturierung nicht nur für die Produktion von Lastwagen zuständig, sondern gaben auch den Bau von Wohnungen, Schulen, Kindergärten, Krankenhäusern, Geschäften, Kulturpalästen, Feriensiedlungen, Sportplätzen, Kolchosen, Lebensmittelfabriken, Abwasserleitungen und Straßen in Auftrag.[36] Zudem lag auch die Vergabe der Kinderbetreuungsplätze, Vereinsmitgliedschaften, Urlaubsreisen, Autos, Möbel, Kühlschränke und Fernseher weitestgehend in den Händen von KamAZ. Entscheidendes Kriterium bei der Verteilung dieser Güter und Dienstleistungen waren neben der Qualifikation und der „gewissenhaften Pflichterfüllung" die Dienstjahre, wodurch die Arbeitskräfte an den Betrieb gebunden werden sollten.[37] Wie die Menschen von Naberežnye Čelny ihren Alltag gestalteten, war somit in hohem Maße davon abhängig, ob sie bei KamAZ arbeiteten und welche Position sie in der dort herrschenden Hierarchie besetzten, womit nicht behauptet werden soll, dass es kein Leben außerhalb des Betriebs gab.

Abb. 2: Spielplatz in Naberežnye Čelny. Quelle: Eigenes Foto

In allen Funktionszonen, insbesondere in der Wohnzone, wurde in vielfacher Weise auf das Werk verwiesen. Zwar wurde in Naberežnye Čelny darauf verzichtet, die Stadt in Anlehnung an den Industriebetrieb zu benennen, wie wir dies in vielen sowjetischen Städten finden (z.B. Magnitogorsk – Magnesiumberg, Zentrum der Stahlverarbeitung). Doch einer der drei Stadtbezirke erhielt den Namen Autowerk.[38] Große Gemälde und Mosaike mit Arbeitern und Lastwagen sowie

36 KamAZ. Organizacija stroitel'stva, S. 255.
37 CGA IPD RT, f. 7403, op. 1, d. 334.
38 Ob izmenenijach v administrativno-territorial'nom delenii, in: Vedomosti Verchovnogo Soveta Sojuza Sovetskich Socialističeskich Respublik 1976, 19, S. 346.

Aufrufe zu Bestleistungen schmückten die Wände der neuen Stadt. Diese Kunst war vor allem in der Brežnev-Ära im Stadtbild sehr präsent, vieles ist bis heute erhalten geblieben. Auch heute noch lässt Brežnev von einer Plattenbauwand mit folgenden Worten grüßen: „[…] KamAZ wird mit Recht in die Chronik der herausragenden Errungenschaften des Sowjetvolkes eingehen." Der sowjetische Kult um die Helden der ersten Stunde, die nun allmählich sterben, ist in Naberežnye Čelny ungebrochen. Den herausragenden Ingenieuren werden nach ihrem Tod Denkmäler auf öffentlichen Plätzen errichtet.[39] Die Rituale der Gründerzeit sind fester Bestandteil des Alltags von Naberežnye Čelny: Der Tag, an dem der erste KamAZ vom Band ging, und der „Tag des Bauarbeiters" sind die großen Feiertage der Stadt. Und für die Kinder gibt es auf den Spielplätzen kleine Lastwagen.

III. DIE STADT DES BABYBOOMS

In den frühen 1970er Jahren kamen bis zu 40.000 Menschen jährlich nach Naberežnye Čelny.[40] Die mobilste Altersgruppe waren die 20- bis 30-Jährigen. Das Durchschnittsalter in der „Stadt der Jugend" lag 1978 bei nur 29 Jahren.[41] Bis in die 1990er Jahre gab es in Naberežnye Čelny kaum Rentner.

Soldaten, die kurz vor ihrer Demobilisierung standen, wurden gezielt für das Projekt angeworben. Durch den Militärdienst waren sie bereits längere Zeit, in der Regel zwei Jahre, nicht mehr in ihr altes soziales Umfeld eingebunden, was ihre Mobilität erhöhte. Gerade für junge Männer vom Land war es oft wenig verlockend, nach ihrer Demobilisierung dahin zurückzukehren, wo sie herkamen: in ihre Dörfer mit den begrenzten Arbeits- und Ausbildungsmöglichkeiten und dem Mangel an jungen Frauen, der durch die anhaltende Landflucht zunahm. Da versprach Naberežnye Čelny mehr zu bieten.[42]

Im Unterschied zu anderen sowjetischen Großprojekten, bei denen der Wohnungsbau scheiterte, waren VAZ in Tol'jatti und KamAZ in Naberežnye Čelny auch für Frauen attraktiv, was wesentlich dazu beitrug, dass sich die Arbeitskräfte hier dauerhaft ansiedelten. Ende der 1970er Jahre arbeiteten bei KamAZ 52% Frauen und 48% Männer.[43]

In Naberežnye Čelny wurde in den 1970er Jahren viel geheiratet. In kaum einem Bildband aus dieser Zeit fehlen Fotos von glücklichen Bräuten in weißen Kleidern. Die Medien inszenierten Naberežnye Čelny als „Stadt der Jugend" und „Stadt der Hochzeiten" und unterstrichen dadurch die metaphorischen Zuschrei-

39   „Ne vsem dano tak sčedro žit'…", in: Čelninskie izvestija, 9.8.2002.
40   *Garipov*, Molodye goroda, S. 266.
41   CGA IPD RT, f. 7403, op. 1, d. 442, l. 12.
42   CGA IPD RT, f. 7467, op. 1, d. 103, l. 7, l. 25, l. 66; CGA IPD RT, f. 7467, op. 1, d. 122, l. 12, l. 117; CGA IPD RT, f. 7467, op. 1, d. 154, l. 2; *David E. Powell*, The Rural Exodus, in: Problems of Communism 23, 1974, 6, S. 1–13, hier: S. 3.
43   CGA IPD RT, f. 7403, op. 1, d. 435, l. 6.

bungen der „jungfräulichen" und „weißen Stadt".[44] Währenddessen saßen die Planer im fernen Moskau und legten ihren Berechnungen für die Einrichtungen des Alltags sowjetische Durchschnittswerte zugrunde. Die Frauen von Naberežnye Čelny bekamen jedoch mehr Kinder als der Plan es vorsah. Es fehlte an Kinderbetreuungseinrichtungen und Entbindungsstationen.

Eine Zeitzeugin, die in Naberežnye Čelny entbunden hat, erzählt von „täglich 50 bis 70 Geburten" auf nur einer Station und vergleicht „dieses Fließband" mit demjenigen bei KamAZ.[45] Die Bilder der industriellen Produktion haben vielfach Eingang in die Erzählungen von Zeitzeugen gefunden.

Nicht nur fanden die demographischen Besonderheiten bei der Planung keine Berücksichtigung, auch blieb der Bau von Kindertagesstätten hinter dem Plan zurück. In Naberežnye Čelny standen in der Brežnev-Ära, in der die Frauenerwerbstätigkeit in der Sowjetunion so hoch war wie nie zuvor, mehrere Tausend Kinder auf den Wartelisten für einen Betreuungsplatz.[46] Dieser Mangel war hier besonders folgenschwer, denn in Naberežnye Čelny fehlten auch die Großmütter, die dieses Problem in anderen Städten auffingen. Zuwanderung und die Zwei- bis Drei-Zimmer-Wohnung verschafften dem Modell der modernen Zwei-Generationen-Familie in der „Stadt der Zukunft" den Durchbruch. Der Abschied von der traditionellen Drei-Generationen-Familie vollzog sich in der Reißbrettstadt sehr viel radikaler als in alten Städten.

Wer einen Betreuungsplatz für sein Kind bekam, und sei er am anderen Ende der Stadt, musste froh sein. Durch den Mangel wurde das Konzept des Mikrorayon, das auf kurze Wege setzte, entwertet. Das lineare Siedlungsschema erschwerte die Bewältigung des Alltags zusätzlich. Das andere Ende der Stadt ist in einer linearen Stadt weit weg. Naberežnye Čelny erstreckt sich über 18 Kilometer.

In den 1970er Jahren gab es in Naberežnye Čelny zu wenige Kindertagesstätten, heute gibt es zu viele. Der Babyboom der Brežnev-Ära ist vorbei. Die Kinderbetreuungseinrichtung im zweiten Mikrorayon wurde 1993 mit einem Minarett versehen und ist heute die Moschee Nardžjani.[47] Während in der Sowjetzeit für religiöse Zwecke bestimmte Gebäude säkular genutzt wurden, findet in postsowjetischer Zeit die Umkehrung dieses Prinzips statt.

44 *Lev Šerstennikov*, Cvet Čelnov (Avtograd), Moskau 1976, S. 48; *V. Ignat'ev*, KamAZ načinaetsja, Kazan' 1972, S. 17.
45 *M.A Smirnova-Bucharaeva*, Priznanie v…neljubvi. Čelny pod pristal'nym okom byvšej žitel'nicy Kazani, in: Kazan' 1994, 1-2, S. 61.
46 CGA IPD RT, f. 7403, op. 1, d. 435, l. 17.
47 *B. Davletgareev*, Voznosjatsja minarety, in: Čelninskie izvestija, 17.02.1993.

Abb. 3: Heiraten am Fließband. Quelle: S.A. Bogatko, Tovarišč KamAZ, Moskau 1979

Kehren wir zurück in die Brežnev-Ära. Der Nachwuchs von Naberežnye Čelny, der es zu etwas bringen wollte, hatte bei der Berufswahl zwei Optionen: Automobilbauingenieur oder Bauingenieur. Das Ministerium für Automobilindustrie ließ 1976 das Polytechnische Institut (Kamskij politechničeskij institut – KamPI) bauen, das KamAZ mit Fachkräften versorgte, vergaß aber, dass eine Stadt mit einem Babyboom auch Lehrer und Ärzte brauchte.[48] Die erste Pädagogische Hochschule wurde erst im Jahr 1990 eröffnet. Wenn Industriebetriebe und Ministerien Städtebau betreiben, überrascht es wenig, dass monoindustrielle Städte auch eine Monostruktur im Bildungsbereich aufweisen. Daran hat sich bis heute nur wenig geändert. Vielmehr hat sich der Weg zum Erfolg mit dem Zusammenbruch des Städtebaus in den 1980er Jahren noch verengt: Ein Studium im Bauwesen ist nun auch keine Garantie für soziale Mobilität mehr. KAMAZ hingegen hat weiterhin attraktive Posten zu vergeben.[49]

IV. GEGENENTWÜRFE

„Alles für den Menschen" hieß eine der zentralen Losungen in der sowjetischen Stadtplanung nach Chruščevs Rede im Jahr 1954, die die Abkehr von den stalinistischen Prunkbauten und die Wende hin zum Massenwohnungsbau besiegelte.[50] Doch in der Frage, wie die ideale „sozialistische Stadt" aussehen sollte, waren sich weder die Fachleute noch die Menschen, die diese Städte bewohnten, einig. Im Folgenden soll an zwei Beispielen gezeigt werden, wie sich die lokale Bevöl-

---

48 Postanovlenie Soveta Ministrov SSSR ob organizacii Kamskogo politechničeskogo instituta v g. Naberežnye Čelny, in: Sobranie postanovlenij pravitel'stva Sojuza Sovetskich Socialističeskich Respublik 1976, 8, S. 176.

49 Zu den unterschiedlichen Schreibweisen KamAZ bzw. KAMAZ siehe unten.

50 *N.S. Chruschtschow*, Besser, billiger und schneller bauen. Rede auf der Unionskonferenz der Baufachleute der UdSSR in Moskau am 7. Dezember 1954 zu dem Thema „Über die Einführung industrieller Methoden im Bauwesen, die Verbesserung der Qualität und die Senkung der Selbstkosten der Bauarbeiten", Berlin (Ost) 1955; Gorod – dlja čeloveka. S Vsesojuznogo soveščanija architektorov v Naberežnych Čelnach, in: Kamskie zori, 20.11.1982.

kerung die neue Stadt aneignete und welche Vorstellungen von Stadt vor Ort vertreten wurden.

Der Wohnungsbau war für viele Anreiz, in die Stadt an der Kama zu ziehen, doch nicht für alle war die Plattenbauwohnung das Ziel ihrer Wünsche. Manche hatten Angst vor den hohen Gebäuden. In den ersten Jahren des Aufbaus wurden viele Zuwanderer notdürftig in Baracken, Containern, Zelten und Fabrikgebäuden untergebracht. An den Rändern der Bauzonen entstanden große Wohnwagensiedlungen mit Geschäften und Speiseräumen. Einige hatten es nicht eilig, diese Übergangsunterkünfte zu verlassen. Dies galt insbesondere für ehemalige Dorfbewohner. Das Leben im Wohnwagen war dem Leben im Holzhaus, das sie zurückgelassen hatten, in vielem näher als das Leben im Mikrorayon. Die räumliche Anordnung der Wohneinheiten entsprach in den Wohnwagensiedlungen derjenigen des Dorfes. Im Wohnwagen blieb man auf der Erde und wohnte nicht in Schwindel erregender Höhe. Wie auf dem Dorf wohnten auch hier die Nachbarn nebenan und nicht oben, unten, rechts und links. Die Menschen hatten weiterhin ihren eigenen Eingang und die Nähe zur Natur. Manche Siedlungen lagen direkt am Wasser.[51] „Die Kinder konnten schwimmen gehen."[52] Einige hatten in den Wagensiedlungen ihre eigenen Gärten, in denen sie Obst und Gemüse anpflanzten.[53] Migranten vom Land erzählen von dem Unbehagen, das ihnen die großen neuen Gebäude bereiteten, während sie das Leben im Wohnwagen als warm und gemütlich beschreiben. Lilija Achmadeeva wohnte mit ihrem Mann und ihren drei Kindern sieben Jahre in einem Wohnwagen und zog dann in eine Drei-Zimmer-Wohnung: „Ich habe mich nach dem Leben in der Wohnwagensiedlung zurückgesehnt."[54] Die Vorstellungen der Landbevölkerung fanden in der sowjetischen Stadtplanung keine Berücksichtigung – trotz des ungebrochen starken Zustroms der Bauern in die Städte seit den 1930er Jahren. 1926 lebten erst 18% der sowjetischen Bevölkerung in Städten, 1979 waren es 62%.[55]

In den frühen 1980er Jahren wurden in Naberežnye Čelny die letzten Wohnwagensiedlungen aufgelöst. Einige der Wohnwagen stehen heute als Symbole des Aufschwungs in den Mikrorayons. Was den Menschen in der Brežnev-Ära als Wohnraum diente, nutzen sie heute als Geräteschuppen.

Was gehört zu einer Stadt? In der Wahrnehmung mancher Einwohner war das Nichtgebaute nicht weniger bedeutsam als das Gebaute. Naberežnye Čelny war als Stadt ohne Moscheen, Kirchen und Synagogen geplant. Das Ende aller Religion konnte nach der marxistisch-leninistischen Theorie in den 1970er Jahren, der Phase des „entwickelten Sozialismus", zwar noch nicht als erreicht gelten. Doch in der „Stadt der Zukunft" sollte diesem Ziel ein Zeichen gesetzt werden. Die Menschen in anderen sowjetischen Städten hatten in derselben Zeit durchaus die

---

51 KamAZ. Organizacija stroitel'stva, S. 61 f.; CGA IPD RT, f. 7403, op. 1, d. 259, l. 57 f.
52 Interview mit Lilija Achmadeeva (Name geändert), Naberežnye Čelny, 01.01.2004.
53 Interview mit Biljal Kaneev, Naberežnye Čelny, 10.10.2004.
54 Interview mit Lilija Achmadeeva (Name geändert), Naberežnye Čelny, 01.01.2004.
55 *Thomas M. Bohn*, Urbanisierung, in: *ders./Dietmar Neutatz* (Hrsg.), Studienhandbuch östliches Europa. Bd. 2: Geschichte des Russischen Reiches und der Sowjetunion, Köln u.a. 2002, S. 286.

Möglichkeit, religiöse Rituale in dafür vorgesehenen Räumen zu vollziehen, wenn auch die Zahl der Gotteshäuser stark begrenzt war.

Gegen diesen Entwurf formierte sich in Naberežnye Čelny bereits in den 1970er Jahren Widerstand. Diese Akteure nahmen das, was ihnen als Stadt angeboten wurde, als unvollständig wahr. Ihre Forderung, in Naberežnye Čelny Moscheen und Kirchen zu bauen, konnten sie zwar erst mit der Perestrojka durchsetzen, dennoch war die Stadt, die die Menschen in der Brežnev-Ära sahen, keine Stadt ohne Gotteshäuser. Eine Moschee des alten Čelny sowie zwei orthodoxe Kirchen, die sich in den eingemeindeten Dörfern Orlovka und Boroveckoe befanden, wurden nicht abgerissen. Diese Gebäude wurden zwar bereits seit den 1930er Jahren nicht mehr für religiöse Zwecke genutzt. Sie dienten als Lagerräume.[56] Aus parteiinternen Diskussionen sowie aus Erzählungen von Zeitzeugen kann jedoch geschlossen werden, dass die aktuelle Funktion der Gebäude für die Bedeutung, die die Menschen ihnen zuschrieben, keine Rolle spielte. Die architektonischen Zeichen verwiesen auf religiöse Räume und als solche wurden die Gebäude von den Menschen wahrgenommen – und als schützenswert erachtet.[57]

Schauen wir uns einen Fall etwas genauer an. Das russische Dorf Orlovka befand sich vor 1969 nordöstlich von Naberežnye Čelny. Nach dem Bebauungsplan für das neue Naberežnye Čelny lag Orlovka mitten in der Stadt. Das Dorf wurde eingemeindet und weitgehend abgerissen. Aus den Plänen geht hervor, dass da, wo heute weiterhin die Kirche von Orlovka steht, die Verbindungsstraße zwischen dem südwestlichen und dem nordöstlichen Teil der Stadt hätte durchführen sollen, die dann knapp an der Kirche vorbei gebaut wurde. Wer hierfür verantwortlich zeichnete, ist den Akten nicht zu entnehmen.[58] Als unumstrittener Retter der im Jahr 1859 erbauten Kirche hat sich der Bauingenieur Marat Bibišev in die Geschichte der Stadt eingeschrieben. Bibišev war Leiter des örtlichen Wohnungsbaukombinats und einer der führenden lokalen Akteure beim Aufbau der Stadt. Er war der Mann, der die Pläne, die Rubanenko und andere in Moskau entwarfen, vor Ort umsetzte bzw. umsetzen sollte.[59] „Wenn die Menschen eine Kirche brauchen, sollen sie eine Kirche haben", so Bibišev.[60] In Bibiševs Selbstdarstellung und im lokalen Narrativ erscheinen die Akteure vor Ort als diejenigen, die die Bedürfnisse der Menschen kannten, während die Architekten in Moskau diese ignorierten.

Unter der Bauleitung von Marat Bibišev wurde dann im Zuge der Perestrojka, in den späten 1980er Jahren, das erste religiöse Gebäude der Autostadt gebaut: die Moschee „Täübä" (Reue, Gelübde). Der Neubau einer Moschee und nicht etwa

---

56 *Dubrovskij*, Sosedi, S. 20 f.; Pravoslavnye chramy Tatarstana – Orthodox Temples of Tatarstan, Kazan' 2000, S. 182–185; *L. Jakovleva*, Pamjatniki architektury. Kul'tovye sooruženija g. Naberežnye Čelny i naselennych punktov Tukaevskogo rajona, in: Prikam'e. Al'manach No. 12, Naberežnye Čelny 1990, S. 16–22.

57 CGA IPD RT, f. 7403, op. 1, d. 528, l. 1.

58 Archiv Naberežno-Čelninskogo Otdelenija Sojuza Architektorov, GP 262 (Genplan g. Naberežnye Čelny).

59 *B. Kaneev*, Bibišev Marat Šakirovič, in: Fän häm mäktäp – Nauka i škola, 1999, 2, 68 f.

60 Interview mit Marat Bibišev, Naberežnye Čelny, 16.01.2004.

die Wiedereröffnung der nicht abgerissenen Moschee des alten Čelny war seit den 1970er Jahren zentrales Anliegen der lokalen Muslime gewesen. Die alte Moschee war aus Holz gebaut, lag am anderen Ufer der Kama und war von der neuen Stadt abgeschnitten. Die Muslime jedoch wollten eine Moschee, die in die neue Stadt mit ihrer modernen Architektur integriert sein sollte. Ziel ihrer Forderungen war es nicht nur, einen Raum zu schaffen, in dem sie sich versammeln und ihre religiösen Rituale praktizieren konnten, sondern auch, diesen Ritualen eine Zukunft zu geben. Die symbolische Bedeutung von Architektur verstanden diese Menschen sehr genau.[61]

Die Forderung einer Moschee, die sich in der „Stadt der Zukunft" nicht als Fremdkörper präsentiert, wurde mit der „Täübä" radikal erfüllt, nach Meinung vieler zu radikal. Die „Täübä" – von Markiz Basyrov, einem lokalen Architekten entworfen – ist eine der modernsten Moscheen, die seit der Perestrojka auf dem Gebiet der ehemaligen Sowjetunion entstanden sind. Basyrov selbst hat die Moschee als startende Rakete beschrieben, die zu Allah strebt, und somit paradoxerweise ein Symbol der Sowjetmacht gewählt, um die Befreiung von ebendieser darzustellen.[62] Was dem Architekten der „Täübä" auch über Tatarstan hinaus Auszeichnungen und Anerkennung einbrachte, stößt bei vielen Muslimen in Naberežnye Čelny auf Unverständnis. Sie erkennen darin nicht das wieder, was ihnen als Moschee vertraut ist: weder die Holzmoscheen aus den Dörfern noch die Kuppelmoscheen aus den Städten.[63] Die „Stadt der Zukunft" ist zwar als Gesamtkonzept gescheitert, dennoch war und ist die Stadt ein Ort mit innovativem Potential.

Mit Glasnost' übernahm der Hauptauftraggeber des Städtebaus, KamAZ, eine neue Aufgabe: den Moscheen- und Kirchenbau. KamAZ hat den Bau der „Täübä" mitfinanziert und für die Glocke der Kirche von Orlovka in der hauseigenen Gießerei ein neues Pendel gegossen. KamAZ, so berichtete die Presse im Jahr 1987, gebe der Geschichte ihre Stimme zurück.[64]

61 *M.M. Basyjrov*, Täübä mäčete – mečet' Tauba, Kazan' 1997.
62 Ebd., S. 3.
63 *S. Isičko*, Po puti dobra i edinenija, in: Rabočij KamAZa, 23.8.1989; *N. Abdrachmanov*, Tri nagrady za dva ob'ekta, in: Čelninskie izvestija, 24.02.1994; *Anife Akhmetchina*, Muslim Traditions in Modern Tatar Art: shamail, Décor, and Architecture of Mosques, in: *Barbara Kellner-Heinkele/Joachim Gierlichs/Brigitte Heuer* (Hrsg.): Islamic Art and Architecture in the European Periphery. Crimea, Caucasus, and the Volga-Ural Region, Wiesbaden 2008, S. 139–144.
64 *S. Alpatov*, Golos istorii, in: Kamskie zori, 26.06.1987.

Abb. 4: Die in der Perestrojka erbaute Moschee „Täübä". Quelle: Eigenes Foto

V. NABEREŽNYE ČELNY – DIE UNVOLLENDETE?

Mit dem ersten Fünfjahrplan (1928-1932) hatte sich in der Sowjetunion das Modell, Städte in Abhängigkeit großer Industriebetriebe zu bauen, gegen konkurrierende Konzepte durchgesetzt. Der Bau monoindustrieller Städte blieb während der gesamten Sowjetzeit die zentrale Grundlage der Urbanisierung und Industrialisierung (weitere Städte bildende Faktoren waren das Militär und die Wissenschaft). Die Liste dieser neuen Städte ist lang, Naberežnye Čelny ist nur eine unter vielen.

Im Hinblick auf die Zusammenarbeit mit westlichen Firmen übernahmen die beiden in der Brežnev-Ära gebauten Automobilbetriebe VAZ und KamAZ eine Vorreiterrolle. Sowjetische und westliche Ingenieure, Übersetzer, Maschinen und hohe Geldsummen passierten den „Eisernen Vorhang" in einem für den Kalten Krieg neuen Umfang.[65] Die Projekte der Automobilindustrie trugen maßgeblich zur Ausweitung des Technologie- und Kulturtransfers zwischen Ost und West bei.

---

65 *George Donald Holliday*, Western Technology Transfer to the Soviet Union, 1928-1937 and 1966-1975. With a Case Study in the Transfer of Automotive Technology, Ph.D., Washington 1978; CGA IPD RT, f. 7403, op. 1, d. 435, l. 10 f.

Dabei wurde das westliche Know-How nur für den Industriebetrieb, nicht a-
ber für den Bau der Stadt genutzt. Während in den 1920er und 1930er Jahren Architekten wie Le Corbusier und Ernst May Entwürfe für den Bau der neuen und
die Umgestaltung der alten Städte in der Sowjetunion geliefert hatten, blieb eine
solche Zusammenarbeit bei der Planung von Naberežnye Čelny aus.[66] Das Werk
hatte in allen Belangen Vorrang vor der Stadt. Für KamAZ wurde die neueste
Technik aus aller Welt eingekauft, im Städtebau galt die Devise schnell und billig.

Mit dem Bau der neuen Stadt wurde nur vier Monate, nachdem die Entscheidung für den Standort des Lastwagenwerks gefallen war, begonnen. Für die Entwicklung origineller Ideen hatten die Planer keine Zeit. In Naberežnye Čelny
wurde über zwei Jahre gebaut, ohne dass ein Gesamtkonzept vorlag. Erst im Mai
1972 wurde der Generalplan für die Stadt verabschiedet. Manches musste wieder
abgerissen werden, weil es nicht passte.[67]

„Die Stadt der Zukunft" konnte mit ihrem linearen Siedlungsschema und den
Mikrorayons den Anspruch, neue Wege in der Stadtplanung aufzuzeigen, nicht
einlösen. Partiell hat sie jedoch durchaus Innovatives zu bieten. Naberežnye Čelny
war in den 1970er Jahren ein Experimentierfeld für Künstler.[68] Einige von ihnen
schufen Werke, die den städtischen Raum nachhaltig prägten und radikal mit der
visuellen Kultur der Zeitgenossen brachen. Zu ihnen gehörte der Bildhauer Il'dar
Chanov, dessen Monumentalskulpturen über die ganze Stadt verstreut zu finden
sind. Durch sie unterscheidet sich Naberežnye Čelny von anderen poststalinisti-
schen Städten. Als Differenzierungsmerkmal haben diese Skulpturen wesentlich
zur Schaffung einer lokalen Identität beigetragen. Bemerkenswert ist, dass sich
gerade in den Werken Chanovs keine Verweise auf Lastwagen, Motoren oder ge-
stählte Arbeiter finden.[69]

Zu einer jeden sowjetischen Stadt gehörte ein Lenin-Denkmal im Zentrum.
Dies war der Ort, an dem Aufmärsche stattfinden und die Macht der Partei de-
monstriert und legitimiert werden sollten. Doch in der Musterstadt Naberežnye
Čelny gab es keinen Lenin. Das Zentrum wurde, wie so vieles, nie zu Ende ge-
baut.[70] Mit der Nichtrealisierung des geplanten politischen und ideologischen
Zentrums wurde auch symbolisch die gesamte Macht an KamAZ übertragen.

Nicht nur Lenin blieb Entwurf, sondern auch die städtische Bibliothek, die
Theater und der Konzertsaal, die hier vorgesehen waren. Oberste Priorität bei der

---

66 *Thomas Flierl* (Hrsg.), Standardstädte. Ernst May in der Sowjetunion 1930-1933. Texte und
    Dokumente, Berlin 2012; *Anatole Kopp*, Foreign Architects in the Soviet Union during the
    First Two Five-Year Plans, in: *William Brumfield* (Hrsg.), Reshaping Russian Architecture.
    Western Technology, Utopian Dreams, New York 1990, S. 176–214; *Harald Boden-
    schatz/Christiane Post* (Hrsg.), Städtebau im Schatten Stalins. Die internationale Suche nach
    der sozialistischen Stadt in der Sowjetunion 1929-1935, Berlin 2003, S. 30–43.
67 Sozdaetsja krasivyj gorod na Kame. Odobren general'nyj plan goroda Naberežnye Čelny, in:
    Sovetskaja Tatarija, 17.05.1972.
68 *Sultanova*, Iskusstvo, S. 42–51.
69 *Meier*, Visual Change.
70 *G. Luk'janov*, Rešenija XXVI s''ezda KPSS – v žizn'! Gorod Brežnev: segodnja i zavtra, in:
    Sovetskaja Tatarija, 02.12.1982; *V. Nilov/I. Čerezov/S. Magaj*, Centr goroda: byt' ili ne byt',
    in: Znamja kommunizma, 26.11.1988.

Zuteilung der Ressourcen hatte KamAZ, dann kam der Wohnungsbau. Ganz unten auf der Liste standen Sport- und Bücherhallen, Schwimmbäder, Jugendclubs und andere Freizeiteinrichtungen. Die Diskrepanz zwischen Planung und Umsetzung war in diesem Bereich besonders groß. In der Brežnev-Ära wurde in Naberežnye Čelny kein einziges Theater gebaut. Das erste Theatergebäude – das Tatarische Theater der Stadt – öffnete seine Tore erst im Jahr 1990.[71] Theater spielten die Menschen trotzdem. Die Schauspieler nutzten Räume als Theater, die ursprünglich als Wohnungen konzipiert waren. In solchen Theatern sitzt man immer in der ersten Reihe. Die Nutzung von Ersatzräumen war und ist für die Menschen von Naberežnye Čelny zentraler Bestandteil ihres Alltags. Bis heute sind Bibliotheken in Räumen untergebracht, die als Wohnungen, Wohnheime, Cafeterias und Wäschereien geplant waren. Der Städtebau der 1970er Jahre hat auch unmittelbare Folgen für die Erforschung desselben. Aufgrund des Platzmangels wird in manchen Bibliotheken Material, das älter als zwanzig Jahre ist, weggeworfen.

Naberežnye Čelny ist heute eine Stadt der Bauruinen. Mit der Fertigstellung des Baus von KamAZ im Jahr 1981 erklärte Moskau auch die „Stadt der Zukunft" für vollendet.[72] Das Zentrum zahlte immer weniger, obwohl viele Menschen immer noch keine Wohnung hatten. Mit der ökonomischen Krise der späten 1980er und frühen 1990er Jahre brach der Städtebau fast vollständig zusammen.

Der Städtebau, die Zu- und Abwanderung sowie die sozialen und ethnischen Konflikte in Naberežnye Čelny sind, wie in anderen Autostädten auch, eng mit der ökonomischen Situation des Automobilproduzenten verbunden. In den 1980er Jahren beschäftigte KamAZ 120.000 Arbeiter, die Produktion erreichte 1988 ihren Höchststand und nahm danach stark ab. Die Wirtschaftskrise im Zuge der Perestrojka und des Zusammenbruchs der Sowjetunion traf die Stadt hart: Viele Arbeiter wurden entlassen, für soziale Programme fehlte das Geld. Im Jahr 1993 brannte zudem das Motorenwerk ab, was die gesamte Produktionskette zum Erliegen brachte.[73] In den 1970er und 1980er Jahren war Naberežnye Čelny eine Stadt starker Zuwanderung, in den 1990er Jahren hingegen verließen viele Menschen die Stadt.[74]

Insbesondere in den späten 1980er und frühen 1990er Jahren kam es in Naberežnye Čelny zu sozialen und ethnischen Konflikten. Tatarische nationalistische Organisationen, die sich in der Perestrojka formierten, konnten sich hier auf eine relativ breite soziale Basis stützen. Diese Zeit des Umbruchs war auch in anderen Regionen der (ehemaligen) Sowjetunion die Hochzeit der nationalistischen Mobilisierung. Im Vergleich mit alten Städten wie Kazan' lässt sich jedoch fest-

---

71 Učreždenija kul'tury i iskusstva goroda Naberežnye Čelny, Naberežnye Čelny 2001.

72 *L. Brežnev,* S zamečatel'noj trudovoj pobedoj, in: Sovetskaja Tatarija, 17.2.1981.

73 Istoričeskaja spravka, http://www.kamaz.net/ru/company/history, (20.04.2013); Biljal Kaneev hat auf der Grundlage der Jahresberichte von KamAZ/KAMAZ die Produktionszahlen berechnet: Vypusk avtomobilej KAMAZ, OKA, unveröffentlichtes Manuskript, Naberežnye Čelny 2001.

74 Čislennost', sostav i dviženie naselenija v Respublike Tatarstan v 2000 godu. Statističeskij sbornik, Kazan' 2001, S. 131.

stellen, dass der Zulauf zu nationalistischen Organisationen in Naberežnye Čelny größer war und Konflikte gewaltsamer ausgetragen wurden.[75]

Doch Naberežnye Čelny fügt sich nicht nahtlos in das Bild der dem Niedergang geweihten sowjetischen Industriestadt ein. KamAZ passte sich sehr viel schneller und erfolgreicher den neuen ökonomischen Bedingungen an als andere sowjetische Industriebetriebe. Durch die Zusammenarbeit mit westlichen Automobilbetrieben hatte sich bei KamAZ bereits in sowjetischer Zeit ein neues ökonomisches Denken herausgebildet.[76] KamAZ war einer der ersten sowjetischen Großbetriebe, der, unmittelbar nach der Reform des Unternehmerrechts im Jahr 1990, in eine Aktiengesellschaft überführt wurde. Seither schreibt sich das Unternehmen nicht mehr KamAZ, sondern KAMAZ.[77]

Seit dem neuen Jahrtausend geht es bei KAMAZ wieder aufwärts. Die Absatzzahlen steigen, die Stadt wächst. Die Daimler AG investierte bei KAMAZ und zählt heute zu den wichtigsten Aktionären. Für die Daimler AG, die bestrebt ist, ihren Zugang zum russischen Markt zu verbessern, ist insbesondere der Zugriff auf das Vertriebs- und Servicenetz von KAMAZ attraktiv.[78] Der Afghanistankrieg endete für die Sowjetunion mit einer innen- und außenpolitischen Niederlage, doch für KAMAZ war er eine erfolgreiche Werbeveranstaltung. Die Lastwagen haben sich unter extremen klimatischen Bedingungen und Straßenverhältnissen bewährt. KAMAZ zählt heute zu den wichtigsten Exporteuren Russlands, liefert an die UNO und westliche Hilfsorganisationen, nach Asien und Lateinamerika. Zu den wichtigsten inländischen Großkunden zählen weiterhin die Armee sowie auch die Energiekonzerne (GASPROM, LUKOIL etc.).[79] KamAZ war in den 1970er Jahren ein Vorzeigeobjekt und ist es im neuen Jahrtausend wieder. Putin höchstpersönlich hält seine Hand schützend über KAMAZ und schaut in Naberežnye Čelny regelmäßig nach dem Rechten. Der existentielle Wunsch, dass es KAMAZ gut geht, hält die Stadt zusammen: Russen und Tataren, ehemalige Bauern und hoch qualifizierte Ingenieure. In diesem Sinne war die sowjetische Losung „Wir bauen KamAZ, und KamAZ baut uns!" durchaus erfolgreich.

---

75 *Elise Giuliano*, Constructing Grievance. Ethnic Nationalism in Russia's Republics, Ithaca 2011, S. 126–144; *Marlies Bilz*, Tatarstan in der Transformation. Nationaler Diskurs und politische Praxis, Stuttgart 2007.

76 Vgl. *Nicolas Simon*, La concrétisation au niveau de la grande entreprise industrielle de la nouvelle pensée managériale soviétique (Le complexe Kamaz). Premier exemple des nouvelles structures d'organisation. Spécificités et limites du modèle, in: Revue d'études comparatives est-ouest 15, 1984, 1, S. 143–167.

77 Istoričeskaja spravka, http://www.kamaz.net/ru/company/history, (20.04.2013).

78 Daimler und KamAZ bauen gemeinsame Aktivitäten in Russland mit zwei Joint Ventures aus, 24.11.2009,
http://blog.mercedes-benz-passion.com/2009/11/daimler-und-kamaz-bauen-gemeinsame-aktivitaten-in-russland-mit-zwei-joint-ventures-aus/ (20.04.2013); Istoričeskaja spravka, http://www.kamaz.net/ru/company/history, (20.04.2013).

79 KAMAZ segodnja, http://kamaz.net/ru/company/about/ (20.04.2013).

„WIR HABEN NUR ETWAS MEHR ALS ZWEI JAHRE GEBRAUCHT…".
DIE UMGESTALTUNG CHANGCHUNS ZUR ERSTEN „AUTOSTADT" DES NEUEN CHINA, 1953–1956

Susanne Stein

I. EINLEITUNG

Während der vergangenen zwei Jahrzehnte hat sich die Anzahl von „Autostädten" (*qichecheng*) in der Volksrepublik China (VR China) vervielfacht. Dabei handelt es sich in den meisten Fällen um automobilbezogene Industrieansiedlungen im Umland bestehender Großstädte.[1] Nicht selten suchen gerade diese neuen Standorte der Autoindustrie den direkten Vergleich mit Detroit, um ihr Streben nach globaler Bekanntheit und wirtschaftlicher Geltungsmacht zu unterstreichen.[2] Der Name Detroit steht in China ungeachtet aller internationalen Abgesänge auf die einstige Ikone der amerikanischen *motor city* noch immer für eine ungetrübte Erfolgsgeschichte – auch in der chinesischen Fachpresse, die der publizistischen Euphorie über die boomende Autoindustrie des Landes bisweilen selbst mit scharfer Ironie begegnet. Die Zeitschrift „Auto Times" beispielsweise kommentierte in einer Kolumne mit dem Titel „Wo findet man Chinas Autostadt ‚Detroit'?" die Diskrepanz zwischen der Selbstdarstellung und Fremdwahrnehmung chinesischer Autostädte wie folgt:

> „Sobald Automobilunternehmen in China über einen gewissen Umfang verfügen, bezeichnen sie sich selbst sofort kühn als künftiges ‚Detroit'. Kürzlich hat ein Medienhaus auf einen Schlag eine Kandida-

---

1　Die chinesische Entsprechung zum Begriff „Autostadt" setzt sich – wie im Deutschen – aus den Substantiven „Auto(mobil)" bzw. „Fahrzeug" (*qiche*) und „Stadt" (*cheng*) zusammen. Bereits Mitte der 1950er Jahre wurde dieses Kompositum als quasi-offizielle Bezeichnung für die werksbezogene Erweiterung der Stadt Changchun verwendet. Im aktuellen chinesischen Sprachgebrauch umfasst das Bedeutungsspektrum von *qichecheng* (oder kurz: *checheng*) sowohl die Autostadt als Industriestandort als auch die auf dieser „Industrietradition" basierenden „Erlebniswelten", wie im weiteren Verlauf des Beitrags ausgeführt wird. Zu den Bedeutungsschattierungen des „Autostadt"-Begriffs in westlichen Kontexten vgl. *Martina Heßler*, Die Geschichte von Autostädten in globaler Perspektive. Plädoyer für eine global orientierte Zeitgeschichtsschreibung, in: IMS, 2011, H.1, S. 91–100, hier S. 91f.

2　Vgl. *Yunxiao Gu*, Qiche zhongzhen jian de boyi yu saipao [Schachzüge und Wettrennen zwischen den strategisch bedeutenden Orten der Autoindustrie], in: Da jingmao 8, 2006, S. 22f.

tenliste mit sechs Namen veröffentlicht und behauptet, dass in Shanghai, Guangzhou, Changchun, Wu-
han, Beijing und Chongqing ‚Chinas Detroit gemacht' werde. [...]"

Die chinesische Autoindustrie hat international keine führende Position inne und doch gibt es hier zahlreiche ‚Quasi'-Detroits. Das erinnert ein bisschen an den chinesischen Fußball. Der ist zwar durchweg
nicht über Asien hinaus gekommen, verfügt aber trotzdem über unzählige Fußballstars."[3]

Einen der obersten Plätze auf der Liste der selbsternannten „chinesischen Detroits" (*Zhongguo de Ditelü*) nimmt die nordostchinesische Provinzhauptstadt
Changchun ein (Abb.1).[4]

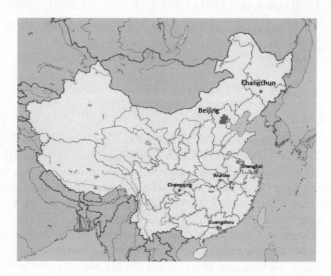

Abb. 1: „Autostädte" der VR China. Karte: Andreas Seifert 2013

Changchun firmiert in der Historiographie der Volksrepublik heute offiziell als
„Wiege der chinesischen Automobilindustrie" (*Zhongguo qiche gongye de yao-
lan*) und sei, so ein Abgeordneter des regionalen Volkskongresses, für die Mehrheit der chinesischen Bevölkerung untrennbar mit der einheimischen Fahrzeugindustrie und ihren bekanntesten Marken verknüpft: „Kommt man auf ‚Autostädte'
zu sprechen, denken die Menschen sofort an Changchun; erwähnt man Changchun, verknüpfen alle fest das Automobil mit dieser schönen Stadt."[5]

Die wegbereitende Funktion, die Changchun für die Entwicklung der chinesischen Autoindustrie zugeschrieben wird, ist das Resultat einer wirtschaftlichen

---

3   Nali xunzhao Zhongguo de „Ditelü" qichecheng? [Wo findet man Chinas Autostadt
     „Detroit"?], in: Shidai qiche/Auto Times 2, 2005, o. Seitenz.
4   Zur Stadtentwicklung Changchuns vgl. *Alfred Schinz*, Cities in China, Stuttgart 1989, S. 427–
     432.
5   *Zhang Chang*, Jian qiche diaosu wei checheng „dianjing" [Eine Automobilskulptur als
     „letzter Schliff" für die Autostadt], in: Jilin renda gongzuo 2, 2008, S. 26; vgl. auch die
     Darstellung unter
     http://www.changchun.gov.cn/ccgl/rwzc/csmp/201001/t20100115_10429.htm/
     zuletzt eingesehen am 01.06.2012.

und symbolischen Neuausrichtung der ursprünglich von japanischen Planern entworfenen Kolonialstadt während des formativen Jahrzehnts der VR China. Auf Beschluss der chinesischen Zentralregierung wurde im Juli 1953 damit begonnen, am Stadtrand von Changchun „mit sowjetischer Unterstützung" das „Automobilwerk Nr. 1" (heute: First Automotive Works, FAW) zu errichten, das zunächst ausschließlich auf die Herstellung von Lastkraftwagen des Typs *Jiefang* („Befreiung") ausgelegt war. 1958 wurde mit der Entwicklung des Mittelklassewagens *Dongfeng* („Ostwind") und der Limousine *Hongqi* („Rote Fahne") eine Erweiterung des Produktionsspektrums hin zu Personenkraftfahrzeugen vorgenommen.[6] Allerdings spielte die PKW-Produktion in Changchun aufgrund der spät einsetzenden Massenmotorisierung der Volksrepublik bis weit in die 1980er Jahre hinein nur eine untergeordnete Rolle.[7]

Der vorliegende Beitrag nimmt die Phase der Umgestaltung Changchuns nach 1949 in den Blick und zeigt auf, wie stark die Stadtrepräsentationen der 1950er Jahre an der Etablierung der neuen Identität Changchuns als „Autostadt" beteiligt waren. Untersucht wird, welche medialen Mittel während dieser Zeit zum Einsatz kamen, um das Image der ersten „Autostadt" des Neuen China zu konturieren und auszugestalten. Dabei geht es zunächst um den Umgang mit den bestehenden Stadtstrukturen aus der japanischen Besatzungszeit: Wie vollzieht sich die Neukodierung Changchuns als sozialistische Industrie- und Autostadt nicht nur baulich-strukturell, sondern gerade auch auf der symbolischen Ebene? Welche Rückschlüsse lassen sich daraus für den Stellenwert der Fahrzeugindustrie und ihrer „Folgeeinrichtungen" im „sozialistischen Aufbau" der Volksrepublik ziehen? Und inwiefern sind die zeitgenössische Repräsentation und Historisierung der „Autostadt" Changchuns typisch für die neuen „Produktionsstädte", die im Zuge des ersten Fünfjahresplans (1953–1957) in der VR China entstehen? Dass heutige Selbstdarstellungen Changchuns die damaligen Identitätskonstruktionen nahezu unverändert übernehmen und instrumentalisieren, unterstreicht einmal mehr die Bedeutung kulturhistorischer Perspektiven für die aktuelle Industriestadtforschung.[8]

---

6   Vgl. die offizielle Darstellung der Werksgeschichte unter
    http://www.faw.com/aboutFaw/aboutFaw.jsp?pros=forward.jsp&phight=580&about=forword
    /zuletzt eingesehen am 29.03.2013.

7   Zur Automobilisierung in der VR China vgl. *Gregory T. Chin*, China's Automotive Modernization. The Party-State and Multinational Corporations, Basingstoke etc. 2010, S. 4f, 105–126; überblicksartig auch *Matthias Holweg/Jianxi Luo/Nick Oliver*, Past, Present and Future of China's Automotive Industry. A Value Chain Perspective, in: International Journal of Technological Learning, Innovation and Development 2, 2009, S. 76–118; und *Yongjun Li*, Zhongguo qiche gongye 50 nian huigu (1953–2003) [Rückblick auf 50 Jahre chinesischer Autoindustrie], in: Shanghai qiche 7, 2003, S. 40–44.

8   Weiterführend dazu *Martina Heßler/Clemens Zimmermann*, Perspektiven historischer Industriestadtforschung. Neubetrachtungen eines etablierten Forschungsfelds, in: AfS 51, 2011, S. 661–694, hier S. 676–680.

II. HISTORIOGRAPHISCHE ZÄSUREN

1959 erschien zum zehnten Jahrestag der Staatsgründung ein aufwendig gestalteter Jubiläumsbildband, der die bisherigen Aufbauerfolge des Neuen China in allen Regionen des Landes nach Provinzen geordnet dokumentierte. Als neue Hauptstadt der Provinz Jilin wurde Changchun hier mit den folgenden Sätzen vorgestellt:

> „Im heutigen Changchun sind im Zuge des sozialistischen Aufbaus des Vaterlands alle Industrien in einer stürmischen Entwicklung begriffen. In der Innenstadt bildet der große Volksplatz das Zentrum und ist von allen Seiten zugänglich. In der Mitte des Platzes ragt das Denkmal für die Märtyrer der sowjetischen Roten Armee empor, um ihn herum befinden sich die Volksbank, der Arbeiterkulturpalast, das Changchun-Hotel und andere großartige Gebäude. Die Gesamtfläche aller Gebäude, die in den vergangenen zehn Jahren errichtet wurden, ist fast so groß wie die Hälfte der ursprünglich bebauten Fläche. [...] Entlang der Stalinallee liegen der Siegespark, der Volkspark und der Südseepark, die landschaftlich herrlich sind. Changchun ist nicht nur eine Industriestadt, sondern auch eine schöne Parkstadt.“[9]

Mit keinem Wort wird in dieser Kurzbeschreibung Changchuns das Automobilwerk Nr. 1 erwähnt, noch ist explizit von einer Autostadt die Rede. Die dazugehörigen Fotografien sprechen dagegen eine andere Sprache: Sie illustrieren den Text ausschließlich mit Ansichten des Autowerks und seiner Folgeeinrichtungen (Abb. 2a/b).

Abb. 2a: Haupttor und Magistrale des Automobilwerks Nr. 1 in Changchun, zweite Hälfte der 1950er Jahre. Quelle: Jianzhu shi nian, Bild Nr. 264

9   Jianzhu shi nian. Zhonghua renmin gongheguo jianguo shi nian zhounian jinian 1949–1959 [Zehn Jahre Bauen. Zum zehnten Jahrestag der Gründung der Volksrepublik China, 1949–1959], hrsg. v. Jianzhu gongchengbu jianzhu kexue yanjiuyuan, Beijing 1959, ohne Seitenz.

Abb. 2b: Werkssiedlung des Automobilwerks Nr. 1, zweite Hälfte der 1950er Jahre.
Quelle: Jianzhu shi nian, Bild Nr. 266

Auf der visuellen Ebene stehen sie metonymisch für die ganze Stadt. Den Bezug zu den anfänglich genannten Plätzen, Gebäuden und Parkanlagen in der Innenstadt können die Betrachter erst einige Seiten weiter herstellen. An deutlich nachgeordneter Stelle sind Aufnahmen aus dem eigentlichen Stadtzentrum Changchuns zu sehen.[10] Bezüge zur kolonialen Vergangenheit Changchuns und zu den daraus hervorgegangenen städtebaulichen Strukturen werden nicht thematisiert. Wie die meisten populären Quellen der 1950er Jahre folgt die Darstellung in „Zehn Jahre Bauen" dem Erzählmuster, Chinas erstes Automobilwerk samt Autostadt sei als ein Solitär in der menschenleeren „Wildnis" (*huang*) Nordostchinas entstanden.[11]

Nicht allein in den zeitgenössischen Stadtrepräsentationen Changchuns bildet die Gründung der VR China eine diskursive Zäsur. Sie markiert vor allem auch eine deutliche Zäsur hinsichtlich der Forschungsstände: Während die Stadtentwicklung Changchuns *vor* 1949 in Darstellungen der Volksrepublik bis heute entweder gar nicht erwähnt oder aber extrem negativ konnotiert ist, hat die außerchinesische Stadt- und Architekturgeschichtsforschung zu Changchun die Jahre und Jahrzehnte *nach* 1949 weitgehend ignoriert.[12] Japanische und westliche Historiker haben vor dem Hintergrund der japanischen Kolonisationspläne für Nordostchina in erster Linie den Wandel Changchuns von einer kleinen qingzeitlichen Verwaltungs- und Handelsstadt zu einer kolonial geprägten Hauptstadt der Hochmoderne nachgezeichnet. Ihr Verdienst ist es, dabei auf die vielfältigen Ar-

---

10   Vgl. Jianzhu shi nian, Bilder Nr. 268–273.
11   Auf diesen Topos wird im Folgenden ausführlicher eingegangen.
12   Paradigmatisch dafür Dangdai Changchun chengshi jianshe [Der Städtebau im gegenwärtigen Changchun], hrsg. v. Dangdai Changchun chengshi jianshe bianjibu, Changchun 1988.

chitektur- und Planungstransfers während der ersten Hälfte des 20. Jahrhunderts hingewiesen zu haben.[13]

Vereinzelt haben nun auch chinesische Architekturhistoriker das Transfer-Thema aufgegriffen. Ihre Beiträge sind von einem narrativen Spagat zwischen der punktuellen Anerkennung der städtebaulichen Modernität Changchuns im synchronen Vergleich der 1930er Jahre und der allgemeinen Verurteilung der Kolonialherrschaft Japans in China gekennzeichnet.[14] Die Forderung, die Bau- und Planungsgeschichte Changchuns in ihrer Gesamtheit wahrzunehmen, anstatt die Zeit vor der Gründung der Volksrepublik komplett zu verschweigen, hat außerhalb der akademischen Diskussionen keinen Widerhall ausgelöst. Was für die ehemaligen Konzessionsstädte der chinesischen Ostküste schon länger zu beobachten ist – in Tianjin, Qingdao, Shanghai und Guangzhou zählen die architektonischen Ensembles der Kolonialzeit längst zum offiziellen „baukulturellen Erbe" der Volksrepublik und werden im Zuge dessen zunehmend kommerzialisiert – bleibt für den Nordosten Chinas nach wie vor zwiespältig.[15]

III. STADT DER HOCHMODERNE: CHANGCHUN ALS „NEUE HAUPTSTADT" MANCHUKUOS

Changchun wird in der VR China heute als eine „junge Stadt" mit wechselvoller Geschichte beworben.[16] Das lässt sich nicht zuletzt auf die vergleichsweise schnelle Abfolge von unterschiedlichen Phasen des Planungs- und Technologietransfers beziehen, die die Stadtentwicklung bis in die Gegenwart entscheidend mitbestimmt haben.

13 Vgl. *Akira Koshizawa*, L'Urbanisme en Mandchourie, in: Urbi 6, 1982, H. 1, S. 78–81; *David Vance Tucker*, Building „Our Manchukuo". Japanese City Planning, Architecture, and Nation-Building in Occupied Northeast China, 1931–1945, Ann Arbor 1999; *David D. Buck*, Railway City and National Capital. Two Faces of the Modern in Changchun, in: *Joseph W. Esherick* (Hrsg.), Remaking the Chinese City. Modernity and National Identity, Honolulu 2000, S. 65–89; *Qinghua Guo*, Changchun. Unfinished capital planning of Manzhouguo, 1932–42, in: Urban History 31, 2004, H.1, S. 100–117.

14 Vgl. *Jiang Liang/Quan Liu/Hui Sun*, Wei Man shiqi Changchun chengshi guihua xingtai tan yuan (Finding the Urban Form Sources of the Changchun City plan in the Manchukuo period), in: Chengshi guihua xuekan 4, 2006, S. 93–98; Yishi Liu/Fuhe Zhang, 20 shiji 30 niandai Changchun de xiandaizhuyi huodong (Modernism in Changchun in the 1930s), in: Xin jianzhu/New Architecture 5, 2006, S. 59–62, hier S. 62; erste Ansätze dazu bereits in Dangdai Changchun chengshi jianshe, S. 34.

15 Vgl. dazu die Beiträge von *Marie-Claire Bergère*, Shanghai's Urban Development: A Remake?, in: *Seng Kuan/Peter Rowe* (Hrsg.), Shanghai. Architecture and Urbanism for Modern China, München etc. 2004, S. 46ff; *Torsten Warner*, Shanghai und die Pudong New Area. Stadtumbau im Kontext von westlicher Baugeschichte und optimistischer Zukunftsvision, in: *Kai Vöckler/Dirk Luckow* (Hrsg.), Peking, Shanghai, Shenzhen. Städte des 21. Jahrhunderts, Frankfurt/Main etc. 2000, S. 241–247.

16 Entsprechende Zuschreibungen z.B. bei *Yujing Hu/Yi Tian*, Xinhuai baixing qingxi wanjia, shudu baochang qianjie wangang, in: Daolu jiaotong guanli 3, 2012, S. 38f, hier S. 38; vgl. auch *Liu/Zhang*, Changchun de xiandaizhuyi, S. 59.

Um das Jahr 1800 herum war Changchun lediglich ein marginaler Handelsposten und Verwaltungssitz der Qing-Dynastie (1644–1911) im mandschurischen Grenzgebiet. Dies änderte sich seit der zweiten Hälfte des 19. Jahrhunderts durch den intensivierten Handel mit landwirtschaftlichen Produkten über die regionalen Wasserwege. Zur Jahrhundertwende kam als zentraler städtebildender Faktor der Ausbau des Eisenbahnnetzes durch die Kolonialmächte Russland und Japan hinzu. Für die russische Ostchinesische Eisenbahn bildete Changchun den südlichsten Haltepunkt, für die japanische Südmandschurische Eisenbahn war die Stadt der nördlichste Bahnhof.[17] David Buck hat darauf hingewiesen, dass dieses räumliche Zusammentreffen eine Besonderheit Changchuns gegenüber anderen Eisenbahnstädten im chinesischen Inland darstellte: Zu Beginn des 20. Jahrhunderts wurde die Stadtentwicklung durch die extraterritorialen Siedlungen zweier ausländischer Eisenbahngesellschaften geprägt, die in unterschiedlichem Grad mit dem ummauerten chinesischen Teil der Stadt interagierten.[18]

Nach der Niederlage Russlands im russisch-japanischen Krieg (1905/06) dehnte Japan seine Machtsphäre in Nordostchina während der folgenden zwei Jahrzehnte mit dem Aus- und Umbau der Eisenbahnlinien kontinuierlich weiter aus. Die wirtschaftlichen Aktivitäten (Bergbau, Industrie, Landwirtschaft) in den quasi-kolonialen Gebieten und Siedlungen entlang der Bahntrassen der Südmandschurischen Eisenbahn wurden durch Einheiten der japanischen Armee abgesichert, die seit 1919 als „Guandong-Armee" die japanische Expansion in China vorantrieb. Nach der Invasion der Mandschurei im Jahr 1931 übernahm der Generalstab der Guandong-Armee die Kontrolle über die gesamte Verwaltung und agierte als politisch-militärischer Repräsentant Japans hinter den Kulissen des von ihm errichteten Marionettenstaats Manchukuo.[19] Changchun wurde 1932 zur Hauptstadt dieses „fiktionalen Konstrukts" (Guo) bestimmt und in Xinjing („Neue Hauptstadt", jap.: Shinkyō) umbenannt.[20] Die bestehenden drei Siedlungsbereiche der Stadt erfuhren infolgedessen nicht nur eine administrative Zusammenführung, sondern wurden nach den Vorgaben des 1933 veröffentlichten Generalplans grundlegend umgebaut und erweitert.[21]

Die Transformation des chinesisch-russisch-japanischen „Siedlungsclusters" Changchun (Schinz) zu einer Planstadt mit modernsten Infrastrukturen und Bauformen ist von westlichen Stadt- und Architekturhistorikern erst in den späten 1990er Jahren als Forschungsthema entdeckt worden.[22] Während David Buck im

---

17 Vgl. *Guo*, Changchun, S.103; *Schinz*, Cities in China, S. 430.
18 Deshalb sei der dortige Siedlungsbau auch eher mit dem Geschehen in den kolonial geprägten Hafenstädten an der Ostküste zu vergleichen, als mit den zeitgleich von chinesischen Lokalregierungen selbst initiierten Modernisierungsmaßnahmen in anderen Städten des chinesischen Kernlands. Vgl. *Buck*, Railway City and National Capital, S. 68–70.
19 Ausführlicher dazu *Schinz*, Cities in China, S. 405ff; *Guo*, Changchun, S. 100f.
20 Vgl. *Guo*, Changchun, S. 102.
21 Vgl. *Buck*, Railway City and National Capital, S. 79; *Schinz*, Cities in China, S. 430.
22 Deutlich früher hat der japanische Architekturhistoriker Akira Koshizawa diese Prozesse untersucht. Seine Veröffentlichungen zu diesem Thema liegen allerdings nur in japanischer Sprache vor; vgl. *Buck*, Railway City and National Capital, S. 233, Anm. 1.

Jahr 2000 noch darum bemüht war zu unterstreichen, dass sich der Generalplan
für Xinjing in jeglicher Hinsicht mit „any high modernist plans from the pre-
World War II era" messen könne, wird das Changchun/Xinjing der 1930er Jahre
inzwischen ganz selbstverständlich den globalen modernistisch-kolonialen Ver-
suchsanordnungen der Vor- und Zwischenkriegszeit als ein „chinesisches" Beispiel zugerechnet.[23] Wie in den meisten anderen Vergleichsfällen wurde auch in
Changchun mit städtebaulichen und sozialräumlichen Konzepten experimentiert,
die sich in der Metropole zu diesem Zeitpunkt (noch) nicht verwirklichen ließen,
in der Folge aber auf sie zurückwirken sollten. Zeitgenössische Beobachter ver-
merkten, in Changchun und anderen Städten Manchukuos könne man sich ein
Bild davon machen, wie Japan in der Zukunft aussehen werde.[24]

Im Unterschied zu den bestehenden Großstädten der Region, wie Shenyang
(Mukden) oder Harbin, schien Changchun noch dazu alle Voraussetzungen einer
städtebaulichen *tabula rasa* zu erfüllen.[25] Nach Ansicht der japanischen Architekten, die die Guandong-Armee in Planungs- und Gestaltungsfragen berieten, gab es
hier weder naturräumliche noch historisch-kulturelle Faktoren, die den ambitio-
nierten Entwürfen für die Hauptstadt einer neuen Großmacht Japan in Asien ent-
gegenstanden.[26]

Der Generalplan für Xinjing war auf insgesamt acht Jahre Bauzeit in zwei
Phasen (1932–1937/1938–1941) ausgelegt und als Endplanung für 300.000 Einwohner konzipiert (Abb. 3)

Die Kernstadt, die eine Fläche von 100 km^2 einnahm, sollte durch Ringstraße
und Grüngürtel erkennbar vom Umland abgegrenzt sein. Für das Stadtgebiet
selbst sah der Plan eine strikte Funktionstrennung vor. Ein integriertes System von
Grün- und Parkanlagen sollte zur Untergliederung der jeweiligen Stadtbezirke
dienen.

Zu den zeittypischen Charakteristika der räumlichen Gliederung gehörte außerdem das radial-konzentrische Straßensystem, das in Teilen durch eine Gitter-
netzstruktur ergänzt und funktional abgestuft war. Monumentale Kreisverkehre,
die von neoklassizistischen Verwaltungsgebäuden eingerahmt wurden, fungierten
als Schnittstellen der großen Sichtachsen – vorgesehen waren bis zu 60 Meter
breite Prachtstraßen mit großzügigen Fußwegen und begrünten Mittelstreifen.

---

23 Vgl. *Buck*, Railway City and National Capital, S. 65, in Anlehnung an den von James Scott
    definierten „high modernism": *James C. Scott*, Seeing Like a State. How Certain Schemes to
    Improve the Human Condition Have Failed, 1998, S. 90; vgl. demgegenüber *Edward Deni-
    son/Guang Yu Ren*, Modernism in China. Architectural Visions and Revolutions, Chichester
    2008, S. 288.

24 Vgl. *Denison/Ren*, Modernism, S. 290; auch *Buck*, Railway City and National Capital, S. 65;
    Liu/Zhang, Changchun de xiandaizhuyi, S. 59.

25 Zu diesem Ideal moderner Stadtplanung ausführlich *Zygmunt Bauman*, Moderne und Macht.
    Die Geschichte einer gescheiterten Romanze, in: *Romana Schneider/Wilfried Wang* (Hrsg.),
    Moderne Architektur in Deutschland 1900 bis 2000, Ostfildern-Ruit 1998, S. 13–31, hier S.
    15.

26 Vgl. *Guo*, Changchun, S. 103f; *Liu/Zhang*, Changchun de xiandaizhuyi, S. 59f.

Die Verkehrsinfrastruktur in der Kernstadt war explizit für den Automobil-
und Schienenverkehr ausgelegt. Westlich der 8,5 km langen Nord-Süd-Achse, die
vom Hauptbahnhof Changchun ausging, befand sich ein weiterer axialer Komplex
von Gebäuden mit dem Kaiserlichen Palast im Zentrum. Südlich dieser beiden
Achsen schlossen sich Wohnviertel mit unterschiedlicher Bebauungsdichte an.[27]

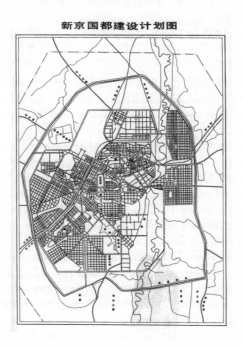

新京国都建设计划图

Abb. 3: Generalplan Xinjing 1933.
Quelle: Dangdai Changchun chengshi jianshe, S. 32

Die gesamte Anlage der Stadt, die bis zur Kapitulation Japans 1945 nicht vollständig realisiert wurde, präsentierte sich laut Guo Qinghua als eine eklektizisti-
sche Kombination aus europäischen Grundprinzipien der *Beaux-Arts*-Schule mit
traditionellen chinesischen Planungs- und Stilelementen.[28] In jedem Fall bot der
hybride Charakter der städtebaulichen Ausgestaltung Changchuns durch die japanischen Planungsakteure direkte Anknüpfungspunkte für die „sozialistische Umgestaltung" zu einer „Produktionsstadt" des Neuen China, auch wenn die offiziellen Stadtdarstellungen der 1950er Jahre genau diese Verbindungslinien ver-
schwiegen. Stattdessen beschworen auch sie das Bild einer *tabula rasa* herauf und

27 Vgl. dazu *Schinz*, Cities in China, S. 430; *Buck*, Railway City and National Capital, hier S.
    81ff; *Guo*, Changchun, S. 104.
28 Vgl. ebd.; zur Integration westlicher und chinesischer Planungselemente, S. 106f; zum
    Nebeneinander von Neoklassizismus (mit chinesischen Stilelementen) im Repräsentationsbau
    und Modernismus im Wohnungsbau vgl. Liu/Zhang, Changchun de xiandaizhuyi, S. 60f; und
    Buck, Buck, Railway City and National Capital, S. 86.

machten Changchun erneut zur Projektionsfläche für eine Idealgesellschaft der Moderne.

IV. UMGESTALTUNG ZUR „PRODUKTIONSSTADT": CHANGCHUN ALS STADT DES AUTOMOBILWERKS NR. 1

> „Die alte Stadt ist [...] eine freudlose Welt von Steinmauern, Steinplatten, Steinpflaster. Wir müssen diese ekelhaften, alten Städte von Grund auf umbauen. [...] Wir müssen [...] neue sozialistische Städte errichten. Die sozialistische Stadt wird ganz anders sein, als die, die wir kennen."

So lautete eine Verheißung, die im Kontext des ersten sowjetischen Fünfjahres-plans zu Beginn der 1930er Jahre formuliert worden war.[29] In Anlehnung an das sowjetische Vorbild war zwei Jahrzehnte später auch in der VR China von der Notwendigkeit „neuer" Städte die Rede. Umfassendere Baumaßnahmen blieben aber auf die sogenannten Schwerpunktstädte begrenzt, die als Industriestandorte eine zentrale Funktion im „Aufbau des Landes" übernehmen sollten.[30]

Die Neukodierung Changchuns als „sozialistische Stadt" wurde 1951 durch die Zuweisung eines Prestigeprojekts des „industriellen Aufbaus" initiiert und basierte auf einem umfassenden Technologie- und Planungstransfer aus der Sowjet-union: Am südwestlichen Stadtrand von Changchun sollte auf einem ehemaligen japanischen Militärareal mit dem Aufbau einer eigenen, chinesischen Automobil-industrie begonnen werden.[31] Das dazu von sowjetischen Experten konzipierte „Automobilwerk Nr. 1" entsprach dem Vorbild der Stalin-Autowerke bei Mos-kau.[32] Bei der Planung der angegliederten Wohnquartiere und Versorgungsein-richtungen hatte das Superblockmodell des stalinistischen Städtebaus Pate gestan-den.[33] Werk und Werkssiedlung gehörten zu den ersten 50 der insgesamt „156 Aufbauprojekte" (*156 xiang jianshe gongcheng*), bei denen die Volksrepublik

---

29 *Michael Swjetly Iljin*, Fünf Jahre, die die Welt verändern. Erzählung vom großen Plan, Berlin 1932, S. 201.

30 Vgl. *Yibo Bo*, Dangqian jiben jianshe zhong de ji ge wenti [Einige Probleme beim gegenwärtigen Investbau], 23.3.1955, in: Jianguo yilai wenxian xuanbian, Bd. 6, hrsg. v. Zhonggong zhongyang wenxian yanjiushi, Beijing 1993, S. 111–132, hier S. 130.

31 Vgl. Dangdai changchun chengshi jianshe, S. 34f, 286f.

32 Die Stalin-Werke basierten wiederum auf amerikanischem Know-how. Indirekt lässt sich hier ein zeitversetzter Technologietransfer von den USA über die Sowjetunion nach China nachzeichnen, der zwar in vielen Untersuchungen erwähnt wird, aber bisher nicht systematisch erforscht ist; vgl. u.a. *Chunli Lee*, Adoption of the Ford System and Evolution of the Production System in the Chinese Automobile Industry, 1953–93, in: *Haruhito Shiomi/Kazuo Wada* (Hrsg.), Fordism Transformed. The Development of Production Meth-ods in the Automobile Industry, Oxford 1995, S. 297–314, hier S. 298f; *Rongping Mu*, Tech-nology Transfer from Germany to China. Case Studies on Chinese Carmakers and Parts Sup-pliers, Berlin 2001, S. 98ff.

33 Zur Geschichte des Superblockmodells in der VR China vgl. *Susanne Stein*, Von der Konsumenten- zur Produktionsstadt. Aufbauvisionen und Städtebau im Neuen China, 1949-1957, München 2010, S. 281–287; und *Duanfang Lu*, Remaking Chinese Urban Form. Modernity, Scarcity, and Space, 1949–2005, London etc. 2006, S. 31–36.

massive personelle, technologische und finanzielle Unterstützung aus der Sowjetunion erhielt.[34]

Städtebaulich betrachtet veränderte die Ansiedlung des Automobilwerks an der Peripherie die bestehenden Stadtstrukturen im Zentrum zunächst kaum. Wie die anderen „alten Großstädte" der Volksrepublik sollte auch Changchun nur im begrenzten Umfang umgebaut werden.[35] Diese wirtschaftspolitische Vorgabe bezog sich vor allem auf die werksbezogene Stadterweiterung und sorgte dafür, dass die vermeintlich „freudlosen", kolonialen Stadtstrukturen der 1930er Jahre keineswegs beseitigt, sondern stillschweigend übernommen und weiter genutzt wurden. Für die Kernstadt Changchuns war die „sozialistische Um*gestaltung*" deshalb in erster Linie ein Prozess der Um*benennung*: Plätze und Straßen erhielten neue Namen, die auf zentrale Personen, Orte oder Konzepte der aktuellen Ordnung verwiesen.[36] Wie in den meisten anderen Städten des Neuen China gab es in Changchun nach 1949 einen „Volksplatz" (*Renmin guangchang*), eine Stalinallee (*Sidalin dajie*) und eine Beijing-Straße (*Beijing dajie*). Auch den einstigen Verwaltungs- und Palastgebäuden Manchukuos wurden neue Funktionen zugewiesen. Zum Teil widmete man sie in Bibliotheks- und Universitätsgebäude um, zum Teil nutzte die neue Provinzregierung Jilins sie seit 1954 selbst als Amtsgebäude weiter.[37] Das ist weniger als eine „Ironie der Geschichte" (Buck) zu interpretieren, sondern stellt – neben allen pragmatischen Erwägungen – eine strategische Maßnahme der symbolischen Neubesetzung dar. Sie gelang nicht zuletzt deshalb, weil sich der chinesische Städtebau in der ersten Hälfte der 1950er Jahre offiziell am Sozialistischen Realismus der Stalinzeit, dem „anderen" Internationalen Stil der Moderne orientierte. Die weiträumige, geometrische Anlage und die besondere Formensprache des kolonialen Xinjing waren den Idealen dieses Konzepts anverwandt.[38] Mit seinen schnurgeraden, kilometerlangen asphaltierten Hauptstraßen, den monumentalen Kreisverkehren, Plätzen, Parks und den repräsentativen Ver-

---

34 Nach chinesischer Darstellung fanden zu den Aufbauprojekten zwischen 1950 und 1955 insgesamt fünf chinesisch-sowjetische Gespräche statt, in deren Verlauf sich die Anzahl der von sowjetischer Seite zugesagten Projekte schließlich auf 174 addierte. Diese Zahl wurde durch Streichungen und Zusammenlegung schließlich auf 154 Projekte korrigiert, von denen in der Folge 150 realisiert wurden. Ungeachtet dessen sind die „156 Aufbauprojekte" zu einem feststehenden Begriff geworden; weitere Angaben dazu in *Stein*, Von der Konsumenten- zur Produktionsstadt, S. 166.

35 Zur Hierarchisierung des „städtischen Aufbaus" vgl. *Stein*, Von der Konsumenten- zur Produktionsstadt, S. 180.

36 Zu einem ähnlichen Ergebnis kommt *Buck*, Railway City and National Capital, S. 89: „The Communist government did not destroy [...] Xinjing buildings or roads; instead it renamed them, let many continue in their former roles under state socialist management, and stopped talking about the legacy of Manchukuo. The PRC essentially left the legacy of Xinjing to sink slowly from sight and memory."

37 Vgl. *Schinz*, Cities in China, S. 430f.

38 Allgemeiner dazu u.a. *Wolfgang Schivelbusch*, Entfernte Verwandtschaft. Faschismus, Nationalsozialismus, New Deal 1933–1939, München etc. 2005; *Anders Åman*, Die osteuropäische Architektur der Stalinzeit als kunsthistorisches Problem, in: *Gabi Dolff-Bonekämper/Hiltrud Kier* (Hrsg.), Städtebau und Staatsausbau im 20. Jahrhundert, München etc. 1996, S. 131–150.

waltungsgebäuden bot das ‚alte' Changchun nicht nur infrastrukturell, sondern auch gestalterisch günstige Ausgangsbedingungen für die Erweiterung und Neukodierung zu einer „Produktions-" und „Autostadt" des Neuen China (Abb. 4).

Abb. 4: Straßenansicht Changchun, Xinmin-Straße 1950er Jahre.
Quelle: Zhongguo 1959 [China 1959], hrsg. v. „Zhongguo" huace bianji weiyuanhui,
Beijing 1959, S. 123

Die mediale Repräsentation Changchuns rückte während der 1950er Jahre die „Aufbauprojekte" und damit das Baugeschehen an der Peripherie in den Mittelpunkt und überdeckte auf diese Weise die (bis heute sichtbaren) Kontinuitäten im Stadtbild (vgl. Abb. 3 und 5). Nachdem am 15. Juli 1953 nach dreijähriger Planungs- und Vorbereitungszeit eine feierliche Grundsteinlegung für das Automobilwerk stattgefunden hatte, wurden seit 1955 von der chinesischen Nachrichtenagentur Xinhua in regelmäßigen Abständen Berichte über die Baufortschritte veröffentlicht.[39] Der gesamte Komplex aus Werks- und Wohnanlagen nahm eine Fläche von 1,5 km^2 ein und sollte gemäß dem Wirtschaftsplan innerhalb einer Rekordzeit von nur drei Jahren fertiggestellt werden.[40] Das bedurfte nicht nur einer ungeheuren Konzentration materieller und personeller Ressourcen für das Bauvorhaben in Changchun, sondern auch einer beständigen propagandistischen Mobilisierung auf nationaler Ebene.

39   Vgl. Woguo kaishi jianli qiche gongye [China beginnt eine Automobilindustrie aufzubauen], in: Renmin ribao (RMRB) 18.07.1953, S. 1; Woguo di-yi ge qiche zhizaochang zhengshi shigong [Chinas erstes Automobilwerk offiziell im Bau], in: Kexue tongbao 9, 1953, S. 102f.

40   Die Angaben zur Flächenausdehnung des Areals variieren zwischen Zahlen von 1,5 bis zu 10 km^2; vgl. *Mu*, Technology Transfer, S. 98f; *Lin Cao/Suyang Wang*, Ban ge shiji yuan yi meng. Zhongguo qiche gongye chuangjian licheng huigu [Ein halbes Jahrhundert einen Traum verwirklichen. Rückblick auf die Gründungsgeschichte der chinesischen Automobilindustrie], in: Qiche weixiu 12, 1999, S. 4–7; Pao-ting Hsue, Soviet Aid to China's Industrialization, in: China Reconstructs 11, 1957, S. 6–9.

In den publizistischen und populären Darstellungen wurde die Stadterweiterung bereits nach zweijähriger Bauphase als „Autostadt" bezeichnet, allerdings blieb dieser Begriff während des gesamten Gründungsjahrzehnts der Volksrepublik unscharf. Den Lesern der für das westliche Ausland produzierten Zeitschrift *People's China* wurde die „Autostadt" im Februar 1955 zunächst als eine industriebezogene Stadtneugründung inmitten einer öden und unkultivierten Landschaft vorgestellt und damit vor allem die Pionierleistung der sowjetischen Berater und chinesischen Arbeiter betont. In dem als Kamerafahrt inszenierten Bericht über die Großbaustelle finden sich noch keine Hinweise auf die geographische Lage dieser „neuen Stadt" innerhalb des Landes:

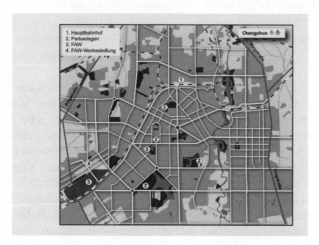

Abb. 5: Stadtplan des „neuen" Changchun. Karte Andreas Seifert 2013

„A new city, centre of China's first motor works, is born! You won't find this place yet on any map of China; it is still too new. [...] Trams clang along the high street lined with tall buildings. Two stops beyond the turn you come to the heart of the new city, the pulsating site of No.1 Motor Works."[41]

Nachfolgende Werks- und Stadtbeschreibungen verwendeten ebenfalls das Erzählschema der Kamerafahrt und machten ihre Leser auf diese Weise zu „Mitreisenden" und Augenzeugen.[42] Im Unterschied zu den anfänglichen Darstellungen wurden die Werksanlagen nun aber geographisch eindeutig zugeordnet. So begannen die imaginierten Besichtigungstouren durch die „Autostadt" häufig in der Innenstadt Changchuns, die in den Texten jedoch völlig gesichtslos blieb. Umso ausführlicher berichteten die Autoren von ihren Eindrücken während der halbstündigen Anreise. Die Fahrt an den Stadtrand erfolgte entweder mit der Straßenbahn oder im PKW, was dem Lesepublikum in beiden Fällen die räumlichen Di-

---

41 *Chih Hsu*, The Dawn of a Great Project. On the Construction Site of No. 1 Motor Works, in: People's China 4, 1955, S. 26–29, hier S. 26.

42 Zu Inszenierungsstrategien von Industriestädten vgl. *Rolf Sachsse*, Kamerafahrt und Panoramablick. Präsentationen von Industriestädten in fotografischen Bildbänden und Werbefilmen der 1950er und 1960er Jahre, in: IMS, 2012, H. 1, S. 55–69, hier S. 63f.

mensionen der neuen Stadterweiterung vor Augen führen sollte: Detailliert wurde geschildert, wie die Ich-Erzähler auf breiten asphaltierten Straßen zwischen nicht enden wollenden Blöcken von neuerbauten roten Wohnhäusern auf das Werkstor und die „imposanten" (*xiongwei*) Fabrikgebäude des Automobilwerks Nr. 1 zufuhren.[43] Erst durch das eigene ‚Erfahren', so suggerierten die Texte, ließen sich die Größe und Erhabenheit der Werksanlagen und die Leistung ihrer Erbauer nachvollziehen:

> „Immer wenn die Leute über dieses Werk sprechen, sagen sie voller Stolz: Wir haben nur etwas mehr als zwei Jahre gebraucht, um eine ‚Autostadt' zu errichten. [...] Jetzt, da ich am äußersten Ende der Hauptstraße zum Autowerk stand, die vier nebeneinander bis hoch in die Wolken emporragenden Schornsteine betrachtete [...] und die roten Hochhäuser sah, da wurde mir erst klar, warum die Leute dies ‚Autostadt' nennen."[44]

Die hier beschriebene Panorama-Perspektive auf das Werk entwickelte sich in der Folge durch unzählige Reproduktionen zum Wahrzeichen der „Autostadt" (vgl. Abb. 2a).

Doch die „motor city" am Stadtrand von Changchun zeichnete sich nicht allein durch die Weiträumigkeit und Geometrie ihrer Anlage aus. Vielmehr, so resümierte ein Korrespondent der Zeitschrift *People's China*, gebe es hier „alles, was man von einer modernen Stadt erwarten würde". Dazu gehörten technisch vollausgestattete Wohnquartiere und eine komplette Versorgungsinfrastruktur, inklusive Kindergarten und Schule, staatlich betriebener Kantine, Geschäften, Banken, Postamt, Bibliothek und Krankenhaus. Das Werksgelände selbst trug den verschiedenen Darstellungen nach durch seine Ordnung und Sauberkeit, die weitläufigen Grünanlagen und diverse kulturelle Einrichtungen dazu bei, dass die Besucher nicht mehr den Eindruck hatten, in einer ‚klassischen' (kapitalistischen) Industriestadt zu sein, sondern in einer (sozialistischen) Bildungseinrichtung: „But for the smoke-stacks of the heat-and-power station at the end of the avenue, I should have felt I was in a university or a museum."[45]

Die Reduktion der medialen Repräsentation Changchuns auf die verschiedenen Elemente der „Autostadt" modifizierte im Verlauf der 1950er Jahre auch die Wahrnehmung des Stadtgefüges: Auf den *mental maps* der Leser und Betrachter rückten die Werksanlagen an der Peripherie als eigentliches „Herz der Stadt" ins Zentrum, während das eigentliche Stadtzentrum marginalisiert wurde und an Bedeutung verlor.[46]

---

43 Vgl. *Yizhu Chen*, Jinri de di-yi qiche zhizaochang [Das Automobilwerk Nr. 1 heute], in: RMRB, 15.07.1956, S. 2.

44 *Dong Fu*, Zai dongbei de xinjian gongchang li [In den neu errichteten Fabriken des Nordostens], in: RMRB, 06.01.1956, S. 2.

45 *Mu-chi Che*, Getting Ready to Produce Motor Vehicles, in: People's China 10, 1956, S. 34–37, hier S. 34.

46 Vgl. *Che*, Getting Ready, S. 34–37; o. Verf., An Automobile Plant Goes Up, in: China Reconstructs 7, 1955, S. 25. Im Hinblick auf die massive Umverteilung von kommunalen Ressourcen spiegelt diese Schwerpunktverlagerung auch die ökonomischen Realitäten wider; vgl. *Cao/Wang*, Ban ge shiji yuan yi meng, S. 4ff.

Die diskursive Überlagerung der Stadt Changchun durch das Automobilwerk verstärkte sich in der offiziellen Berichterstattung mit der Aufnahme der regulären Produktion noch weiter. Anlässlich der feierlich inszenierten Fertigstellung und Inbetriebnahme des Werks fuhren laut „Volkszeitung" am 15. Juli 1956 die ersten *Jiefang*-LKWs vom Werksgelände am Stadtrand bis in die Innenstadt Changchuns, um „den Führungsorganen in Partei und Regierung die[se] Siegesbotschaft zu überbringen". Dabei sei die ganze Stadt zu einem „jubelnden Menschenmeer" geworden. Auf den Fotografien und Zeichnungen, die dieses Ereignis dokumentieren sollen, ist davon jedoch wenig zu sehen. Gezeigt wird ausschließlich die hinlänglich bekannte Perspektive auf die Werksmagistrale, wo eine Menschenmenge die neuen LKWs umringt (Abb. 6).[47]

Abb. 6: „July 15 – the long awaited day when the first batch of ,Liberation' lorries came of the assembly line. The whole town came out to celebrate!" Quelle: Lorries Made in China, in: People's China 16, 1956, S. 22f. (Ausschnitt)

Das dergestalt gefeierte Pionierprodukt der chinesischen Automobilindustrie sorgte als ein Bindeglied seinerseits dafür, dass der Ortsname Changchun und das Autowerk Nr. 1 miteinander identifiziert wurden. Bereits weit vor seiner eigentlichen „Geburt" war dem *Jiefang* ein fester Platz in der Ikonographie des chinesischen „Aufbaus" zugewiesen worden. Sein Bild ging seit März 1955 auf der kleinsten chinesischen Banknote in ganz China von Hand zu Hand und war damit eine Zeit-

---

47   Vgl. Xinhuashe, Di-yi qiche zhizaochang jiancheng [Das Automobilwerk Nr. 1 ist errichtet], in: RMRB, 15.07.1956, S. 1.

lang verbreiteter als das Fahrzeug an sich.[48] In den offiziellen Berichten über den Aufbau der Werksanlagen bei Changchun entwarfen die Autoren farbenprächtige Zukunftstableaus, auf denen zu sehen war, wie die „schön lackierten" LKWs mit Holz, Stahlstäben, Glas und Getreide beladen durch ganz China fuhren.[49]

Dennoch stand der *Jiefang* nicht nur symbolisch für den (verkehrs)technischen Fortschritt im Neuen China, sondern kam tatsächlich als Vehikel der militärisch-politischen und wirtschaftlichen Durchdringung des gesamten Territoriums, das die Volksrepublik für sich beanspruchte, zum Einsatz „einschließlich der bis heute umstrittenen Grenzgebiete des Landes [V]om Amur bis zum Hochland von Tibet, von der Insel Hainan bis nach Sinkiang und in die Wüste Gobi" könne man „den Spuren des LKW ‚Befreiung' folgen", hieß es 1958 stolz.[50]

Die zentrale Bedeutung, die dem *Jiefang* bereits während des ersten Fünfjahresplans für den „Aufbau" Chinas zugeschrieben worden war, wirkte langfristig auf den Produktionsstandort zurück. Dies trug dazu bei, dass Changchun für viele Jahre als einzige „Autostadt" Chinas im kollektiven Gedächtnis der Volksrepublik verankert blieb. In der kartographischen Repräsentation der „156 Aufbauprojekte" war die Stadt unangefochten als einziger Standort der chinesischen Fahrzeugproduktion verzeichnet, ungeachtet der Tatsache, dass bereits seit der zweiten Hälfte der 1950er Jahre kontinuierlich weitere Standorte der Automobilindustrie in unterschiedlichen Landesteilen ausgebaut wurden.[51]

V. DIE „AUTOSTADT" ALS SOZIALISTISCHE IDEALSTADT

Obwohl Changchun nach der Gründung der VR China keine monoindustrielle Entwicklung durchlief, wurde während der 1950er Jahre ein Stadt-Image etabliert, das maßgeblich durch die LKW-Marke *Jiefang* und das neue Automobilwerk bestimmt war. Darüber hinaus war die mediale Repräsentation Changchuns als „Autostadt" aber auch Teil einer übergeordneten Diskussion, in der ausgehandelt wurde, was die „neuen sozialistischen Städte" des Landes von ihren Vorgängern unterscheiden sollte. Drei Topoi werden am Beispiel der „Autostadt" in diesem

---

48 Der *Jiefang* CA-10 reiht sich auf der kleinsten Banknote im Wert von 0,01 Yuan neben Flugzeug und Schiff in die verkehrstechnischen Errungenschaften des neuen China ein. Vgl. Abbildungen und Informationen dazu unter http://en.wikipedia.org/wiki/Second_series_of_the_renminbi, letzter Zugriff am 26.03.2013.

49 *Dong Fu*, Zai dongbei de xinjian gongchang li, S. 2

50 *Ling Dschu*, Neue Typen unserer Autoindustrie, in: China im Bild 102, 1958, o. Seitenz.; ganz ähnlich bereits bei *Bingru Ren*, „Jiefang pai" qiche [Das Fahrzeug „Marke Befreiung"], in: RMRB, 15.07.1956, S. 2.

51 Weitere Standorte entstanden bis 1965 in Nanjing, Shanghai, Beijing und Jinan; vgl. *Mu*, Technology Transfer, S. 98; vgl. auch das Spektrum unterschiedlicher chinesischer Fahrzeuge, das Ling Dschu vorführt, allerdings ohne konkrete Zahlen zu Herstellung und Verbreitung zu nennen: *Dschu*, Neue Typen unserer Autoindustrie, o. Seitenz.

Zusammenhang immer wieder zur Sprache gebracht und fotografisch in Szene gesetzt.

(1) „Die sozialistische Stadt wird auf einer *tabula rasa* errichtet." Die erste „Autostadt" des Neuen China entsteht in Erweiterung einer bereits vorhandenen Großstadt, die im internationalen zeitgenössischen Vergleich mit modernsten Infrastrukturen ausgestattet war. Dennoch wird in den offiziellen chinesischen Darstellungen gezielt der Eindruck vermittelt, der Siedlungskomplex aus Werk und Folgeeinrichtungen würde buchstäblich aus dem Nichts heraus geschaffen, in den endlosen, bislang unerschlossenen Weiten der nordostchinesischen Tiefebene. Der Aufbau des Automobilwerks wird auf diese Weise zur einer *mission civilisatrice* an der „Frontier" sozialistischer Zivilisation. Das beinhaltet einerseits technische und soziale Aspekte, andererseits ist damit aber auch eine (zweckgerichtete) Umgestaltung und Ordnung der naturräumlichen Bedingungen durch den Menschen eingeschlossen. Das als unwirtlich dargestellte Ödland wird zu einer gartengleichen, parkähnlichen Landschaft kultiviert, in die sich die Industrie- und Wohnanlagen der „Autostadt" harmonisch einfügen.

(2) „Die sozialistische Stadt entsteht und entwickelt sich in Abhängigkeit von der Industrie." Der Grundsatz, dass die Industrie nicht der einzige, gleichwohl aber der vorrangige städtebildende Faktor sei, wird im Fall der „Autostadt" Changchuns vor allem *ex negativo* thematisiert. Während die populären Stadtdarstellungen in der Regel den parallelen Bau von Werks- und Wohnanlagen propagandistisch überhöhen, wird im Sommer 1955 im Kontext der landesweiten politischen „Kampagne gegen Verschwendung" (*fan langfei yundong*) bemängelt, dass die Wohnbereiche der „Autostadt" früher fertiggestellt worden seien als das Werk selbst und gerade die „unproduktiven" Gebäude im nationalen Vergleich überdurchschnittlich hohen Baustandards folgten:[52]

> „Ein deutlicher Ausdruck schwerer Verschwendung ist, dass es zu früh zu viele zu gute unproduktive Bauten gibt. Ein besonders typisches Beispiel ist in dieser Hinsicht das Automobilwerk Nr. 1. Die Aufgabe, die Werksgebäude für das Automobilwerk Nr. 1 zu errichten, ist noch nicht erfüllt und auch der offizielle Zeitpunkt für die Autoproduktion steht noch nicht endgültig fest, dennoch hatten sie es ganz eilig, eine ,Autostadt' zu bauen."[53]

In der Hierarchie des „Aufbaus" besaß die Industrie(produktion) aber absolute Priorität gegenüber städtebaulichen Belangen. Vor der Fertigstellung des Werks konnte es deshalb keine wirkliche „Autostadt" geben: Der Begriff der „Autostadt" wird in dieser Textpassage in Anführungszeichen gesetzt, weil er sich ausschließlich auf die Folgeeinrichtungen des Werks bezieht.

(3) „Die sozialistische Stadt ist ein Mikrokosmos der sozialistischen Gesellschaft." Ungeachtet der oben genannten Kritik an der zeitlichen Entstehung und

---

52 Vgl. die grundsätzliche Kritik am Superblockmodell in: Fu dongbei mou chang juzhuqu xiangxi guihua sheji de neirong jieshao [Zusätzliche Erläuterungen zu den Inhalten der Detailplanung für eine bestimmte Werkssiedlung im Nordosten], in: Jianzhu xuebao 2, 1955, S. 25–39.

53 *Li Lin*, Zhongdian gongcheng bixu lixing jieyue [Die Schwerpunktprojekte müssen rigoros sparen], in: RMRB, 13.08.1955, S. 3.

Ausstattung der Bauten wurde Changchuns „Autostadt" in den meisten Stadtrepräsentationen der 1950er Jahre dennoch als „ideale Fabrik" beschrieben:

> „This plant, like all socialist enterprises, pays special attention to providing decent living conditions and
> amenities for its workers. [...] Within easy reach of every workshop are bright and comfortable houses
> for the workers [...] a hospital with 300 beds, three public parks, many squares, playgrounds, gymna-
> siums [...] everything that will make the centre of China's motor industry a fine modern city. It will be a
> city of greenery and flowers. That is why everybody calls this plant ,an ideal factory'."[54]

Das „Zentrum der chinesischen Kraftfahrzeugindustrie" wird auf diese Weise zu
einem Idealbild der neuen chinesischen Gesellschaft stilisiert, in der die Ausgestaltung des Arbeits- und Lebensumfelds ineinandergreift und von der staatlichen
„Fürsorge für die Menschen" (*dui ren de guanhuai*) kündet. Ironischerweise sind
es gerade diese vermeintlichen Distinktionsmerkmale, die zeigen, wie sehr das
Konzept der „sozialistischen (Auto-)Stadt" im China der 1950er Jahre den internationalen städtebaulichen und sozialräumlichen Idealen der Zeit verpflichtet
war.[55]

VI. TRANSFORMATION ZUR „AUTOSTADT VON WELTRANG"

Die „Autostadt"-Erweiterung Changchuns war raumstrukturell an der Fahrzeugproduktion orientiert (vgl. Abb. 5), aber sie entsprach (trotz gewisser Überein-
stimmungen) keineswegs dem zeitgenössischen Konzept der „autogerechten
Stadt", das den Automobilverkehr gegenüber anderen Mobilitätsformen privilegierte.[56] Vielmehr entstand sie als reiner Industriestandort, für den die dort gefertigten Automobile – vom LKW bis zur Funktionärslimousine – zwar einen hohen
Symbolwert in der Stadtrepräsentation, zunächst aber wenig Bedeutung im alltäglichen Leben der Bewohner besaßen.[57] Überspitzt formuliert war Changchun von
den 1950er bis zu den 1980er Jahren eine „Autostadt" ohne Autos und ohne (individuellen) Automobilverkehr.

Diese Situation hat sich mit der landesweiten Automobilisierung seit den
1990er Jahren grundlegend verändert. Heute hat Changchun nicht nur im Ver-
kehrsalltag mit einem „Autoproblem" (*qiche nanti*) zu kämpfen.[58] Durch die
Transformation der Automobilbranche zu einer „Schlüsselindustrie" der chinesi-

---

54 *Hsu*, The Dawn of a Great Project, S. 29.
55 Ausführlicher dazu *Susanne Stein*, Neues China – Neue Städte – Neue Gesellschaft. Aufbau
    in wechselseitiger Perspektive, in: Forum Stadt 4, 2011, S. 371–388; *Stein*, Von der
    Konsumenten- zur Produktionsstadt, S. 246ff, 304–307; außerdem *Heßler/Zimmermann*,
    Perspektiven historischer Industriestadtforschung, S. 671f; *Robert H. Kargon/Arthur P.
    Molella*, Invented Edens. Techno-Cities of the Twentieth Century, Cambridge, MA etc. 2008.
56 Vgl. *Barbara Schmucki*, Der Traum vom Verkehrsfluss. Städtische Verkehrsplanung seit
    1945 im deutsch-deutschen Vergleich, Frankfurt/Main 2001, S. 9–104; außerdem *Heßler*, Die
    Geschichte von Autostädten, S. 91f.
57 Allgemein dazu *Yaping Wu*, Sijiache, hao meng he shi yuan [Das Privatauto – wann dieser
    schöne Traum Realität wird], in: Caoyuan shuiwu 3, 1995, S. 36f.
58 Vgl. *Hu/Tian*, Xinhuai baixing, S. 38.

schen Wirtschaft sind in vielen anderen Regionen Chinas neue Autowerke und Zulieferunternehmen entstanden. Damit hat sich auch das nationale Kräftefeld innerhalb dieser Industriesparte deutlich verschoben. Die Stadtregierung Changchuns versucht sich deshalb mit neuen Strategien gegenüber den *rising stars* des chinesischen Automobilsektors zu behaupten.[59]

Zum einen sind dafür Kooperationen mit internationalen Autokonzernen, ausländische Direktinvestitionen und damit einhergehende Technologietransfers von entscheidender Bedeutung. In Changchun betreiben die FAW seit den 1990er Jahren unter anderem Jointventures mit Audi/Volkswagen (1990), Toyota (2002) und Mazda (2005) und sie entwickeln parallel dazu ihre eigenen Produktreihen *Jiefang* und *Hongqi* weiter. Zum anderen bildet die Inszenierung und Eventisierung der „historisch" begründeten „Automobilkultur" Changchuns heute einen zentralen Bestandteil im Wachstumsregime der Stadt. Beides manifestiert sich auch stadträumlich. Die sowjetisch geprägte Autostadt des Automobilwerks Nr. 1 im Südwesten Changchuns wird inzwischen von der internationalen „Entwicklungszone der Automobilindustrie" (*Qiche chanye kaifaqu*) überformt, die unter gemeinsamer Verwaltung der Stadtregierung und der FAW-Konzernleitung steht. Hier sollen sich künftig alle automobilbezogenen Funktionen der Region konzentrieren. Mit Festivals und Themenparks, internationalen Messen, Ausstellungen und Kongressen rund um das Automobil präsentiert sich Changchun längst nicht mehr ausschließlich als der traditionsreichste Produktions- und Entwicklungsstandort der chinesischen Autoindustrie, sondern zunehmend als ihr Vertriebszentrum und als neuartige Tourismus-Destination.[60] Seit dem Jahr 2007 ist auf dem insgesamt 120 km^2 großen Areal der Entwicklungszone „Changchuns neue Autostadt" (*Changchun qiche xincheng*) als Stadterweiterung für 300.000 Einwohner im Bau. In der Summe, so die offiziellen Selbstdarstellungen, gehe damit aus der „Wiege der chinesischen Automobilindustrie" eine „Autostadt von Weltrang" (*shijieji de qichecheng*) hervor, die für internationale Unternehmen und Investoren attraktiv sei und als „neue Visitenkarte" die Marke „Changchun" im nationalen und globalen Autostadt-Wettbewerb des 21. Jahrhunderts konsolidiere.[61]

---

59 Vgl. *Gu*, Qiche zhongzhen, S. 22f.

60 Die Autostadt Wolfsburg wurde in der chinesischen Presse bereits im Jahr 2004 als ein Erfolgsmodell für den chinesischen Industrietourismus beschrieben; vgl. *Yumin Sun*, Xia yi jingdian: Hai'er (Next scenic spot: Hai'er), in: Zhaoshang zhoukan 18–19, 2004, S. 74; zum Thema Eventisierung vgl. auch *Boming Ni/Youjun Wang*, Changchun qichejie gei Zhongguo qicheye dailai shenme? [Was hat das Autofestival Changchun der chinesischen Autoindustrie gebracht?], http://city.finance.sina.com.cn/city/2007-07-11/88241.html/ zuletzt eingesehen am 29.03.2013.

61 Vgl. *Chang*, Jian qiche diaosu, S. 26.; o. Verfasser, 30 yi dazao Zhongguo qiche di-yi yuan [3 Milliarden schmieden Chinas ersten Auto-Park], in: Jingji shijiao 12, 2007, S. 6.

FLINT, MICHIGAN: AUFSTIEG UND NIEDERGANG EINER AUTOMOBILSTADT

Anne Volkmann / Uwe-Jens Walther

„For a city that was the birthplace of the modern automobile and only three decades ago the home of the largest car maker in the world, Flint has fallen mightily"[1]

I. EINLEITUNG

Wer in Deutschland seit einigen Jahren die Diskussionen um Stilllegungen von Automobilwerken beobachtet, wird zuweilen sorgenvoll an das Schicksal US-amerikanischer Städte denken, die einst vom Automobilbau beherrscht waren und die bereits seit vielen Jahrzehnten mit den Folgen des Abzugs dieser Branche aus den betreffenden Städten kämpfen. Was hierzulande erst einsetzt, ist dort seit Langem Realität. Das hier vorgestellte Beispiel der Stadt Flint ist ein solches prägnantes Fallbeispiel aus dem sogenannten Automobilgürtel Nordamerikas, an dem die Folgen für das städtebauliche Erscheinungsbild und für die sozialen Verwerfungen ebenso detailliert betrachtet werden können wie auch die Kette der politischen Versuche seitens der Stadtregierung, immer wieder alternative Entwicklungen anzustoßen und die Hindernisse, mit denen sie dabei konfrontiert war. Darum geht es in diesem Artikel.[2]

---

1   *Justin B. Hollander*, Sunburnt Cities: the Great Recession, Depopulation, and Urban Planning in the American Sunbelt, Milton Park etc. 2011, S. 30.
2   Dieser Artikel ist eine Fortschreibung und Anreicherung eines Beitrag in Informationen zur modernen Stadtgeschichte 2012, H. 1 mit dem Titel: Aufstieg und Fall der Stadt Flint, Michigan…end of story?, der wiederum aus einem Lehrkontext heraus entstand: In den Jahren 2008-2010 nahmen zwei Studienprojekte der Technischen Universität (unter Leitung von Prof. Dr. Uwe-Jens Walther und Dipl.-Ing. Anne Volkmann) und der Humboldt Universität Berlin (unter Leitung von Prof. Dr. phil. habil. Christine Hannemann) die Stadt Flint zum Ausgangspunkt, um aus stadtplanerischer und soziologischer Perspektive einerseits die dramatischen Schrumpfungsprozesse in einer US-amerikanischen Stadt zu untersuchen und andererseits im Zusammentreffen mit Akteuren aus unterschiedlichsten Disziplinen (von Lokalpolitikern und Planern über Politik- und Planungswissenschaftler bis hin zu Nachbarschaftsorganisationen) neue Ansätze des Umgangs mit dieser Situation zu diskutieren. Im Juni 2012 wurden die Inhalte dieses Beitrages auf der Tagung „Autostädte – Wachstums- und Schrumpfungsprozesse in globaler Perspektive" vorgestellt. Wir danken den TeilnehmerInnen wie den HerausgeberInnen für wertvolle Kritik und Hinweise.

Flint im US-amerikanischen Bundesstaat Michigan galt einst als Prototyp einer Vehicle City. Mittlerweile hat der dramatische Verlust der industriellen Basis die Stadt zum Inbegriff des Niedergangs gemacht. Verfall, Leerstand, Brachflächen und soziale Verwerfungen innerhalb der Bewohnerschaft kennzeichnen heute weite Teile der Stadt. Flint ist ein besonders drastisches und instruktives Beispiel einer schrumpfenden Stadt innerhalb der altindustrialisierten Region des *Rustbelts* im Nordwesten der USA. Anders als Detroit wird die Stadt bisher jedoch lediglich vereinzelt als Fallbeispiel für Forschungen herangezogen.[3]

Flint und Detroit trennen ca. 100 km. Beide Zentren der Automobilindustrie sind eng verbunden mit den Unternehmen General Motors, Chrysler und Ford. In Flint, dem eigentlichen historischen Zentrum der Automobilindustrie, wirkten früh traditionelles Handwerk, Zulieferer, Erfinder und Unternehmer zusammen und entwickelten neuartige Produkte und Produktionsformen. Hier formierte sich in den 1930er Jahren der Kern der US-amerikanischen Gewerkschaftsbewegung. Von hier gingen schließlich auf Dauer prägende Impulse auf eine fordistische Arbeits-, Siedlungs- und Lebensweise, Kunst und Architektur aus. Umso drastischer ist der starke Verfall der Stadt seit den 1960er Jahren. Es ist der Wandel von einer *booming company town* zur *shrinking city*, der keineswegs abgeschlossen ist. Wie kam es dazu? Welche Auswirkungen zeigen sich im Erscheinungsbild der Stadt? Wie gehen die Akteure damit um? Gibt es Anzeichen, dass der bisherige Verlauf des Niedergangs sich ändern lässt?

II. FLINT – VON DER SINGLE INDUSTRY TOWN DER AUTOMOBILINDUSTRIE ZUR COMPANY TOWN

Wie viele Automobilstädte ist Flint ein Produkt des 20. Jahrhunderts. Der Weg zur Automobilherstellung war kurz und begann mit dem Kutschenbau durch die örtlichen Unternehmer *Dort* und *Durant*. Nachdem Josiah Dallas Dort auf Europabesuchen den Verbrennungsmotor kennenlernte, wurde in Flint damit begonnen, diese neue Technologie mit der traditionellen Kutsche zu kombinieren. Die Verbindung von Verbrennungsmotor und Wagenkarosse begründete den Ursprung des Automobils und damit das Profil der zukünftigen Automobilstadt Flint als *single industry town*. Bald hatten Durant und Dort mit *Buick* ihre Konkurrenten *Ford*, *Oldsmobile* und *Cadillac* verdrängt. Autoren wie Green rücken Flint in

---

3   Vgl. *George F. Lord/Albert C. Price*, Growth Ideology in a Period of Decline: Deindustrialization and Restructuring, Flint Style, in: Social Problems 39, 1992, H. 2, S. 155–169; *Steven P. Dandaneau*, A Town Abandoned: Flint, Michigan, Confronts Deindustrialization, Albany 1996; *Andrew R. Highsmith*, Demolition Means Progress: Urban Renewal, Local Politics, and State-Sanctioned Ghetto Formation in Flint, Michigan, in: Journal of Urban History 35, 2009, H. 3, S. 348–368; *Hollander*, Sunburnt Cities.

die Nähe einer *company town*[4], weil das im Jahr 1908 gegründete Unternehmen General Motors (GM) die Stadt bald nahezu dominierte.[5]

Der Aufstieg der Automobilindustrie machte Flint zu einer rasch wachsenden Stadt. Ihr Bevölkerungswachstum war rasant: Waren es im Jahr 1900 noch 13.000 Einwohner, stieg diese Zahl bis 1920 auf fast 92.000 an und erreichte 1960 knapp die Grenze von 200.000. General Motors stellte zu dieser Zeit etwa 80% der Jobs in Flint.[6] Dass GM bereits in den 1920er Jahren die Konzernzentrale nach Detroit verlagerte, tat seiner großen Bedeutung für den lokalen Arbeitsmarkt und die Stadtentwicklung keinen Abbruch, da die Produktionsstätten zunächst vorwiegend in Flint verblieben. Flint lebte von den Steuereinnahmen durch GM. Alles, was dem Unternehmen GM zum Vorteil gereichte, sicherte der Stadt Stabilität und Prosperität durch Massenkonsum – der sozialregulative Kern des Fordismus.[7]

Auch städtebaulich prägte GM Flint durch die umfangreichen Industrieflächen. Die drei großen, unübersehbaren Produktionsstandorte *Buick City*, *Chevy in the Hole* und *AC Spark Plug* liegen in direkter Nähe zur Innenstadt. Weiterhin gibt es die von Stiftungen finanzierten Standorte des öffentlichen und kulturellen Lebens der Stadt. General Motors und einzelne Unternehmerpersönlichkeiten wie Durant, Dort und später Mott bemühten sich früh, ein lebendiges kulturelles Angebot in Flint zu ermöglichen und der Bevölkerung Zugang zu Bildung zu verschaffen. Ein noch heute zu besichtigendes eindrucksvolles Beispiel ist die Kulturmeile, aufrechterhalten durch die Unterstützung der *Mott Foundation*; zu ihr gehören ein Museum der Industriekultur, das Konzerthaus, ein Kunstmuseum, ein Planetarium sowie ein Theater. In direkter Nachbarschaft befindet sich die Bildungsstätte *Mott Community College*. Flints räumliche Verbundenheit mit der Automobilindustrie zeigte sich über die Industrie- und Kulturstätten hinaus vor allem auch in dem Nebeneinander von Arbeitsstätten und Wohnorten.

Das Verhältnis zwischen den Beschäftigten und dem Konzern General Motors war teils sehr konfliktreich und entfaltete auch über Flint hinaus seine Wirkung. Hier nahm der industriepolitische Charakter des Fordismus Gestalt an. Aus den dramatischen Auseinandersetzungen im Verlauf des *Great Sitdown Strike* 1936/37 ging die noch junge Gewerkschaft der Automobilarbeiter (*United Automotive Workers* – UAW) gestärkt hervor; sie behielt über Jahrzehnte diese starke Stellung in der Automobilindustrie und trug maßgeblich zur Verbesserung der Arbeitsbedingungen bei. Trotz der Schärfe dieser Auseinandersetzungen blieb jedoch die Identifikation der Bevölkerung von Flint mit der Automobilindustrie sehr hoch.[8]

---

4 *Hardy Green*, The Company Town. The Industrial Edens and Satanic Mills that Shaped the American Economy, New York 2010, S. 148.

5 Vgl. *Hollander*, Sunburnt Cities; *Jon C. Teaford*, Cities of the Heartland. The Rise and Fall of the industrial Midwest, Bloomington etc. 1993; *Maryann Keller*, Rude Awakening: The Rise, Fall, and Struggle for Recovery of General Motors, New York 1989.

6 Vgl. *Teaford*, Cities of the Heartland; *Green*, The Company Town.

7 Vgl. *Dandaneau*, Town Abandoned.

8 Vgl. *Teaford*, Cities of the Heartland.

Abb. 1: Flint - The Vehicle City.
Quelle: Eigene Aufnahme

III. FROM PROSPERITY TO DECLINE: VERLUST VON ARBEITSPLÄTZEN UND BEVÖLKERUNG

So bemerkenswert wie der Aufstieg von General Motors und der Stadt Flint war auch ihr Niedergang. Jürgen Friedrichs sieht in seinem Entwurf für eine *theory of urban decline* Parallelen bei der Entwicklungslinie schrumpfender Städte zur regelhaften Abfolge von Produktionsphasen in der Produkt-Zyklus-Theorie: die erste der vier typischen Phasen sei eine innovative Phase, gefolgt von einer Phase des Wachstums und der Expansion. Daran anschließend käme es zu einer Hochphase und abschließend zur Phase des Niedergangs. Vor allem in monoindustriellen Städten ist nach Friedrichs die Stadtentwicklung eng gekoppelt an den ökonomischen Entwicklungszyklus des lokal dominanten Industriezweiges – in Flint demnach an die Automobilindustrie. Während in der Innovations- und Wachstumsphase die Neuentwicklung des Automobils und die zunehmend industrielle Fertigung noch eine starke lokale Bindung aufweist und zu einem rasanten Stadtwachstum führt, kommt es mit steigender Standardisierung zu einer Abkopplung des Produkts vom Ort der ursprünglichen Produktion. Sofern es den Unternehmen nicht möglich ist, durch Produkt- und Prozessinnovationen ihre Wettbewerbsfähigkeit am Standort zu erhalten, findet eine Verlagerung der Produktion in andere

Regionen statt. Die starke Dominanz des traditionell dominanten Sektors hat bis zu diesem Zeitpunkt verhindert, dass sich andere Industriezweige ansiedeln konnten. Dadurch kommt es mit der Abkopplung der Automobilindustrie vom Standort Flint unweigerlich zur Schrumpfung der Stadt. Dies zieht laut Friedrichs etliche negative Folgen nach sich, wie ein schlechtes Investitionsklima, sinkende Wirtschaftskraft, Kriminalität und selektive Abwanderung, die sich in Flint alle deutlich beobachten lassen.[9]

Bereits die Verlagerung von Produktionsstandorten in das Umland der Stadt Flint nach dem Zweiten Weltkrieg brachten der Stadt deutliche Verluste an Steuereinnahmen.[10] Stärkere Folgen hatten seit den 1970er Jahren dann die Automatisierung des Produktionsprozesses sowie eine zunehmende Verlagerung der Produktionsstätten ins Ausland. Mit den massenhaften Entlassungen bei General Motors ging eine Abwanderung von Arbeitskräften aus der Stadt einher. Die Zahl der Beschäftigten in Flint sank seit 1970 von knapp 70.000 auf etwa 40.000, davon sind aktuell nur noch etwa 6.000 Personen im Produktionssektor beschäftigt.[11] Alle Versuche, die Arbeitsplatzverluste bei GM durch Jobs im Dienstleistungsbereich zu kompensieren, schlugen mehr oder weniger fehl. Heute ist offiziell knapp ein Fünftel der BewohnerInnen arbeitslos[12], inoffiziell wird der Anteil mit 40%. angegeben. Insgesamt lebt ein Drittel der EinwohnerInnen Flints unterhalb der Armutsgrenze, bei den unter 18-Jährigen ist es sogar über die Hälfte.[13]

Die Stadt verliert weiterhin an Bevölkerung (siehe Abb. 2). Wurden im Jahr 2000 noch 124.943 BewohnerInnen gezählt, so sank ihre Zahl im aktuellen Zensus von 2010 um 18% auf 102.434.[14] Gegenüber dem Bevölkerungshöchststand von fast 200.000 im Jahr 1960 ist die Bevölkerung damit um knapp 50% zurückgegangen.[15] Die Ursachen dafür liegen neben der Schließung von Produktionsstätten und dem damit einhergehenden Verlust von Arbeitsplätzen auch in einer fortgesetzt starken Suburbanisierung. Während Flint seit 30 bis 40 Jahren beständig Einwohner verliert, büßt das umliegende *Genesee County* im gleichen Zeitraum kaum oder keine Bewohner ein.[16] Zwischen 1990 und 2000 konnten, abgesehen von einigen Ausnahmen, noch fast alle Bereiche des *Genesee County* Zuwande-

---

9 Vgl. *Jürgen Friedrichs*, A Theory of Urban Decline: Economy, Demography and Political Elites, in: Urban Studies 30, 1993, H. 6, S. 907–917.

10 Vgl. *Highsmith*, Demolition, S. 348–368.

11 *Hollander*, Sunburnt Cities; U.S. Census Bureau, Selected Economic Characteristics: 2005-2009; Flint City, Michigan, URL: http//www.factfinder.census.gov/servlet/ADPTable?_bm=y&-geo_id16000US2629000&-qr_name=ACS_2009_5YR_G00_DP5YR3&-.vom 23.11.2011.

12 U.S. Census Bureau, Selected Economic Characteristics, 2011.

13 Ebd.

14 U.S. Census Bureau, State and County Quick Facts: Flint, Michigan, URL: http://quickfacts.census.gov/qfd/states/26/2629000.html vom 23.11.2011.

15 *Teresa Gillotti/Daniel Kildee*, Land Banks as Revitalization Tools: The Example of Genesee County and the City of Flint, in: *Karina Pallagst* u.a. (Hrsg.), The Future of Shrinking Cities, Berkeley 2009, S. 139–148.

16 Vgl. ebd.

rung verzeichnen.[17] Den Schrumpfungsprozess verstärkt seit 2006 zusätzlich die Finanz- und Immobilienkrise. Die hohe Zahl von dadurch ausgelösten Zwangs-vollstreckungen führt zu weiteren sozialen Verwerfungen, Abwanderung und Leerständen in der Stadt.

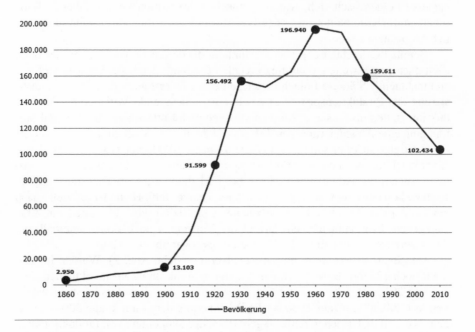

Abb 2: Bevölkerungsentwicklung in Flint 1860 – 2010. Quelle: US. Census Bureau. (URL: http://www.census.gov/prod/www/abs/decennial/[1860-1990];URL: http://quickfacts.census.gov/qfd /states/ 26/2629000.html [2000 – 2010]; Zugriff am 05.06.2012

Auch die soziale und ethnische Zusammensetzung der Bevölkerung spiegelt die Geschichte Flints. Zu den Hochzeiten der Automobilindustrie zog Flint vor allem afroamerikanische Bevölkerungsgruppen aus den Südstaaten der USA an. Afro-amerikaner sind noch heute mit einem Anteil von 56,6 % die größte Bevölke-rungsgruppe, gefolgt von der weißen Bevölkerung mit 37,4 %.[18] Die Zuwande-rung floss zunächst in die innerstädtischen Wohngebiete nahe den Produktions-standorten. Viele Faktoren führten dann zu einer zunehmenden Entmischung und Verfestigung einer sozialräumlichen Segregation: die andauernde Zuwanderung von *low income*-Gruppen, diskriminierende Planungsinstrumente wie das *redli-ning* – die Praxis von Banken und Dienstleistungsunternehmen, in bestimmten Bereichen der Städte gezielt nicht mehr zu investieren oder ihre Dienste nicht mehr anzubieten – und finanzielle Anreize für die einkommensstärkeren Haushal-te, in das suburbane Umland zu ziehen. Im Ergebnis waren bereits in den 1960er

---

17 Vgl. *Myron Orfield/Thomas Luce*, Genesee County Metropatterns: A Regional Agenda for Community and Stability in Genesee Count, Michigan, Minneapolis 2003.

18 U.S. Census Bureau, State and County Quick Facts, 2011.

Jahren einige innerstädtische Quartiere fast ausschließlich von Afroamerikanern bewohnt.[19] Mit der ethnischen Segregation geht eine Einkommenssegregation einher. Die Gebiete mit dem höchsten Armutsanteil und gleichzeitig dem höchsten Anteil afroamerikanischer Bevölkerung konzentrieren sich vor allem im Norden der Stadt in der Nähe zu den historischen Werksstandorten.[20] (Abb. 5). Dieses sozialräumliche Muster ist bis heute stabil und hat sich im Zuge einer selektiven Abwanderung sogar noch verstärkt.[21]

In Flint lässt sich begreifen, wie umfassend das Prinzip des Fordismus nicht nur ökonomisch und gesellschaftspolitisch, sondern auch kulturell wirksam war und bis heute nachwirkt. Lebenslang oder über viele Jahrzehnte bei General Motors zu arbeiten war in Flint Mitte des letzten Jahrhunderts zur Normalbiographie geworden. Darauf richteten sich auch die individuellen Lebensplanungen und Perspektiven aus. Heute bietet sich einem Großteil der Bevölkerung in der Stadt kaum noch die Chance auf einen Arbeitsplatz.

VI. AUSWIRKUNGEN DER SCHRUMPFUNG AUF DIE STADTGESTALT

Der Niedergang der Stadt Flint zeigt sich am dramatischsten im städtebaulichen Erscheinungsbild. Leerstand, Verfall, Vandalismus und Brachflächen bestimmen viele Bereiche der Stadt. Ehemals vitale Wohngebiete im Norden und Osten wurden zum Ort von Prostitution, Kriminalität und Drogenhandel, die sich in die leerstehenden Gebäude einnisteten. Die Kriminalitätsrate von Flint zählt heute zu den höchsten in den USA und liegt um ein vielfaches über dem Landesdurchschnitt.[22] Teils werden die leerstehenden Häuser, um die Einnistung von kriminellen Aktivitäten zu verhindern, mutwillig von AnwohnerInnen in Brand gesetzt – wenn nicht die EigentümerInnen selbst durch Brandstiftung dem zuvor kamen, um die Versicherungsprämie einzustreichen. Dementsprechend hoch sind auch die jährlichen Fälle von Brandstiftung: im Jahr 2009 lagen sie in Flint bei 343 Fällen und im Jahr 2010 bei 173.[23]

Besonders in den nördlichen Stadtgebieten summieren sich Leerstände und brachgefallene Grundstücke zuweilen zu zusammenhängenden Straßenblöcken. Die Achse der betroffenen Bereiche zieht sich aber von Norden nach Süden durch die gesamte Stadt.

Kommentatoren suchen nach neuen Begriffen zwischen Stadt und Land, Ghetto und Hafen, um diese neuartige und noch ungewohnte Form der Stadt-Landschaft zu beschreiben:

---

19 Vgl. *Highsmith*, Demolition, S. 348–368.
20 *Nathan Geisler/Shana Hu Chuang-Chung Greenstein/Cisco Minthorn* u.a., Adversity to Advantage: New Land Uses in Flint. Unveröffentlichte Abschlussarbeit, Ann Arbor 2009.
21 *Orfield/Luce*, Geneese County.
22 FBI Uniform Crime Reports; URL: www.fbi.gov/about-us/cjis/ucr/ucr, Zugriff am 13.06.2012
23 Vgl. ebd.

„In some places of the city, the rapid departure of people has resulted in a *new pastoral landscape* where houses were once packed tightly together. In others, the derelict structures that once housed people now serve as a deterrent to investment and a haven for criminals. In each neighborhood, a certain percentage (often larger) of the population has no place else to go. Together, the desperately poor huddle together and are stuck in an economic ghetto."[24]

Wohin man auch schaut, bietet sich das gleiche Bild: kleine Einfamilienhäuser in Holz- und Leichtbauweise mit oder ohne Vorgarten, verblichen der einst bunte Farbanstrich, mehr oder weniger vernachlässigt, viele leerstehend, mit Graffiti versehen, manche geplündert, andere angezündet, einige abgerissen. Die Übergänge zwischen Verwahrlosung bis hin zum Verlassen sein sind fließend.

Abb. 3: New Pastoral Landscapes?
Quelle: Eigene Aufnahme

Nicht selten zieren jedoch auch gepflegte Rasenflächen leere Abrissgrundstücke. Denn zum Teil nehmen sich Nachbarn der brachgefallenen Grundstücke an und pflegen diese – im Sinne der Aufwertung ihres Quartiers, aber auch, um der Abwertung des eigenen Grundstücks entgegen zu treten. Die Sorge um das Nachbargrundstück sei ein Potential der Stadtentwicklung: *Stewardship* nennen das Autoren der Universität in Ann Arbor in einer Studie über die Leerstände in Flint.[25] Oder die *Genesee County Land Bank,* die hier als *bad bank* fungiert, übernimmt

---

24　*Hollander*, Sunburnt Cities, S. 32.
25　*Geisler* et al., Adversity to Advantage.

die grundlegende Pflege der Grundstücke. Dafür beschäftigt sie im CGP (*Clean and Green Program*) etwa 40 Personen, die an jedem Tag mehrere Tonnen Müll auf den brachliegenden Grundstücken einsammeln – 1500 Tonnen im Jahr hat sie bei der städtischen Deponie im Jahr 2009 abgerechnet. Vereinzelt werden Brachflächen zu Nachbarschaftsgärten oder Parkanlagen („*community gardening*") oder für landwirtschaftliche Zwecke umfunktioniert. Wenn man Nutzen und Nachteile der Leerstände bilanziert, scheinen die verbleibenden BewohnerInnen dem Überfluss an Raum jedoch nur wenige positive Aspekte abgewinnen zu können. Die überschüssigen Flächen ohne entsprechende Nutzungsnachfrage, die typisch sind für strukturell schrumpfende Städte, werden in Anbetracht der angespannten sozialen Situation in Flint eher zu einer potenziellen Gefahr.

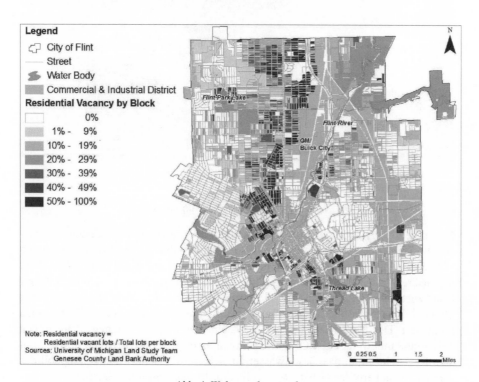

Abb. 4: Wohnungsleerstand.
Quelle: Geisler et al., Adversity to Advantage, 2009

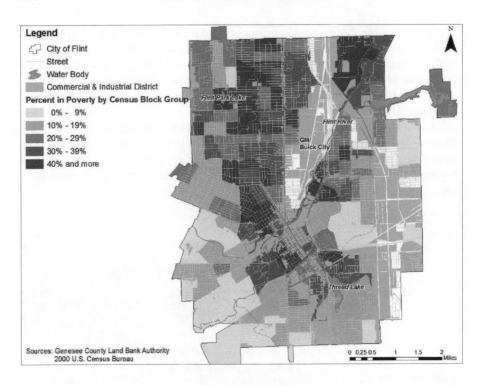

Abb. 5: Anteil der Armutsbevölkerung.
Quelle: Geisler et al., Adversity to Advantage, 2009

Neben den Leerständen in den Wohngebieten dominieren die umzäunten großflä-
chigen Industriebrachen weiterhin das Stadtbild (Abb. 6). Mit den ehemaligen
Produktionsstandorten *Buick City*, *Chevy in the Hole* und der *Fisher Body Plant*
liegen drei große, mit Betonplatten versiegelte Industrieflächen in unmittelbarer
Nähe zur Innenstadt. *Buick City*, die größte der Flächen, erstreckt sich über drei
Straßenkilometer – hier wird auf einem sehr kleinen Areal des Geländes noch
produziert. Der Boden ist hier, wie auch auf den anderen Flächen, zum großen
Teil kontaminiert, da einst Öl und Chemikalien entsorgt wurden. Sie drohen, mit
dem Regeneintrag in das Grundwasser zu sickern, die Betonversiegelung soll das
weitere Einsickern der Giftstoffe verhindern. Mitten durch den städtebaulich besonders exponierten Bereich *Chevy in the Hole* verläuft der betonierte Flusslauf
des *Flint River*, der nun renaturiert und in eine Parklandschaft eingebettet werden
soll. GM erwarb Chevrolet 1917, um sein Zulieferernetz und die Produktlinien
auszubauen. So konnte die Firma besser mit Fords T-Modell konkurrieren. Seitdem wurden die berühmten Serien der Chevrolets hier gebaut. Nun ist die Chevro-
let-Fertigung längst verschwunden, aber seine Hinterlassenschaft prägen die ehemaligen Produktionsstätten. *Chevy in the Hole* ist ein riesengroßes, mit Betonplatten verschlossenes Areal beidseits des Flint River, unweit des Stadtzentrums. Der
Boden ist, wie auch in Buick City, hochgradig kontaminiert und versiegelt. Diese

provisorische Lösung prägt nun schon seit mehreren Jahrzehnten das Erscheinungsbild der Industriebrache. Zukünftig soll eine Kompostschicht auf die Betondecke aufgetragen und bepflanzt werden, um die Fläche damit für die Allgemeinheit nutzbar zu machen. Eine Bebauung wäre hier aufgrund der starken Bodenbelastung ausgeschlossen.[26]

Abb. 6: Industriebrache Chevy in the Hole.
Quelle: Eigene Aufnahme

V. ANDAUERNDE WACHSTUMSORIENTIERUNG UNTER SCHRUMPFUNGSBEDINGUNGEN

Während die Wachstumskurve von Wirtschaft und Bevölkerung in Flint schon 1960 abknickte, blieb und bleibt der Wachstumsgedanke noch für Jahrzehnte stark in Stadtpolitik und -planung verankert. Dem *decline*, so die sich hartnäckig haltende Hoffnung, würde bald der nächste *boom* folgen. Die Planungen zur Stadtentwicklung im Jahr 1960 gingen von einem weiteren Bevölkerungswachstum auf 250.000 EinwohnerInnen in den folgenden Jahren aus.[27] Die EntscheidungsträgerInnen in Politik und Stadtentwicklung setzten weiterhin auf wachstumsorientierte Großprojekte, die unter den gegebenen Umständen irrational und unangemessen erscheinen mussten. Die zum großen Teil öffentlich aufgebrachten Kosten überschritten die Summe von 600 Millionen Dollar und bewegten sich damit in keinem Verhältnis zu Größe und Bedeutung der Stadt.[28]

26 Expertengespräch mit David Solis am 14.06.2010.
27 Vgl. *Gilotti/Kildee*, Land Banks.
28 Vgl. *Lord/Price*, Growth Ideology.

Die Stadtregierung und die *Mott Foundation* (eine lokale GM-nahe Stiftung) planten mithilfe der Tourismusförderung die schwindende industrielle Basis durch Dienstleistungen zu kompensieren. In der Hoffnung, Flint in einen internationalen Konferenz- und Tourismusstandort zu verwandeln, wurde 1979 in der Innenstadt für knapp 30 Millionen Dollar das Hyatt-Hotel errichtet. Der Hyatt-Konzern ließ sich auf dieses Projekt nur unter einer umfassenden finanziellen Beteiligung der öffentlichen Hand ein, was letztendlich zu hohen Verlusten für die Stadt Flint und die ebenfalls beteiligte *Mott Foundation* führte. Anfang der 1990er Jahre musste das Hotel nach dem Bankrott für etwa 8 Millionen Dollar wieder verkauft werden und wurde mittlerweile zu einem Studentenwohnheim für die benachbarte Universität umgenutzt. Das umfassendste touristische Großprojekt war die *Auto-World*, ein Themenpark zum Automobil, das als Idee stark von der *Mott Foundation* vorangebracht und auch mit staatlichen Geldern unterstützt wurde. Für etwa 80 Millionen Dollar gebaut, öffnete dieser Themenpark 1984 mit großem zeremoniellem Aufwand seine Tore. Nach anfänglich großen Erwartungen, so den Tourismussektor in der Stadt zu etablieren, zeigten sich sehr schnell massive finanzielle Probleme. Dem Plan eines Themenparks wurde schon früh entgegen gehalten, er böte unspektakuläre Attraktionen und Fahrgeschäfte und dafür ein Übermaß an Stadtgeschichte. Dies besäße vor allem für ein überregionales Publikum lediglich eine einmalige Anziehungskraft und limitiere somit stark die potenziellen Besucherzahlen.[29] Schon im Jahr 1985 wurde der Themenpark aus dem Dauerbetrieb genommen und öffnete in den folgenden Jahren lediglich zu besonderen Anlässen bevor er im Jahr 1997 wieder abgerissen wurde. Die traurige Bilanz des Großprojektes: innerhalb von zwei Jahren rutschte *AutoWorld* in den Bankrott, nicht ohne auch die Stadt Flint an den Rand des Ruins zu treiben.[30]

Infrastrukturelle Großinvestitionen für Industrieunternehmen wurden nicht allein für, sondern auch von General Motors selbst angestoßen. 1984 weckten Pläne von GM zur Revitalisierung und zum Umbau der Buick City große Hoffnungen auf ein Wiedererstarken der einstigen Bedeutung als Industriestandort: „creating not only a new manufacturing facility, but a new city as well."[31] Tatsächlich errichtete GM ein neues Werk nach dem japanischen Vorbild flexibler Autoproduktionsanlagen und die Stadt gewährte in Erwartung neuer Arbeitsplätze einen Steuererlass für die Neuinvestition.[32] Die Anlage gab in den späten 1980er Jahren

---

29   Vgl. *Fonger, Ron*, „They needed more thrill" – Looking back at 25th anniversary of Flint Legend, Auto World, in: mlive, 2009; URL:
http://www.mlive.com/news/flint/index.ssf/2009/07/they_needed_more_thrill_lookin.html, am 27.03.2013

30   Vgl. ebd.

31   *Russell Miller*, Buick City. Hope for Flint?, in: Management Review, March 1985, S. 43–37; Miller zitiert aus einem Interview in der Zeitschrift Management Review den einstigen Projektleiter von GM, Herbert Stone, mit den Worten: „If we're looking for a starting point for the long-term re-industrialization of America, it could well be in Flint, Michigan – in the events taking place there right now which are creating not only a new manufacturing facility, but a new city as well."

32   Vgl. *Lord/Price*, Growth Ideology.

noch 28.000 Arbeitern ein Einkommen, ihre Produktivität sank jedoch schnell bis GM die Anlage 2005 wieder schloss. Auch die Hoffnung auf eine Ansiedlung weiterer Unternehmen auf dem Gelände erfüllte sich bis dahin nicht.

Flints Versuche, mit dem dualen Ansatz aus Tourismusförderung und Infrastrukturprojekten an die alten Wachstumspfade anzuknüpfen oder auf neue Dienstleistungen umzustellen, unterscheiden sich nicht von den gängigen Reaktionen in den alten Industriestädten des Mittleren Westens der USA und anderswo: „In the past, public policy and planning would have little to say about depopulation except to try to reverse it."[33] Die starre inhaltliche Ausrichtung der Projekte am industriellen Erbe und die damit verbundene Hoffnung auf neues Wachstum erscheint als Pfadabhängigkeit: Dandaneau bezeichnet sie als „Flint's experience of dependent deindustrialization"[34] Auch diese Pfadabhängigkeit scheint typisch zu sein für deindustrialisierte Städte – Friedrichs beschreibt sie als eine logische Entwicklung vor allem in einem ökonomisch monostrukturell geprägten Umfeld, da in diesen Städten die dominanten ökonomischen Eliten den einflussreichen Versuch unternehmen, die Stadt davon abzubringen neue (ökonomische) Entwicklungspfade einzuschlagen: „the economic élite of a dominant industry [...] will reduce the city's capability to accept new industries and reallocation of resources [...]."[35] Auch in Flint spielten die Funktionseliten der lokalen Wirtschaft eine entscheidende Rolle bei der durch Pfadabhängigkeit gekennzeichneten Stadtentwicklungspolitik. Gemeinsam mit der Stadtregierung und der *Mott Foundation* schlossen sie sich zu sogenannten „*local growth coalitions*", Wachstumskoalitionen, zusammen.[36]

VI. ABKEHR VOM WACHSTUMSPFAD

Mittlerweile ist die Erkenntnis gewachsen, dass eine Neuausrichtung und Weiterentwicklung schrumpfender Städte in den meisten Fällen nur durch eine Abwendung von alten Wachstumsmotoren und die Hinwendung zu neuen Wirtschaftszweigen gelingt.[37] Flint teilt dementsprechend mit vielen anderen Industriestädten die Herausforderung, aus dem alten Denken und alten Rezepten der Wirtschaftsförderung herauszukommen und ihr Gemeinwesen den neuen Anforderungen entsprechend umzubauen. Die neuere deutsche und US-amerikanische Forschung zu altindustrialisierten Städten in den USA kann mittlerweile systematisch an vergleichenden Fallstudien zeigen, wie stark Umfang und Qualität der Vernetzung der lokalen sozialen und wirtschaftlichen Eliten darüber entscheiden, ob solche

33   *Hollander*, Sunburnt Cities, S. 1.
34   Vgl. *Dandeneau*, Town Abandoned, S. 227.
35   *Friedrichs*, A Theory of Urban Decline, S. 911.
36   *Lord/Price*, Growth Ideology, 1992.
37   Vgl. *Peter Franz*, Neue Ansätze für Wachstumsstrategien der Wirtschaftsförderung in deindustrialisierten Städten, in: *Manfred Kühn/Heike Liebmann* (Hrsg.): Regenerierung der Städte. Strategien der Politik und Planung im Schrumpfungskontext, Wiesbaden 2009, S. 157–174.

neuen Wege gefunden und erfolgreich beschritten werden. In ihrem Buch „Stadtpolitik in schrumpfenden Städten" stellt Birgit Glock für schrumpfende Städte in
Deutschland fest, dass nicht nur die äußeren Rahmenbedingungen des ökonomischen Niedergangs und der Bevölkerungsverluste für die weitere Entwicklung einer Stadt entscheidend sind. Vor allem die lokalen Akteure und deren Formen der
Zusammenarbeit entscheiden darüber, wie unter schwierigen äußeren Rahmenbedingungen die bestehenden Handlungsspielräume genutzt werden können.[38] Zu
einem ähnlichen Fazit gelangt Safford für den amerikanischen Kontext. Seinen
Erkenntnissen nach sind vor allem solche sozialen Akteursstrukturen widerstands-
fähig gegenüber strukturellen ökonomischen Veränderungen, die sich durch einen
Einbindung der Akteure in unterschiedliche unabhängige, sich zwar vielfach über-
schneidende aber nicht identische Netzwerkstrukturen auszeichnen. Dadurch könne neues Wissen Einzug halten und Führungsqualitäten in der Krise sich heraus-
kristallisieren. Darüber hinaus sind unabhängigere Strukturen weniger krisenan-
fällig, da selten alle Akteure gleichzeitig und gleichmäßig betroffen sind und sie
sich dementsprechend gegenseitig unterstützen können.[39] Das „rebuilding of industrial regions" erweist sich also offensichtlich als vielfach geprägt von Regeln
und Routinen der Akteure, ihren „cultural tool kits"[40] – das heißt ihren Deutungen
und Lösungsrepertoires.

In Flint scheinen die alten Akteure der Wachstumskoalition auch in der jüngeren Vergangenheit noch maßgeblich für die Orientierung der Stadtpolitik gewesen
zu sein. Auch nach 1980, wo sie in manch anderen altindustrialisierten Städten bereits minorisiert waren, wurden sie nicht „just another group of public relations
management"[41,] sondern blieben vielmehr das majoritäre Steuerungszentrum des
politischen und wirtschaftlichen Lebens der Stadt. Ähnlich argumentieren jedenfalls mit Flint eng vertraute WissenschaftlerInnen von der University of Michigan
wie Albert Price[42], die *growth coalition* in Flint sei zwar inzwischen kleiner, bestünde aber wirkungsmächtig weiter – angeführt von der *Mott Foundation* – und
hielte beständig am Wachstumsparadigma fest. Gleichzeitig sendet aber das
Stadtoberhaupt mit einer Rhetorik des Wandels und der harten Wirklichkeit erste
Signale für einen Umschwung im Denken. So spricht der Oberbürgermeister von
Flint, Dayne Walling, in seinem *State of the City Address 2010* von Flint als einer
„city in a season of change" und fügt hinzu: „This is the hard truth. It is also a reason for hope."[43]

---

38 *Birgit Glock*, Stadtpolitik in schrumpfenden Städten. Duisburg und Leipzig im Vergleich,
    Wiesbaden 2006.
39 *Sean Safford*, Why the Garden Club Couldn't Save Youngstown. The Transformation of the
    rust belt. Cambridge etc. 2010, S. 137 ff.
40 *Ann Swindler*, Culture in Action: Symbols and Strategies. In: American Sociological Review
    51:2 (April 1986), S. 273–286.
41 *Safford*, Why the Garden Club, S. 14.
42 Expertengespräch am 18.06.2010
43 *Dayne Walling*, State of the City Address, 2010, URL:
    http://www.cityofflint.com/mayor/pdf/022510SOC.pdf, vom 11.11.2011.

Franz merkt an, dass Ansätze zur Neuausrichtung schrumpfender Städte in der Regel eher auf bestehende Probleme hinweisen, die zur Schrumpfung beitragen – wie zum Beispiel eine Pfadabhängigkeit der Akteure oder eine fehlende Diversifizierung der Wirtschaftsstruktur – als dass sie im Sinne von erfolgversprechenden Strategien für die Stadtentwicklung tatsächlich nutzbar wären.[44] Da die stadtpolitischen Akteure in der Regel wenig direkte Einflussmöglichkeiten auf die soziale Situation und die ökonomische Lage vor Ort haben, kommt es deshalb vor allem darauf an, wie mit den durch die Schrumpfung verursachten Problemen konstruktiv umgegangen werden kann anstatt den Versuch zu unternehmen, die Schrumpfung zu revidieren. Zunehmend wird in diesem Zuge auch über eine Abwendung von herkömmlichen Wachstumsparadigmen diskutiert, was in den Augen vieler Wissenschaftler einen vielversprechenden Ansatz darstellt, um im Schrumpfungsprozess neue Lebensqualität zu schaffen.[45] Ähnlich wie Dayne Walling für Flint beschreibt Hollander diesen Ansatz für schrumpfende Städte im Allgemeinen:

> „Rather than trying to grow every declining city, the shrinking cities approach argues that not all cities are going to grow back to their former glory. Instead of chasing industry with hefty incentives and the other standard economic development tools, for some cities it would be prudent to just focus on improving the quality of life for those left behind."[46]

Hier wird unter dem Label des *smart decline*[47] auch der Versuch unternommen, Schrumpfung von ihrem negativen Stigma zu befreien. Während andere ForscherInnen beim *smart decline*-Ansatz stark die Akteure und die politische Kultur im Umgang mit der Schrumpfung in den Fokus nehmen, stellt Hollander in erster Linie die städtebaulichen Aspekte dieses Ansatzes in den Mittelpunkt. Er schlägt im Wesentlichen zwei Instrumente vor: das *relaxed zoning*, bei dem in Wohngebieten übergangsweise auch andere Nutzungen und der Abriss von Gebäuden erlaubt sind und ein *reverse land use allocation model*, was auf Grundlage von kleinräumigen Prognosen Entwicklungsspielräume für Quartiere aufzeigt. Damit zeigt er vor allem für die Stadtplanung und Landnutzung Handlungsoptionen.[48]

VII. AKTEURE EINER STADTENTWICKLUNG UNTER VERÄNDERTEN VORZEICHEN

Ob die neue Rhetorik des Bürgermeisters von Flint in ein konsequentes Umdenken und -lenken wie in manch anderen altindustrialisierten Städten mündet, entscheiden in Flint viele alte und wenige neue Akteure.

---

44 *Franz,* Neue Ansätze für Wachstumsstrategien der Wirtschaftsförderung in deindustrialisierten Städten, S. 171f.
45 *Karina Pallagst/Thorsten Wiechmann,* Shrinking Smart? Städtische Schrumpfungsprozesse in den USA, in: *Norbert Gestring* u.a. (Hrsg.), Jahrbuch Stadtregion Sozialwissenschaften, S. 105–127; *Hollander,* Sunburnt Cities.
46 *Hollander,* Sunburnt Cities, S. 2f.
47 Vgl. ebd., S. 11.
48 Vgl. ebd., S. 13 ff.

Einfluss und Handlungsspielraum der gewählten *Stadtregierung* und ihrer Verwaltung gingen im Schrumpfungsprozess kontinuierlich zurück. Die Einnahmen der Stadt sanken allein zwischen 2009 und 2010 um fast 10%. Die schwindenden Finanzmittel sind vor allem zurückzuführen auf sinkende Steuereinnahmen sowie einen Rückgang bei den kommunalen Abgaben und den bundesstaatlichen Zuwendungen. Die Ausgaben für Polizei und Feuerwehr nehmen im Haushalt der Stadt über ein Drittel ein.[49] Vor diesem angespannten finanziellen Hintergrund schreckte auch die Stadtverwaltung nicht vor Überlegungen zurück, ganze Stadtteile in Flint von der Grundversorgung (z.B. der Müllabfuhr) ‚abzuhängen‘. Da solche Pläne aber großen Widerstand hervorriefen, wurden sie recht schnell wieder aufgegeben. Aktuell versucht die Stadt zumindest im Bereich der Stadtplanung wieder an Bedeutung zu gewinnen. Erstmalig seit über 50 Jahren soll die Neuaufstellung eines Masterplans Chancen zur Neuorientierung schaffen. Die Erstellung des Masterplans wird vom Ministerium für Wohnen und Stadtentwicklung (U.S. Department for Housing and Urban Development) mit insgesamt 1,57 Millionen Dollar unterstützt und soll unter breiter Beteiligung der Öffentlichkeit und relevanter Akteure sowie mit der fachlichen Unterstützung von externen Consultants stattfinden.[50]

Zu den finanziell und ideologisch einflussreichen Akteuren in der Stadtentwicklung gehört insbesondere die private Stiftung *Mott Foundation*. Sie war der Kern der alten Wachstumskoalition und bleibt Kern der zukünftigen Veränderung. Die traditionell durch die Unternehmerfamilie Mott – Teilhaber von GM – getragene Stiftung fördert heute mit einer eigenen Förderschiene für die Stadt Flint Projekte in einem breiten Themenspektrum. Sie unterstützt die Einrichtungen an der Museumsmeile, die Universität und das *Mott Community College*, nachbarschaftliche Einrichtungen und soziale Angebote sowie die *Land Bank*. Allein im Jahr 2010 flossen über 33 Mio. Dollar Fördermittel an Einrichtungen und Initiativen in Flint.[51] Auch unter den veränderten Vorzeichen der Stadtentwicklung in Flint liegt ein Großteil der Hoffnung auf der *Mott Foundation*, die durch die Unterstützung der „institutionellen Ankerpunkte" neue Stadtentwicklungs- und ökonomische Perspektiven schaffen kann.[52] Ein besonders wirksames Beispiel dafür ist die *Land Bank*.

Die *Genesee County Land Bank* stieg jüngst zu einem der einflussreichsten Akteure im Stadtentwicklungsprozess Flints auf. Von der *Mott Foundation* teilfi-

---

49 Vgl. City of Flint, Citizens' Guide to Local Unit Finances – Flint – Genesee 2011, URL: http://www.cityofflint.com/dashboard/Citizems_Guide.pdf vom 11.11.2011.

50 City of Flint, City of Flint Planning Commission to begin Master Planning Consultant Interviews, URL: http://www.cityofflint.com/news/newsreleasedetail.asp?ID=197 vom 11.11.2011.

51 Vgl. Charles Steward Mott Foundation, 2010 Annual Report: Striking a Balance. Supporting Innovative Ideas Versus Sustaining Basic Needs, URL: http://www.mott.org/files/publications/AR2010.pdf vom 30.01.2011.

52 The Economist, Smaller is more beautiful. Many Other Cities are Battling Problems Almost as Acute as Detroit's, URL: http://www.economist.com/node/21533417/print vom 22.11.2011.

nanziert, hat sie bundesweit große Aufmerksamkeit erfahren und wurde zum Modell für Kommunen mit ähnlichen Problemlagen. Die *Land Bank* hat sich vom Verwalter zwangsvollstreckter Grundstücke durch ihre Überführung in öffentliches Eigentum zu einem zentralen Planungsakteur entwickelt. Ermöglicht wurde dies durch eine Gesetzesänderung des Staates Michigan im Jahr 2003, die sie ermächtigte, zwangsvollstreckte Grundstücke wesentlich schneller zu ihrem Eigentum zu machen als dies vorher der Fall war.[53] Seit 2002 erwarb und teilweise revitalisierte die *Land Bank* so über 4.000 Wohn- und Gewerbegrundstücke und Immobilien, sie war damit zeitweilig im Besitz von bis zu 11% der Grundstücke in Flint.[54]

Abb. 7: Haus unter dem ‚Schutz' der Landbank.
Quelle: Eigene Aufnahme

Die Grundstücke liegen überwiegend im Norden der Stadt. Mit unterschiedlichen Programmen nimmt sich die *Land Bank* dieser Flächen und Immobilien an und versucht zugleich, der Zwangsvollstreckung weiterer Grundstücke vorzubeugen. Neben dem Abriss leerstehender Gebäude, der vereinzelten Sanierung von Häusern und sogar Neubau ist beispielhaft das Programm *Adopt-a-lot* zu nennen. Es legalisiert Eigeninitiative und gibt EinwohnerInnen die Möglichkeit, eine Patenschaft für leerstehende Grundstücke zu übernehmen, diese zu bewirtschaften bzw. als sogenannte Nachbarschaftsgärten zu pflegen. Damit soll der wachsende Pflegeaufwand für Brachflächen, der ansonsten zu einem Großteil von der *Land Bank* getragen wird, verringert werden.[55] Ihr umfangreicher Flächenbesitz und die unterschiedlichen Programme machen die *Land Bank* zum wichtigen – wenn nicht

---

53 Vgl. *Gillotti/Kildee*, Land Banks.
54 Vgl. The Land Bank, About us, URL: http//www.thelandbank.org/aboutus.asp vom 22.11.2011; Christopher Swope, The Man who owns Flint, in: Governing, January 2008, S. 52–57.
55 Vgl. The Land Bank, 2011.

sogar dem wichtigsten – Planungsakteur in einer Stadt, in der die Stadtverwaltung zeitweilig ihr Planungsamt aufgelöst hatte. Die Land Bank hat ein eigenes Team von Planern und entwickelt strategische Pläne für die in ihrem Besitz befindlichen Gebiete und darüber hinaus. Dazu gehört unter anderem die *Flint River District Strategy*, die in ihrer Planung den gesamten Bereich der Industriebrache *Chevy in the Hole* und die angrenzenden Wohngebiete umfasst.[56] Diese planerischen Vorstöße der Land Bank stießen bisher auf überwiegend positive Reaktionen und wurden als innovativer Ansatz einer Stadtentwicklung unter Schrumpfungsbedingungen hervorgehoben. Das Vorgehen rief jedoch auch vereinzelt Kritik hervor – so nannte der ehemalige Bürgermeister Flints, Donald Williamson, den Vorsitzenden der Land Bank, Dan Kildee, einen *slumlord*. Weitere Kritik kam vor allem von Investoren, die im Zuge von Zwangsversteigerungen und Spekulationen potenziell hohe Umsätze mit brachfallenden Immobilien verdienen können, die nun in den Besitz der *Land Bank* übergehen.[57]

VIII. AUSBLICK: AUF DER SUCHE NACH EINER NEUEN IDENTITÄT

Auf der Suche nach ihrer Zukunft sieht sich die Stadt Flint ständig mit ihrer Geschichte konfrontiert. Das Schicksal Flints ist – wenn auch besonders drastisch – exemplarisch für andere altindustrielle Städte im Rustbelt wie Detroit, Cleveland, Youngstown oder Pittsburgh. Ob ihr der erhoffte *turnaround* gelingen wird, hängt auch von der Selbst- und Fremdwahrnehmung der Stadt ab, die in den letzten Jahrzehnten gerade durch Zerrbilder der Zerstörung stark Schaden nahm: „Few places in America are so reviled as Flint, Michigan."[58]

Welche ambivalente Botschaften selbst solche Filme aussenden, die über das Schicksal der Stadt in bester Absicht aufklären möchten, ist im Film ‚*Roger and Me*' von Michael Moore aus dem Jahr 1989 zu besichtigen. Moore ist ein Sohn der Stadt, der hier seine Karriere als Journalist begann. In seinem Film beklagt er mit einer Art Hassliebe den Niedergang von Flint im vergangenen Jahrhundert und prangert General Motors für das Missverhältnis von wirtschaftlicher und politischer Macht in Flint an. Umstritten in Stil und Darstellungsweise gelang es Moore damit, das Schicksal Flints im Zuge der Deindustrialisierung in das Bewusstsein einer breiteren Öffentlichkeit zu bringen – aber er lässt das Publikum mit Dokumenten der Trostlosigkeit zurück.[59]

---

56   Vgl. The Land Bank, Planning, URL: http://www.thelandbank.org/planning.asp vom 27.03.2013
57   Vgl. z.B. *Swope* 2008.
58   *Hollander*, Sunburnt Cities, S. 30.
59   Vgl. *Dandaneau*, Town Abandoned.

Abb. 8: Obama visits the midwest & mideast.
Quelle: David S. Donar (http://politicalgraffiti.wordpress.com/, Zugriff am 23.11.2010)

Auch in der Presse sorgte Flint immer für radikale Schlagzeilen: *„US cities may have to be bulldozed in order to survive"* titelte etwa die britische Zeitung *Telegraph* vom 12.09.2009; die *New York Times* (18.10.2009) bezeichnete Flint (im Artikel *„Amid Ruin of Flint: Seeing hope in a garden"*) als *„the toughest city in America"–* ein zwiespältiger Spitzenplatz. Leitende Metaphern für den Niedergang sind Zerstörung und Ruinen: Cartoons wie *„Obama visits the midwest & mideast"* zeichnen die Stadt als eine kriegszerstörte Kulisse, gegenüber der die Zerstörungen im Irak harmlos seien.

Unter dem Begriff des *Detroitism* beschreibt der amerikanische Literaturwissenschaftler John P. Leary die mediale Wahrnehmung und Darstellung von Schrumpfung (speziell in Detroit) sowie die dadurch transportierten Images. Er sieht die Ursache für die neuartige Faszination am Verfall der Städte (die sich aktuell vor allem in photographischen Bildbänden und Filmen zeigt) im Wesentlichen darin, dass schrumpfende Städte in der westlichen Welt eine nachhaltige Irritation in Hinblick auf die üblichen Denkmuster darstellen. Gleichzeitig sind sie Ausdruck einer Ratlosigkeit im Umgang mit dem Phänomen der Schrumpfung:

> „Photographs like Moore, Marchand, and Meffre's succeed, at least, in compelling us to ask the questions necessary to put this story together – Detroit's story, but also the increasingly familiar story of urban America in an era of prolonged economic crisis. That they themselves fail to do so testifies not only to the limitations of any still image, but our collective failure to imagine what Detroit's future - our collective urban future – holds for us all."[60]

Die mediale Hypothek einer Stadt im Ausnahmezustand, die Leary für Detroit beschreibt, lastet auch schwer auf Flint. Aus der Teufelsspirale der Skandalisierung ist kaum zu entkommen. Doch mittlerweile mischen sich auch andere Töne in die Berichterstattung. Flint ist nicht mehr nur weit beachtetes negatives Fallbeispiel

---

60 *John P. Leary*, Detroitism, in: Guernica, 2011, URL:
http://www.guernicamag.com/features/leary_1_15_11/ vom 21.01.2013.

für städtische Schrumpfungsprozesse, sondern mittlerweile auch Ideengeber für den Umgang damit. Diese Wende liegt sicherlich an unterschiedlichen Faktoren: neben einer allgemein gestiegenen Aufmerksamkeit in den USA für das Thema schrumpfende Städte gehen sowohl die *Land Bank* als auch die Stadtpolitik zunehmend offensiv mit der Schrumpfung um und suchen den Kontakt und Austausch zu anderen Städten, zur Bundespolitik und zur Wissenschaft, wie erst im Februar 2011 auf einer Veranstaltung der *American Assembly* in Detroit. Auch innerhalb der Stadt Flint ist Bewegung festzustellen: Aktuell bereitet die *Planning Commission* in Flint einen neuen Masterplan vor, in dem sich erstmals mit der Stadtentwicklung unter veränderten Vorzeichen befasst wird. Gleichzeitig ist die Land Bank von einem Notverwalter nicht bedienter Hypotheken zu einem aktiven und leistungsfähigen Gestalter der Stadtentwicklung geworden.

Flint bleibt weiterhin auf der Suche nach einer Perspektive für die Stadtentwicklung, rückt aber erstmals vom eindeutigen Wachstumsparadigma ab. Dies zeigt sich allzu deutlich im 2010 geäußerten Zitat des damaligen Vorsitzen-den der *Land Bank*, Dan Kildee: „The important thing is how people feel about their city when they stand on their front porch in the morning, not how many people actually live in the city. It's just irrational to simply pursue growth."[61] Ob damit der schwierige Weg eines *Shrinking Smart*[62], also einer bewusst gestalteten Schrumpfung eingeschlagen wird, und auf welcher Basis und mit welchen Ergebnissen dieser Weg realisierbar wäre, kann zum jetzigen Zeitpunkt noch nicht beurteilt werden. Die Geschichte der Stadt ist jedoch keineswegs zu Ende geschrieben: man wird von Flint hören.

Autorin und Autor bedanken sich bei den Gesprächspartnern in Flint, Ann Arbor und Detroit, die sich im Juli 2010 Zeit für ausführliche Expertengespräche nahmen. Besonderer Dank geht an Albert Price und seine Kollegen und Kolleginnen an der Universität Michigan in Flint, weiterhin an Dayne Walling und David Solice (Stadt Flint) sowie an Christine Kelly von der Land Bank in Flint.

---

61 Vgl. Dan Kildee zitiert in *Gordon Young*, The Incredible Shrinking American City. What Dan Kildee wants America to learn from the sorry tale of Flint, Mich., in: Slate Magazine, 2010, URL:
http://www.slate.com/articles/news_and_politics/dispatches/2010/07/the_incredible_shrinking_american_city.html vom 16.07.2010
62 Vgl. *Pallagst/Wiechmann*, Shrinking Smart?

PLANT CLOSURES IN AUTOMOTIVE CITIES: IMPACT AND POLICY RESPONSES IN THE CASE OF MG ROVER IN BIRMINGHAM

David Bailey / Gill Bentley / Alex de Ruyter / Stephen Hall / Stewart MacNeill

I. INTRODUCTION

Automotive vehicle manufacturing cities in mature economies have faced significant economic challenges over the past 30 years, particularly during the most recent economic downturn. This has been typified in the UK by a number of high-profile plant closures, with Birmingham and the wider West Midlands region being particularly hard-hit: most notably with the Jaguar plant in Coventry in 2005, MG Rover in Birmingham in 2005, Peugeot near Coventry in 2006 and LDV in Birmingham in 2009[1]. In response, in several cases the last UK Government set up task forces[2] to deal with the impacts of plant closures most notably the MG Rover Task Force.

This chapter reports on the findings of research on the collapse of MG Rover in Birmingham in 2005, and explores its socio-economic impacts and the associated policy responses.[3] The chapter highlights what key lessons were learned from

---

1   *Gill Bentley*, Dealing with strategic change: A Trio of Automotive Industry Closures in the West Midlands, in: Strategic Change, 16 (8), 2007, S. 361–370.
2   Different types of Task Force model can be outlined in the UK, such as employer-based task forces, sector-based task forces and varying area-based task forces (e.g. local, regional and national). Such task forces can bring together a range of actors to address shock situations. Some task forces can be seen as reactive and regenerative, operating over short time-scales, whereas others may be more proactive and developmental operating over longer time frames (*Andy Pike*, Task Forces and the organization of economic development: the case of the North East region of England, in: Environment and Planning C, 20, 2002, S. 717–739), with evolution between these modes as the scale and challenge of some shocks or potential shocks unfold. Area-based task forces may be seen as more likely to try to address longer-term economic restructuring needs. Task Forces can in turn be assessed in terms of the degree of multi-level working, the degree of devolved responsibility, to what extent a tailored policy response is developed, and also legitimacy (and on the latter communication of task force interventions may be key) (*Gill Bentley/David Bailey/Alex de Ruyter*, The MG Rover Closure and Policy Response: An evaluation of the Task Force Model in the UK, in: International Journal of Automotive Technology and Manufacturing, 10 (2/3), 2010, S. 236–251).
3   The authors would like to acknowledge the support of the UK Economic and Social Research Council (ESRC) under award number RES-000-22-2478. For more detail on the MG Rover case study, see *David Bailey u.a.*, Life after Longbridge: Three Years on. Pathways to Re-employment in a Restructuring Economy, London 2008.

what happened before, during and after the MG Rover closure in 2005 and the work of the Task Force in tackling this 'crisis' situation. However, we also try to move beyond this Task Force narrative, recognising that whilst significant policy 'successes' were evident at the regional level in anticipating and responding to the crisis, a broader perspective is required that situates this Task Force response in (i) a broader context of labour market precariousness (that in turn mitigates some of its policy 'successes'), and (ii) more local perspectives that highlight the local impacts of closure, the role of the neighbourhood level officials and the third sector in mediating these, plus the longer term regeneration challenge following the Task Force's departure.

Overall, this chapter therefore attempts to adopt a holistic approach to better understanding plant closure in an automotive city, examining:

- What happened to ex-MG Rover workers after the closure? What have been the impacts of UK labour market regulation and the current economic crisis on their subsequent labour market experience?
- What have been the impacts on the communities where these workers lived in the city?
- What types of policy response have been put in place regionally and locally to deal with these impacts and have they been successful?[4]

Accordingly, the chapter is structured as follows. After a brief history to introduce the auto cluster in Birmingham and the wider region and MG Rover in particular, following sections discuss the data and methods used (notably, the use of a longitudinal survey and follow-up interviews), the context of the final collapse, then findings in terms of the impact on local labour markets and workers. This is then followed by a discussion and consideration of policy efforts and some critical broader perspectives going beyond the 'Task force narrative' before some concluding thoughts round off the chapter.

II. AUTO PRODUCTION AND MG ROVER IN BIRMINGHAM AND THE WEST MIDLANDS: A BRIEF HISTORY

The West Midlands region is one of the long standing areas of global motor industry production. The heyday of production was after World War Two but, in the following decades, with open trade rules and globalisation, the industry declined. A popular view is that local companies could not compete in global arenas as a result of insufficient investment, poor labour relations, poor quality and cost control, and – critically – the lack of a supportive industrial policy on the part of the government. Despite a number of foreign takeovers the industry's fortunes continued to decline. The recent closures of the MG-Rover and Peugeot plants effectively ended volume manufacture in the region. In parallel there has been a decline in

---

4   On comparisons with policy responses to the Mitsubishi plant closure in Adelaide, Australia, see *Beer/Thomas* (Hrsg.), The Impacts of Automotive Plant Closure: A Tale of Two Cities, London 2009.

activities by the major suppliers. In recent years, Bosch has closed its automotive lighting plant in the north of the region and TRW its electric power steering plant in Birmingham. These changes have affected employment in the sector with a 34% reduction in the 10 years from 1997 to 2007.[5]

Yet in parallel to the decline in volume manufacture, recently there has been relative growth of higher value or specialist production where profit margins are greater and which can (therefore) be more sustainable in a high wage cost economy. Companies involved range from relatively large producers, such as Jaguar Land Rover, through medium sized companies such as Aston Martin to small scale producers such as the sports car producer, Morgan Motors. Many of these businesses have developed out of the motor sports sector. For example, the electric car developer Zytec is best known for racing, and developed its expertise in electric vehicles from producing a high performance electric version of the Lotus Elise. Alongside this niche manufacturing there is a growing (and relatively new) base in engineering design and development services ranging from major international businesses like TRW, Ricardo and MIRA to small and medium sized companies like Zytec, Prodrive, and others.[6]

Birmingham as an auto city in particular has a long history of automotive production, dating back to the first factory of the Lanchester Motor Company in 1895. The Longbridge plant in south-west Birmingham was set up by Herbert Austin in 1905. During the subsequent period, the site traded under various names and progressively became incorporated into larger corporate entities, growing into a major complex rivalling any in Europe. As in many other mature automotive cities, the supply industry grew alongside the car makers and metal-based trades, dating from the Industrial Revolution, and was able to adapt to the manufacture of automotive parts. Consolidation occurred under the "national champions" industry policy approach of the 1950s and 1960s, culminating in the creation of the British Leyland Motor Corporation: a conglomerate consisting of Austin, Rover, Triumph, Morris and Jaguar.[7] This period coincided with manufacturing's peak in

---

5   Office of National Statistics (ONS), Union Membership: membership down slightly in 2006, URL: http://www.statistics.gov.uk/CCI/nugget.asp?ID=4&Pos=4&ColRank=2&Rank=448, 23.10.2008.

6   Like SMEs in the volume sector they are also a legacy of past volume based manufacturing but differ in two important respects. Firstly, they are largely vehicle (product) oriented rather than manufacturing (process) oriented and, secondly, they are in a high value segment of the supply matrix. These 'Knowledge Intensive Business Services' (KIBS) have largely developed as a result of the vehicle makers' trend towards outsourcing to experts to save on the sunk costs of research and development departments. In particular a number of companies are working in areas connected to 'green technologies' including indirect technologies such as telematics systems through to direct low carbon vehicle technologies such as hybrid or electric drives. Research activity has also been stimulated and supported by public investment in the region's universities such as Warwick (lightweight construction), Birmingham (hydrogen fuel cells) and City of Birmingham (ICE engines), as well as the demonstration testing of electric vehicles (Birmingham and Coventry).

7   Vgl. *Bailey u.a.*, Life after Longbridge.

Birmingham and the wider West Midlands,[8] with manufacturing comprising some 65% of total employment in the region by 1961.[9] At this time, Birmingham and the West Midlands were characterised by rapid economic growth and prosperity, based on strengths in metal goods, motor vehicle and electrical equipment manufacturing.

However, the corporate conglomerate entity that was created in the early 1970s (then named 'British Leyland') was unsuccessful, being characterised by low trust between units, poor quality, poor industrial relations, the lack of economies of scale and scope, and an inability to recover the (rising) costs of product development.[10] After nationalisation in 1975, a long period of decline set in, with a gradual collapse of sales volumes and offloading of non-performing lines. As noted above, the city and the region were strongly hit by the recessions and manufacturing crisis of the 1970s and the 1980s, leading to significant levels of unemployment[11] and on-going de-industrialisation. Privatisation in 1985 saw a succession of ownership for what became MG Rover: first under British Aerospace, then followed by BMW in 1994. During BMW ownership (over 1994-2000) there were significant cuts in employment at Longbridge. BMW subsequently divested itself of most of Rover and split the company up[12]. This involved the rationalisation of production and its relocation in the different Rover plants located in different parts of the UK. BMW retained a plant in Oxford to produce the new Mini, which was originally based at Longbridge in Birmingham in the West Midlands. Production of the Rover 75 model, then based at Oxford, was shifted from Oxford to Longbridge. The latter was then sold to a local consortium, the Phoenix Group, for a nominal £10 (ten pounds sterling).[13] Land Rover was sold to Ford for £1.8 billion, along with Rover's design facility.

8   The West Midlands NUTS-2 region is located in central England, and covers an area of around 13,000 sq. km, from Stoke-on-Trent in the north to Hereford in the South. It comprises two major conurbations of Birmingham/Solihull/the 'Black Country' together with Coventry in the central area and the North Staffordshire conurbation around Stoke on Trent, plus the rural counties of Shropshire, Staffordshire, Warwickshire, Herefordshire and Worcestershire. From 2012 regional governance structures – including Regional Development Agencies – were abolished, being replaced by more fragmented and less well funded Local Enterprise Partnerships (vgl. *Bailey u.a.*, Place-renewing leadership: trajectories of change for mature manufacturing regions in Europe, in: Policy Studies, 31(4), 2010, S. 457–474.)

9   *Bryson u.a.*, quoted in: *Austin Barber/Stephen Hall,* Birmingham: whose urban renaissance? Regeneration as a response to economic restructuring, in: Policy Studies, 29 (3), 2008, S. 281–292.

10   Ibid; *Karel Williams u.a.*, Cars: Analysis, History, Cases, Providence 1994.

11   *Julie Brown u.a.*, From a city of a thousand trades to a city of a thousand ideas - Birmingham, West Midlands: UK pathways to creative and knowledge-based regions, in: ACRE Report No. 2.3, Amsterdam 2007.

12   *Gill Bentley*, The Automotive Industry: Change and Challenge for the RDAs, in: *ders./John Gibney* (Hrsg.), Regional Development Agencies and Business Change, Aldershot 2000.

13   *David Bailey*, Globalisation, Regions and Cluster Policies: The Case of the Rover Task Force, in: Policy Studies, 24 (2 &3), 2003, S. 67–85.

With the purchase of the Longbridge plant by the Phoenix consortium in 2000, the then Labour Government saw a settlement that, despite its inherent weaknesses, was politically popular and satisfied trade unions. In consequence it saw the MG Rover issue as 'closed' and felt that no further action was necessary. However, the Government Office for the West Midlands (GOWM), in private discussions with Stephen Byers (the then Secretary of State for Trade and Industry) pressed, and won the argument, for a package of measures to support businesses most dependent on MG Rover and, at the same time, address long-term weaknesses in the in the regional economy. Thus the Rover Task Force Report (RTF, 2000) focused on the inter-linked themes of *modernisation* (with funding of £17 million), *diversification* (£19.7 million) and *regeneration* (£22 million). A further action was to extend the existing Accelerate Programme of supply chain improvement outside the confines of the then European funded 'Objective 2' area to offer support nationally to companies in the Rover supply base.[14] Given the ongoing concern about Rover's long term prospects, the first Rover Task Force (RTF1) also initiated spatial targeting via corridors of *regeneration*. However, the support actions arising out of the first Rover Task Force were, for the most part, not based upon cluster concepts of networks but on 'old fashioned' industrial policy interventions.

The 'final' collapse of MG Rover in February 2005 then, although widely predicted by industry experts, sent shockwaves through the region. Aside from the direct loss of some 6300 jobs, the firm's turnover accounted for as much as 1% of regional GDP and £200 million a year in government revenue alone was lost.[15] The firm ceased operations owing £1.4 billion to creditors, with £109 million owed to UK-based suppliers[16] (House of Commons, 2006). MG Rover's inability to pay its suppliers and the resulting cash flow problems in the supply chain cut off supply into the factory and caused the final collapse. It also meant that it was impossible for the administrator to restart production. The collapse thus ended 100 years of car making on the Longbridge site. More jobs were lost in the supply chain. At first it was thought that as many as 12,000 jobs would be at risk but in the event the loss, estimated at 8,500 jobs, was less than initially expected.[17] When this was followed, in late 2006 by the closure of the Peugeot factory in Coventry and van maker LDV in June 2009 with the loss of 810 jobs, volume production in the region effectively ended, leaving only higher-value 'niche production' as noted above. Whilst an upsurge in demand, from emerging economies in particular, has seen the premium end of the sector benefit, with Jaguar Land

---

14 Ibid.
15 On the decline and collapse of MG Rover, see *David Bailey/Seiji Kobayashi*, Life After Longbridge? Crisis and Restructuring in the West Midlands Auto Cluster, in: *Mahtab Farschi/Odile Janne/Phil McCann* (Hrsg.), Industrial Regeneration and Regional Policy Options in a Global Economy, Cheltenham 2008.
16 House of Commons, The Committee of Public Accounts, The Closure of MG Rover. Report, Together with Formal Minutes, Oral and Written Evidence, London 2006.
17 *Bailey/Kobayashi*, Life after Longbridge?

Rover recently employing additional workers at its plants in the region[18] (Bailey, 2013), at the same time current developments in the Eurozone and the European auto market create uncertainty for auto firms operating in the UK (with mid-range producers such as GM and Honda particularly affected) with an impact on the supply chain.

III. METHODS

The data used in this article consists of findings from a three-wave longitudinal survey of ex-MG Rover (MGR) workers, building on the findings of *Armstrong et al.*[19] and *Bailey et al.*[20] Letters were sent to ex-MGR workers inviting them to participate in the research via a telephone interview, lasting approximately for 20 minutes. This was conducted in accordance with the ethical principles of fully-informed voluntary participation, anonymity and confidentiality. The third wave of this survey (which is the focus of this chapter) was carried out in April 2008; three years after the closure.[21]

Ex-MGR workers were first interviewed in July 2005 (wave 1, three months after the closure), again in December 2005 (wave 2) and finally in April 2008 (wave 3). In the first wave, 273 interviews were conducted with ex-MGR workers. At the second wave, 232 interviews were conducted, and in the third wave 204 interviews were conducted, with 176 ex-workers across all three waves and 19 new volunteers. The demographic profiles of the samples were representative of the MGR workforce. Similarly to the MGR workforce, the third-wave sample was 93% male, and the majority (over 70%) of workers aged between 40 and 54 (with an average age of 48 years) and had worked on average for 21 years at MGR. The average yearly salary of the ex-workers interviewed at MGR was £27,624 or a weekly salary of £514, as compared with £404 for a full time worker (£444 for a man) in the West Midlands in 2005. Approximately 80% of the respondents were married, whilst some 93% were home-owners (with 55% still paying a mortgage) in 2008. The composition of our sample was highly representative of the demographics and job type of the MG Rover workforce as a whole, which enabled a high degree of generalisation of the findings.[22].

The survey data was supplemented with qualitative interview data obtained from ex-workers (over 20 in total, at the time of writing) and trade union representatives (three, in total). These interviews were conducted between July 2008 and April 2009 and consisted of semi-structured sessions which lasted for ap-

18 *David Bailey*, US Auto Market booms as Europe's suffers, URL:
    http://blogs.birminghampost.net/business/2013/01/us-auto-market-booms-as-europe.html,
    aufgerufen am 14.01.2013.
19 *Kathy Armstrong u.a.*, The Impact of Plant Closures on Workers: a Comparison of MG Rover
    in the UK and Mitsubishi in Australia, in: Policy Studies, 29 (3), 2008, S. 343–355.
20 *Bailey u.a.*, Life after Longbridge.
21 Ibid. See here for a more complete discussion.
22 Ibid.

proximately 30 minutes, in which issues highlighted in the survey could be further explored. In addition a range of other stakeholders, policy providers and policy makers were interviewed.

IV. CONTEXT: BIRMINGHAM AND THE REGION'S LABOUR MARKET

As inferred from the previous section, the closure of MGR and its impact on Birmingham and the wider West Midlands cannot be considered in isolation, but rather must be considered against a backdrop of structural change and on-going labour market stagnation. In the West Midlands this specifically pertains to the demise of volume-based manufacturing in the region and the impact of the current economic downturn. Between 1965 and 1981, Birmingham and the West Midlands lost approximately 370,000 manufacturing jobs, and from 1971 to 1981 over 40% of the city's auto-related jobs were lost.[23] This process has continued into recent years: *Larkin*[24] found that between 1998 and 2007 the number of private sector jobs in Birmingham fell by 55,500, while the number of public sector jobs increased by 80,900. Although the service sector grew rapidly in this period (and now accounts for 80% of jobs in Birmingham), these new jobs have been quite diverse ranging from high level professional services to relatively low-paid (often part-time) work in retail or wholesaling. Birmingham has clearly been struggling relative to the rest of the West Midlands and the UK overall, a situation reinforced by the unemployment rate scenario outlined in Table 1 (i.e., at the time of the third wave survey).

Northfield (constituency)	*n/a (4% of all residents claimed Job Seekers Allowance)*
Birmingham	9.4
Sandwell	8.8
Dudley	6.5
Walsall	7.5
Wolverhampton	9.5
Bromsgrove	4.0
WEST MIDLANDS (region)	6.2
UK	5.2

Table 1: Unemployment (ILO) rates (% working age) by UAD/LA: July 2007 to June 2008.
Source: NOMIS local labour market data (2008).

---

23   *Ken Spencer u.a.,* Crisis in the Industrial Heartlands: a Study of the West Midland, Oxford 1986.
24   *Kieran Larkin,* Public Sector Cities: Trouble Ahead, London 2009.

Local Au-thority	July 2007-June 2008	July 2011 – June 2012			
	% unemployed (% of economically active)	No. Un-employed	% Unem-ployed (% of economically active)	No. Eco-nomically Inactive Want Job	Adjusted unemploy-ment rate (%)
Birming-ham	9.4%	61,200	13.6%	39,300	20.5%
Coventry	-	13,600	8.9%	11,000	15.2%
Sandwell	8.8%	17,600	12.8%	7,000	16.9%
Wolver-hampton	9.5%	14,300	13.2%	6,300	17.9%
Bromsgrove	4.0%	2,500	5.5%	3,300	11.7%

Table 2: Official and "Real" Unemployment Rates (% working age) by
Local Authority July 2007 to June 2012. Source: NOMIS
http://www.nomisweb.co.uk/reports/lmp/la/2038431938/report.aspx[25]

This situation of relative labour market insecurity was further reinforced by a high incidence of those receiving unemployment benefit (then called Jobseekers' Allowance), with the West Midlands having the highest rate of any region in the UK and Birmingham the second highest Local Authority (NOMIS local labour market statistics). Thus, whilst 75% of the sample had entered full-time employment by April 2008 (see below), the external labour market context remained fragile for most. Follow-up interviews conducted with a number of respondents who were employed in April 2008 reinforced this; with some since having been made redundant as a result of the current downturn. Aggregate labour market statistics confirm this, with official unemployment rates in the West Midlands increasing by some 50% between 2008 and 2010. If one considers hidden unemployment in the form of those economically inactive but wanting a job, then the "real" rate of joblessness in the West Midlands becomes more in the order of 20%, as depicted in Table 2. This is highly concentrated in pockets of deprivation, where people have been unable to cope with the structural change that has unfolded around them.

25 Note to Table 2: Adjusted unemployment rate is calculated by adding those 'economically inactive want job' to those officially 'unemployed' and then dividing by augmented labour force (official labour force plus 'economically inactive want job') x 100.

V. KEY FINDINGS

It needs to be borne in mind just how calamitous the sudden redundancies of 6,000 people could have been for the region.[26] Yet our findings suggest that at one level, adjustment for the ex-MG Rover workforce before the recession impacted had been successful; with approximately 90% of ex-MGR workers having obtained some form of employment in April 2008: with nearly three-quarters employed full-time, 11% self-employed and 5% employed part-time. In contrast, only 5% were still unemployed and looking for work. However, a majority of workers reported facing difficulty in finding employment, especially due to the number of people applying for the same job, age and lack of skills. Indeed, most workers had to convert to service sector work and were using different skills in 2008.Training played an important role in ex-workers finding new jobs either in giving them confidence or in helping them learning new skills. Some 60% of workers interviewed in the third wave survey reported having undergone some form of training and education. Two thirds took up the offer of free training places offered by local agencies and many others underwent training by their new employers. But judged against national levels, it does appear that the ex-MGR workers moved into jobs with lower levels of autonomy, challenge and skill use, and fewer opportunities for progression than other workers in the UK.

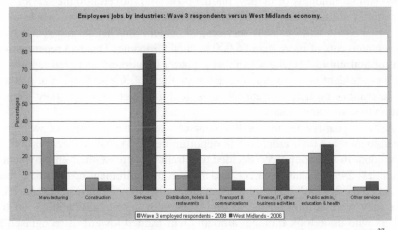

Figure 1: Re-employment by industry after MG Rover. Source: Bailey et al, 2008.[27]

Overall our research reveals a marked shift away from employment in manufacturing towards employment in service industries, mirroring the employment

26   It should be noted that the Rover workforce had already been reduced by some 6000 under BMW ownership, with a similar reduction in employment numbers at Longbridge under Phoenix ownership. This 'cushioned' the final effect to some extent in that fewer workers were laid off, but also meant that workers being made redundant in the final collapse entered a labour market already swelled by ex MG Rover workers.

27   We are grateful to Caroline Chapain for permission to re-print this figure.

structure found in the wider UK economy. However, the proportion of our sample employed in manufacturing was still around double that of the regional average at that time as Figure 1 shows.

This occupational shift is also reflected in the type of skills that workers reported using in their current roles. More than 60% of those employed three years on stated that in their new jobs they were now using different skills to those they used at MG Rover.[28] What was also evident was that the quicker people found re-employment post MG Rover, the more likely they were to use the same skills as at MG Rover in their new role.[29] Interestingly, three years on some workers had changed occupational level. Roughly a third of workers surveyed reported higher occupational level roles three years on as compared to when at MG Rover, roughly a third reported a lower occupational status at wave three than they did previously, and roughly a third maintained a similar position over time.[30]

The need for workers to change their type of job and/or occupation to find employment resulted in significant pay cuts, with average pay falling by £5,640 per year in real terms by 2008. Two thirds of workers suffered wage falls while a third reported an increase in their salaries. The jobs at MG Rover were high quality manufacturing jobs paying above the average for the West Midlands region so it was always likely that workers would not be able to find directly comparable work. Overall, the 31% of workers who stayed within the manufacturing sector earned similar amounts of money, but the 60% who moved into the service sector were mostly earning less. People who found work in four sectors - wholesale and retail, real estate and business services, education, and health and social work - took average cuts of more than £6,000 in annual income. This had repercussion in terms of households' finances. Almost a quarter of workers surveyed reported that they were in debt or were drawing down savings; 36% said they were just about able to manage on their current incomes; and a further 38% said they were in a position to save some money.

A more positive feature of this chapter was that a majority of workers re-trained to increase their employment opportunities or to change career or job. This was evident in that some 35% decided to retrain to increase their employment opportunities, 24% to change career, and 13% as a requirement of their new job. In contrast, only 8% took up training as an alternative to unemployment (and 7% because they were simply unable to find work with their qualifications). Of those workers who undertook training, around a half trained towards a recognised academic qualification (mostly vocational in nature). The very fact that ex-workers pursued specific forms of academic and vocational training in a range of demanded skills may help to explain some of this chapter's key findings, notably the

---

28   *Bailey u.a.*, Life after Longbridge.
29   Ibid.
30   Ibid.

positive uptake of training opportunities, in contrast to research on other plant clo-sures.[31]

In terms of specific support offered, job fairs and information on job opportu-nities generally were seen as not very helpful by respondents. In contrast, the free training places were generally seen as helpful, although the initial training as-sessment was less well received. Overall, though, these developments would sug-gest that for many workers, the degree of training assistance provided was a posi-tive feature. However, as inferred above, skill reproduction entails measures to ensure the continuity of manufacturing skills. As such, the issue of skill atrophy and loss of traditional manufacturing skills could be problematic for long-term re-gional economic viability[32]. It is to such issues that we turn next.

VI. THE NATURE OF THE POLICY RESPONSE AND LESSONS FOR POLICY

Having been alerted at the beginning of 2005, the (now-disbanded) Regional De-velopment Agency, Advantage West Midlands (AWM), and the national govern-ment were able to move quickly when MG-Rover finally collapsed, coming to-gether to enact the 2nd Rover Task Force (RTF2). The members of the 2nd Task Force were from a spread of territories, tiers of government and other agencies and included the then Department of Trade and Industry (DTI) and local Members of Parliament (MPs); Local Authorities (among these, Birmingham City Council); Skills Agencies such as the Learning and Skills Council; Employer organisations; Employers (GKN, and Hadley Industries); Trade Unions; and local universities. However, membership was not completely inclusive. Some of the policy imple-mentation agencies such as Job Centre Plus, the key government employment agency responsible for helping people find jobs, did not sit on the Task Force but were on an 'operational group', set up to support the work of the Task Force, in-stead. The DWP (Department for Work and Pensions) were members of the Joint Planning Group, but were not members of the Task Force. HM Revenue and Cus-toms also did not appear to formally participate in the Task Force.

This Task Force (RTF2) was set up with the objectives of: helping suppliers to maintain operations in the short term, whilst assisting them to diversify; aiding those losing their jobs to find new employment; and supporting the broader com-munity. A significant aid package worth £176 million was made available, includ-

---

31 For example *Shuttleworth et al.* in their study of workers made redundant at Harland and Wolff noted a low take up of training in general skills by redundant workers, but a positive outcome on programmes specifically linked to employment: *Ian Shuttleworth/Peter Ty-ler/Darren McKinstry,* Redundancy, readjustment, and employability: what can we learn from the 2000 Harland &Wolff redundancy? in: Environment and Planning A, 37, 2005, S. 1651–1668.

32 *David Bailey/Caroline Chapain/Alex de Ruyter,* Employment Outcomes and Plant Closure in a Post-industrial City: An Analysis of the Labour Market Status of MG Rover Workers Three Years On, in: Urban Studies, 49, 7, 2012, S. 1595–1612.

ing £50 million for retraining (up to level 2 skills) , £40 million in redundancy payments, a £24 million loan fund to help otherwise viable businesses, and £41.6 million to support MG-Rover suppliers to sustain trading. Redundancy payments were made by the Redundancy Payments Directorate of the DTI sooner than usual; the Human Resources Division of MGR was kept on until December 2005 to assist with this work.[33] Another £7.6 million was announced by AWM in June 2005 to assist with supplier diversification. The tailored support for suppliers proved critical in limiting the short term damage to the local economy. For example, a £3.4 million Wage Replacement Scheme helped 170 firms and kept approximately 3,000 workers in place for the critical weeks following the collapse, with 1,329 'confirmed' jobs being saved in this way.[34] The diversification programme put in place by the first task force to support firms in the supply chain to diversify their customer base proved to be successful when MG Rover eventually collapsed, with far fewer jobs lost in the supply chain than had previously been forecast.

In the immediate aftermath of the closure, the state employment agency Job Centre Plus registered at least 5,300 ex MGR workers in 7 days to qualify for benefits. They took on 160 extra staff and worked a double shift to do so at the main office near Longbridge.[35] Pensions were transferred to the Pension Protection Fund. To overcome the problem of being on benefits and the need to train or to take a job, rules were relaxed. Help for redundant workers also included job fairs, information on job opportunities, help from Job Centre Plus and free places on training courses. Help was also offered to spouses and partners to go on training courses. Employers were also paid a subsidy to employ ex-Rover workers and efforts were made through a 'Manufacturing Hub' to match manufacturing workers with jobs available in the sector. A one-stop employment and skills advice centre was set up locally, and local colleges put on extra courses. Of these, the most helpful support was found from our survey to be free travel to a training course or job interview, a free place on a training course, being sent on a training course by a new employer and help with setting up a business.

In this sense, a key policy lesson arising from the MG Rover experience is the need for agencies to move swiftly; it is helpful to have knowledge and actions in place rather than attempting to 'fire fight' after the event. Indeed, when MGR closed in April 2005, the second MGR Task Force was able to start work on the day of the closure announcement. Such advance preparation work could work well in future closure situations, as it is unlikely that a future closure would happen without at least some prior warning. There is therefore a need for a 'permanent capacity' to deal with these issues, as a way of having institutional memory of how things were done. This is particularly pertinent given the recent recession and credit crunch and the potential for further closures, including of smaller busi-

---

33 National Audit Office (NAO), The closure of MG Rover, Report by the Comptroller and Auditor General. Session 2005-06, London 2006.

34 Rover Task Force (RTF2), Final Update Report: The Work Goes On, Birmingham 2006.

35 NAO, London 2006.

nesses. It was interesting, for example, that when the Birmingham van maker LDV went into administration in June 2009, a task force was set up immediately, learning from the MGR experience, and staffed by some of the same agencies and people. There have been calls to make these permanent so as to retain this knowledge and capacity,[36] although this now seems unlikely in the post-election context of the abolition of RDAs. Indeed the current Coalition Government's recent abolition of RDAs poses a problem in this sense, as it is not clear that fragmented and competing local enterprise partnerships (LEPs) will be able to provide the coordinated leadership needed to tackle effectively such situations.

The economic diversification of Birmingham and the West Midlands in the first half of 2000s also played an important role in enabling workers to adjust post MGR closure. As such, economic diversification should be further encouraged, particularly post credit crunch. As *Clayton*[37] notes, the impact of the current downturn was felt differently across different regions of the UK, in turn requiring that labour market policies are built on local initiatives and local knowledge. On this note, government and regional development agencies (or successor bodies) need to do more to ensure that employees have the necessary skills to cope as industries change, through high quality, flexible education, training, information, and mobility programmes (a more 'Nordic' approach). Here it needs to be recognised that much work was done by Advantage West Midlands and other agencies before the MGR closure, in diversifying the supply chain and economy and this work may have 'saved' as many as 10-12,000 jobs in the local automotive industry supply chain at the time.[38]

Avoiding sudden closures and slowing down the process where possible also enables workers released to pick up jobs arising through 'replacement demand' where firms require workers to cover those who have left, retired and so on. Such replacement demand can actually be quite significant and in the medium term may outweigh negative changes arising from projected decline.[39]. These policy suggestions from MGR experience accord with a view of plant closures not as discreet one-off events but rather long-term path-dependent processes which begin well before the 'event' itself and with repercussions continuing well after.[40] From this perspective, there may be critical moments which represent significant opportuni-

---

36 House of Commons, Select Committee on the West Midlands. The Impact of the Current Economic and Financial Situation on Businesses in the West Midlands Region, London 2009.

37 *Naomi Clayton,* The Spatial Impacts of Recession, in: *David Bailey/Caroline Chapain* (Hrsg.), The Recession and Beyond: Local and Regional Responses to the Downturn. London 2011.

38 This helped to save jobs in the automotive supply chain – and in small and medium sized firms – but did not help Rover workers as such – who were not taken up by the diversification of the supply chain in significant numbers. *Stewart MacNeill/David Bailey,* Changing Policies for the Automotive Industry in an 'Old' Industrial Region: An Open Innovation Model for the UK West Midlands?, in: International Journal of Automotive Technology and Management, Bd. 10, 2/3, 2010, S. 128–144.

39 Ibid.

40 *Pike,* Task Forces.

ties for local and regional policy interventions which may alter evolutionary trajectories.[41]

Finally, the 'success' story noted earlier in respect of retraining in the case of
ex-MGR workers seems linked to the specific forms of training and education that
were taken up and which provided skills of use in the local labour market. Training and education played a key role in particular in ensuring those who did not
find re-employment quickly were not left unsupported.

VII. BROADER PERSPECTIVES: WIDER LABOUR MARKET PRECARIOUSNESS

As such, the 2nd Rover Task Force was successful in many respects to facilitate
adjustment, with partners working well together to devise innovative policies and
to harness various agencies, with leadership shown by AWM, to help firms in the
supply chain and to deliver quality services to those made redundant. Indeed, this
reactive approach to the closure has been seen as something of 'textbook' task-
force response in terms of quickly bringing together different organisations to
provide support for workers[42] and helping them into training and onto new jobs.
However, our research suggests that this local success in helping workers adapt
and move on was in effect mitigated by a broader labour market environment that
is essentially precarious.[43] Reinforcing this has been a lack of support for manufacturing more generally in the UK; only 30% of the ex MGR workers remained
in manufacturing (and these were the workers who managed on average to maintain income levels). At the time of writing, the UK economy is effectively 'flat-
lining' after a period when the automotive sector has grown more quickly than the
rest of the economy (and is forecast to do so after some £6bn worth of investment
by auto firms over the last two years), but going forward there is an acute issue of
a shortage of skilled labour in the auto sector which could hold back growth.[44]
The skills atrophy of MGR workers leaving a sector that is growing is illustrative
of the lack of alignment of local/regional and national level policies. Similarly, the
public sector (some 20% of employed respondents had jobs in public administration, health and education in April 2008) now faces severe cuts.

---

41 On the role of 'place renewing' leadership in such situations, see *Bailey* u.a., Place-renewing
    leadership.
42 *Bailey u.a.,* Life after Longbridge, 2008.
43 *David Bailey/Alex de Ruyter/Gill Bentley,* Plant closure and labour market precariousness: an
    analysis of the status of MG Rover workers 3 years after closure, in: SURGE Working Paper,
    No.6, 2012. URL :
    http://wwwm.coventry.ac.uk/researchnet/surge/Documents/Working%20Paper%20Series/Wo
    rking%20Paper%206.pdf
44 *Bryson and Rusten,* for example, suggest that there will be some 90,000 hard-to-fill manufac-
    turing jobs in the West Midlands region alone that could be filled by people with the right
    skills and expertise: *John R. Bryson/Grete Rusten,* Design Economies and the Changing
    World Economy Innovation, Production and Competitiveness, London 2010.

Drawing on work by *Shuttleworth et al.*,[45] *Bailey et al.*[46] identified three dimensions that can be taken into account when examining the employment outcomes and trajectories of workers made redundant after a plant closure: (i) the personal attributes associated with workers employability and re-absorption in the labour market; (ii) the local demand and geographical mobility shaping their transition back to employment; and (iii) the effectiveness of the policy interventions, their uptake and how were they perceived by the workers. In this previous work[47] we argued that the effectiveness of the immediate post-closure policy response and longer term (pre-closure) local economic strategies combined with the state of local labour markets and workers' geographical mobility, helped to balance the impacts of personal attributes associated with workers' employability and re-absorption into the labour markets – hence the finding noted above of 90% of workers getting back into work three years on and 60% undertaking some form of training. In this regard, this was a 'successful' policy response.

However, in line with the precariousness framework of *Standing*[48], we would argue that this 'success' has to some extent been undermined more generally by the wider labour market conditions into workers have had to move. Here, there were significant falls in a number of measures such as *labour market security* (the security that comes from a government commitment to full employment), *income security* and *representation security* (representation rights at work) – which we see as dimensions of precariousness in line with Standing's work. In this regard, the particular lack of attention to *labour market security* has undermined and conflicted with other dimensions of security. Indeed, many workers interviewed in our Wave 3 survey were also likely to have lost their jobs again during the most recent downturn, reflecting the precariousness of the work they had to move into. Overall, we would argue that successful policy adjustments extend beyond merely providing "jobs" or "job opportunities" for displaced workers as politicians have stressed. Rather, they extend to the quality of employment and lasting career opportunities. On that, the research presented here suggests that the picture for ex MG Rover workers is at best very mixed. For example, on the dimension of *income security*, our research found a majority of respondents reporting a significant decline in earnings compared to when they worked at MGR; and further that a quarter of respondents reported that they were experiencing financial difficulties. The findings also indicated a much greater dispersion of earnings. The decline in *representation security* reported also highlights the need to make sure that workers have adequate redress to advice and advocacy (traditionally provided by the union movement); and that measures are put in place to avoid a repeat of very sudden plant closures.

---

45 *Shuttleworth u.a.,* Redundancy, readjustment, and employability.
46 *Bailey u.a.,* Plant closure and labour market precariousness.
47 Ibid.
48 *Guy Standing,* Globalization, Labour Flexibility and Insecurity: The Era of Market Regulation, in: European Journal of Industrial Relations, 3, 1997, S. 7–37.

The implications of this analysis is that positive developments in labour security at the micro level can be undermined by adverse developments in labour market security at the macro-level; in turn compounding income, representation and skill reproduction insecurity. As such, low pay is the norm for many in the workforce and that more needs to be done to "make work pay"[49] and link this to training and skills development - and supporting manufacturing as a provider of skilled, quality jobs in general. As the follow-up interviews demonstrated, concerns over tenure and income security are even more important now, given the recent economic downturn and consequent fiscal austerity practiced by the coalition government. All of these developments can be expected to have exacerbated the essentially precarious nature of the wider UK labour market for many workers. In this sense we would highlight the lack of employment security as effectively undermining some otherwise successful policy responses. Successful adjustment in 2008 was no guarantee that a worker could not have been made redundant *again* with the onset of the economic downturn. Further research is therefore needed to explore the impact of both the most recent recession and the current austere economic environment on the labour market outcomes experienced by workers.

VIII. BROADER PERSPECTIVES 2: THE LOCAL IMPACT AND COMMUNITY RESPONSES

Our findings suggest implications and lessons for cities dependent on the automotive industry during difficult times of economic adjustment, and hence urban policy. As could be expected, the areas around the MG Rover plant in the Longbridge and Northfield areas of Birmingham were particularly affected by the closure. Approximately 20% of workers lived in south-west Birmingham at the time of the closure. Immediately, these areas had to deal with a significant increase in the number of unemployed people, the removal of a major employer and generator of activity and expenditure, a loss in their community identity, and a massive site to regenerate. In addition to affecting workers living in the area, the closure had ripple effects; for example, people already unemployed now had to compete with ex-MG Rover workers coming into the labour market, thereby resulting in an increase in long term unemployment. Some shops and restaurants closed while other experienced a decrease in their business activity, given reduced local spending. This occurred in a locality in which the direction of travel of key indicators of multiple deprivation was already negative following a generation of in-situ employment decline at MG Rover and other major employers such as Cadbury. Place is thus vital as different places have different histories, path dependencies and trajectories that affect their capacity to absorb the shock of closure and to build for the future. Hence, dealing with plant closures as part of a broader strategy to maintain the economic vitality of traditional automotive industry cities needs to acknowledge the differential geographies of place.

---

49 *Armstrong u.a.,* Impact of Plant Closures on Workers.

The policy response to the Longbridge crisis can also be characterised in terms of a set of shifting agendas and stakeholder coalitions that reflect an institutional divide between regional economic stakeholders (and the Task Force), on the one hand, and neighbourhood social partners, on the other. It is possible to argue that the Task Force narrative represents only a partial account of the Longbridge experience. As noted, rather than just focusing on the Task Force responses, alternative narratives are needed so as to offer a more nuanced and holistic account, including the local impacts of closure, the role of the neighbourhood level officials and the third sector in mediating these, plus the longer term regeneration challenge following the Task Force's departure.

Such local impacts include the "displacement" effect of the sudden increase in labour supply in South West Birmingham. In the decade prior to closure, the local unemployment (claimant) rate declined by half.[50] However, two years after closure, in the context of strong employment growth nationally, the proportion of local job seekers unemployed for more than 12 months had increased from 17% to 24%.[51] There was also significant local resentment that the short term needs of ex MGR workers were prioritised over the long term needs of the pre-existing workless population. Equally important was the diminishing MGR worker spending on local shops and services. Six months after closure, declining local retail turnover, loss of commercial validity of local centres and increased rates of anti-social behaviour were noted.[52]

The task of mitigating such neighbourhood and social impacts of closure fell to Birmingham City Council's constituency and neighbourhood office staff. This role is marginalised in the Task Force centric narrative presented above. They offered emergency counselling (e.g. benefit advice, debt counselling) via a telephone hotline to the redundant workers, in addition to their normal role of advising the local public on housing, welfare and other social issues. Staff reported difficulty in imparting a human dimension to the response amidst the sheer level of demand.[53] The local authority proved an inadequate vehicle for this support role. It had a limited "tool kit" (Housing Benefit, Council Tax Benefit, free school dinners) given the scale and profundity of the crisis. Most fundamentally, however, the abruptness and magnitude of the closure threatened to overwhelm the capacity of council staff to deal with traumatised redundant workers, many of whom required very basic support before they could engage with the complex benefits system (ibid).

The statutory agencies sought, where possible, to deliver short term measures for vocational training, social and leisure activities and longer term regeneration

---

50 CURS, The Social Impact of Closure of the MG Rover Plant at Longbridge and the Efficiency of Policy Responses, Centre for Urban and Regional Studies, University of Birmingham 2008.

51 Ibid.

52 BCC, The Impact of the MG Rover Closure on SMEs in South West Birmingham, Birmingham City Council, Birmingham 2005.

53 *Stephen Hall*, Planning for Industrial Closure: Lessons from the experience of Longbridge, Birmingham, in: Urban Research and Practice, Bd. 5, Ausg.1, 2012, S. 175–179.

through local third sector intermediaries. However, the development of "social capital" in South West Birmingham had, historically, been stymied by the dominance of large paternalistic employers and public sector. The quality and quantity of local community amenities was poor.[54] There were few local groups involved in social enterprise, including a single credit union and just the Longbridge Area Resource Centre (LARC) engaged in job search and training support activity. The statutory agencies had sought to build capacity in the third sector locally. The South West Birmingham Community Association was established in 1997 to provide a focus for representation and liaison for local groups. The MGR Community Support Board was established in response to closure to develop leisure, vocational training and outreach work. Evolving from this, Community Network South West, a European Union part funded project (2006 to 2008), offered capacity building support to local groups through its Equip and Enable scheme. However, the third sector lacked a single vision or voice. The strategy exposed the structural weaknesses of the sector locally. Very few local bodies possessed the requisite managerial competence, probity and accountability required by the rules, regulations and timescales of the statutory funders and, as a consequence, significant contracts were awarded to larger, national agencies.

A new third sector organisation, the Rover Community Action Trust (RCAT) was founded in autumn 2005 by a group of Rover wives. RCAT represented the same "community of interest" targeted by the Task Force. RCAT was funded, initially, by proceeds from a charity Birmingham City football match. RCAT lobbied central government directly, by-passing even the Task Force. RCAT secured £2.6 million for training, social and leisure uses through the bespoke "Step Forward" programme, although this was also compromised by the "programme management" mentality of the statutory funding agencies. The high political profile and lobbying success of RCAT led it to overshadow the pre-existing community actors in the Longbridge narrative.

In summary, the ability of South West Birmingham to respond to the closure was actually limited due to the legacy of long-term in situ decline and limited local social capital – the later attributable to the historic dominance of large 'paternalistic' employers which have run down over time. The Task Force model indeed proved effective within its particular remit but was limited in scope.[55] Its focus (on ex MG Rover workers and the supply chain), its composition (economic development agencies) and lines of accountability (to sponsor ministries) meant that it was poorly placed to deal with broader social and economic impacts. Nevertheless, Birmingham City Council attempted to fill that void. Working with the Northfield constituency partnership, it put in place support such as a telephone helpline, debt advice services, local training programmes and so on.

---

54   BCC, The Impact of the MG Rover Closure on SMEs in South West Birmingham, 2008.
55   *Bentley/Bailey/de Ruyter*, The MG Rover Closure and Policy Response.

IX. CONCLUSIONS

This chapter has offered an overview of the findings of research on the collapse of MG Rover in Birmingham in 2005, and has explored its socio-economic impacts and the associated policy responses. The chapter highlights what key lessons were learned from what happened before, during and after the MG Rover closure in 2005 and the work of the Task Force in tackling this 'crisis' situation. However, we have also attempted to move beyond the 'standard' Task Force narrative, re-cognising that whilst significant policy 'successes' were evident at the regional level in anticipating and responding to the crisis, a broader perspective is required that situates this Task Force response in (i) a broader context of labour market precariousness (that in turn mitigates some of its policy 'successes'), and (ii) more local perspectives that highlight the local impacts of closure, the role of the neighbourhood level officials and the third sector in mediating these, plus the longer term regeneration challenge following the Task Force's departure.

It is correct to note that rapid action by regional and local agencies as part of a coordinated response by policymakers to support, inform and retrain the MG Rover workers who lost their jobs can be called a 'success story' in that large-scale, long-term unemployment in the south Birmingham and wider West Midlands area was avoided. However, taking this broader perspective suggests that longer term, workers face a precarious situation and the need for policies to create and sustain 'good quality' jobs remains paramount. The key lesson from the Longbridge experience is that the public policy response to industrial closure must be: multi-dimensional in that it transcends narrow sector based concerns and addresses broader spatial impacts, inclusive in that it builds on a broad coalition of economic and social stakeholders; and, long-term in that it acknowledges that adaptation takes many years. These may seem truisms but the Birmingham Longbridge experience demonstrates the difficulty of achieving such a response in the context of crisis where action is imperative and deliberation a luxury.

Furthermore, the Task Force was clearly effective in its own terms but narrow in scope and time limited. Neighbourhood and social impacts were not included within its tightly defined brief. The responsibility for these problems was shouldered by less well-resourced organisations. So, looking more locally, while a local authority is a necessary actor in such a response, it is an imperfect vehicle given its very specific and restricted powers (at least in the British case). Interviews with local authority staff reported a mismatch in their skills sets (the benefit system, debt advice) and the immediate needs of shocked and disoriented redundant workers (the need for remedial 'human' counselling). The local authority response was also restricted by a paucity of local voluntary and community sector organisations through which to channel programmes of assistance. Conversely, local third sector groups were frustrated by the rules, regulations and 'project management' mind-set of major statutory organisations which, it can be argued, prioritised expenditure within prescribed timescales over innovation and investment for the future. If anything, the Longbridge experience illustrates the value in investing in a vibrant third sector over the longer term.

DETROIT: CITY ON THE MOVE

John Gallagher

Let's start with a memory. People tend to scoff today at the civic pride evidenced in the 1960s-era documentary *City on the Move*, produced as part of Detroit's bid (unsuccessful) to host the 1968 Summer Olympic Games. The film highlighted the city's many assets – its humming auto factories, its bustling expressways – and it included a clip of President John F. Kennedy endorsing the bid. As an example of hubris before a fall, it's hard to beat: The city was seeping jobs and population even then, and the film (still available on the Web) boasted of Detroit's model race relations not long before race riots ripped the city asunder and sent thousands of families fleeing to the suburbs. Yet viewing the film with hindsight today, the most remarkable thing about *City on the Move* is not its outdated optimism but rather how much of what it portrayed remains valid. Case in point: The filmmakers touted the city's great center of learning Wayne State University, along with Detroit's magnificent cultural institutions and its world-class hospitals; and of course those anchor institutions are still in business today, and in fact operate bigger and busier than ever. The Tigers and Red Wings still contend, the riverfront is more accessible to residents than ever, and the city's residents remain a passionate, deeply committed bunch.

This is not to say that all is fine in Detroit, as even a fleeting glance blows away any such notion. Detroiters may cringe at the media's portrayal of their city as an urban dystopia, but the image of Rust Belt failure is, of course, deserved. Detroit bleeds from a thousand wounds, and no happy talk will make that any less obvious or any less painful.

The point of a more positive beginning to this essay is to state the obvious: that Detroit is many cities today, a place of thriving neighborhoods yet abysmal abandonment; a city of highly educated professionals that is filled with illiterate drop-outs; a city of soaring achievement in medicine, the arts, and industry, yet a city that presents the most dispiriting vistas in urban America. No one vision or book or film or speech or exhibit or political agenda can capture the whole of Detroit today.

This is not quite the same as saying that any and all portrayals of Detroit are equally valid; merely that Detroit today stands as among the most complex urban environments in the world, absolutely unique in many ways. To truly understand this city one needs to look beyond the boosterism of *City on the Move* but also beyond the ruin porn of so many current portrayals. Even after nearly 25 years covering this city as a journalist, I still learn new things about Detroit every day.

Photographers flock to this city today, along with journalists, academics, urban planners, sociologists, indeed anyone with an interest in the globe's great urban story of the early 21st century: What will happen to Detroit? True, many of the visitors come just to feast on the carcass of a once-great city, photographing wreckage and tut-tutting over the city's ills. But many people come to observe a new city being born. Listen to these visitors and you'll hear them say things like Detroit is the new Berlin, meaning a city that will rise from the ashes (it's been done before, here) and recreate itself as a vibrant metropolis. Some believe Detroit will teach the world how a city can grow greener and more environmentally sustainable by producing much of its own food and energy, to a degree unknown around the world and that other cities will emulate. Others envy Detroit's opportunity to create new governance models to replace what is basically a 19th century structure for governing large urban areas. There's no certainty Detroit will implement any of this new thinking. Detroit's half-century fall from grace may continue, adding new chapters to that dreary saga of riots and redlining, white flight and suburban sprawl, shuttered factories, broken dreams, and wasted lives. But the opportunity to grow into a smaller but better city is real. Detroit has a chance, as Faulkner said of mankind, to not only endure, but prevail.

Begin with the assets. Even in its distressed state, Detroit today remains home to about 700,000 residents, ranking Detroit among the U.S.'s top 20 cities. General Motors, one of the world's major manufacturers, calls the city home, while Ford and Chrysler are based nearby. Detroit's location at the most strategic spot on the entire Great Lakes offers the same critical advantages that the French entrepreneurs saw in 1701. The city boasts world-class medical facilities, a major research institution in Wayne State University, historic architecture, excellent road and airport facilities, and a populace who remain passionate about their sports, their music, and their city.

But this tallying of assets does little of soften the drumroll of dreary statistics. Detroit had to declare insolvency recently. It has lost 60% of its population since its 1950s peak (1.8 million to 713,777 at the 2010 Census). The city's public schools rate at or near the bottom of all the nation's urban school districts. The official unemployment rate hovers around 25%, but the unofficial estimates, once we include discouraged workers who have stopped trying, run to around 50%. Poverty remains among the worst in the nation. Much of the city's former population has picked up and moved to the suburbs. Today only 14% of the metropolitan region's jobs are found in Detroit itself, and the percentage is still declining. Surveyors have tallied a staggering 125,000 vacant residential parcels in the city – about one-third of all housing parcels. An astonishing 40 square miles of the 139-square-mile city area are now believed to be vacant – a swath of urban prairie into which the entire city of Buffalo, NY, could be dropped.

Statistics get us only so far. To understand Detroit today, its uniqueness and its special challenges, it helps first to visit a city like Chicago or Philadelphia. Go to the most distressed neighborhoods in those cities, the most abandoned, poverty-stricken, drug-scarred districts, and we still view solid rows of brownstone buildings lining block after block. Population loss notwithstanding, those other cities still look like our image of cities – densely developed urban cityscapes unfurling mile after mile to the suburban fringe. In contrast, the vacancy of Detroit, those ghost streets with just one or two houses left, those expanses of what Detroiters long since have taken to calling urban prairie, remains Detroit's most striking characteristic. Other cities have lost population, many nearly as much as Detroit in percentage terms. Detroit has lost roughly 60% of its population since the 1950s, but Cleveland, Pittsburgh, Buffalo, and other cities have lost half of their peak populations, too; yet those other cities don't convey the same look of emptiness and abandonment. In Detroit, trees and overgrowth reclaim the vacant lots; wild-flowers bloom amid the rubble; grass and weeds stand tall and lush in July and August. Parts of Detroit appear closer to rural Alabama than bustling midtown Manhattan, yet it's Urban America here, too, a top 20 city, with a population density nearly twice that of sprawling Sunbelt cities like Dallas and Houston and Phoenix.

That all this can be true goes beyond complexity into the realm of mystery. Mere facts won't get us to a new understanding of Detroit. As Abraham Lincoln said in other perilous times, as our case is new, so we must think anew, and act anew.

It may help to remember that Detroit's story neatly falls into roughly hundred-year spans. The colonial period kicked off in 1701 when Cadillac stepped ashore from his canoe on the banks of the strait (détroit in French) and claimed this strategic outpost of the Great Lakes for France. A century of farming and fur trading, of battles with Chief Pontiac's warriors and a generation-long rule by the British, came to a symbolic end in 1805 when the wilderness outpost burned to the ground. Enter Judge Augustus Woodward and Detroit's second great century, a period in which the city blossomed into a financial center for the lumber and mining industries, relics of which can still be seen in architectural marvels like the Whitney Restaurant on Woodward Avenue and the Old Wayne County Building, both built with pre-automotive lumber fortunes. This 19th century Detroit thrived as a center of boat building and stove-making and railroad car manufacturing and, almost incredibly, tobacco processing. This era, too, came to an abrupt end, not by a conflagration, but by the fiery emergence of a new industry that soon swept all before it.

Detroit's Auto Century lasted, one might say, until 2009, when GM and Chrysler filed for bankruptcy and even the most upbeat had to admit that the auto companies would never again dominate as they once did. But during that automotive era Detroit flourished as few cities ever had. With factories swelling with production, Detroit enjoyed a tidal inflow of workers from all over the world, and the city burst its boundaries, annexing huge swathes of nearby communities to reach its current borders in the 1920s. The tiny village of Highland Park grew from 400 residents in 1900 to 4,000 in 1910 and then to 40,000 in 1920. Detroit ranked as the nation's 13th largest city in 1900 and its fourth largest a mere twenty years later. The city's industrial powerhouses achieved prodigious feats of output, leading America to victory in World War II. Before the war, the entire nation produced no more than a few dozen battle-tanks for the Army; once Detroit retooled for the war effort, a single factory here turned out 700 tanks a month. At its peak, Ford's Willow Run bomber plant produced 650 B-24s every thirty days by 1944. In the great post-war boom, when America was the only nation left standing, the contentious union-management struggles in Detroit were mostly about dividing up the spoils of near-monopoly reach. It couldn't last, of course. Other nations would rebuild, learn to compete. Detroit, sadly, ignored the competition as long as it could, until long after it was time to do something.

This long, slow post-war period of industrial slippage coincided with the great out-migration from our cities to nearby villages and towns. Suburbanization resulted from collective choice of millions of Americans to create a lower-density urban form dependent on the private automobile. Certainly the automotive companies lobbying for new suburban roads played a part; so did federal and state subsidies for suburban growth; and so did consumer choice, as people willingly traded city streets and public transportation for big backyards and attached garages. Detroit is hardly alone in suffering big losses to the suburbs, but no city emptied out more than Detroit, as today's empty landscapes in the city bear witness. The loss of the city's manufacturing base left huge gaps in the city's landscape. So, too, did the loss of population, as jobs went elsewhere and workers found they could afford homes in the new, less crowded suburbs to the north and west.

A city that prided itself on offering the nation's highest level of home ownership to blue-collar workers now found that those simple wood-frame bungalows didn't hold up well to abandonment and vandalism. As the city demolished thousands of empty houses to eradicate blight, the cityscape we see today, that strange mix of vibrant neighborhoods like Indian Village and mile upon mile of rural-like vacancy, began to emerge. Other cities lost industry, too, but often their lost industries occupied smaller footprints than Detroit's giant factories, and their solid brick tenement housing for workers held up better in the post-war years than Detroit's bungalows. And so we see the city as it exists today – a city suffering so much vacancy that it stands as the international symbol of urban ills.

Yet that vacancy and abandonment, viewed for so long as a calamity and a shame, now creates Detroit's opportunity for greatness. Not everyone sees it, and many believe this line of optimistic thinking is just another mirage. Nonetheless, new urban thinkers of all stripes are heading to Detroit today because of that perceived opportunity. Detroit, the nation's most abandoned big city, stands ready to serve as the world's biggest laboratory for trying out new urban ideas.

Detroit remains poised at its pivot point. The automotive bankruptcies of 2009, the results of the 2010 Census (so much worse than anyone anticipated), the election of Mayor Dave Bing and his call to reinvent the city to account for the realities of a shrinking city – all these factors and more have flipped a switch in the city's collective psyche, so that everyone now looks ahead to a new future and no longer to a misty, golden-hued past. Much of the new thinking revolves around land use and the attempts to repurpose those miles and miles of vacant urban prairie. The simplest intervention involves the city taking the land and holding it – land banking – for some possible future use. This the city does already; indeed,

Detroit has been land banking for decades, so that now about half the city's empty spaces are owned by the city itself (or county or state) through the tax-foreclosure process. Some of the rest is held by speculators who prey on the city's distress by buying up cheap parcels in hopes of flipping them for a big score. Land banking is mostly a passive activity, and in the absence of any market demand it does little to nothing to help Detroit, or to reimagine what a new 21st city might look like.

The next level up in dealing with vacant land is the repurposing of smaller parcels in any number of creative ways. Community gardens dot the Detroit landscape today. Hundreds of these smaller urban farm plots (often no more than a tenth of an acre in size) attract neighbours who grow vegetables and give away the produce to food banks or churches or, really, to anyone who comes by to pick something. Public art projects fill up a little more of the vacancy, with artist Tyree Guyton's Heidelberg Project the most famous. Guyton grew up on Detroit's east side, and reacting to the slow rot setting in, he began to festoon houses and lamp-posts on Heidelberg Street with stuffed bears or shoes or upended shopping carts or any other found objects, all the while painting his trademark polka dots on pavement and houses alike. Initially controversial (so much so that city officials bulldozed his work twice in the early years), Guyton's creation is now a tourist draw. Pocket parks, pop-up farmer's markets, even dirt-track motorcross-courses fill up Detroit's vacant spaces – to a point. Add them all up and the city still faces the task of finding new uses for dozens of square miles of urban landscape on which no buildings sit, and for which there is no discernable market use or demand.

So now we come to the turning point. Having lost the residents and industry that used to occupy that land; and having failed to fill it up with new development or some of those community gardens and other thriving but small-scale interventions, can we now imagine a new sort of Detroit? People who favor this approach believe Detroit can grow into the greenest, most environmentally sustainable city in the world. They foresee commercial farms flourishing in Detroit's empty spaces, creating not only food for the needy but jobs and tax based tied to the processing, distribution, and marketing of food, including even agritourism in the form of winery tours. (Detroit is already surrounded by wineries elsewhere in Michigan and in Ontario, so why not the city?) Visionaries foresee restoring some of the Detroit's natural landscape that the French found here by "daylighting" streams long-ago buried under concrete. Detroiters may one day heat and cool their homes and businesses with energy produced from wind farms and solar panel farms within the city's limits, or from geo-thermal wells sunk deep to tap the earth's natural heating and cooling properties. All these activities can build a new industry based on feeding and powering a city, and new governing models can emerge for transferring power from the broke, dysfunctional municipal city government of today to smaller, more nimble neighborhood-based bodies. All these things are possible because Detroit is a smaller city today. The problem has become the promise. Detroit can be a great city again not only in spite of being smaller, but because of it.

The people who inhabit the Detroit of today defy easy characterization. The city is largely African American but holds significant populations of whites and Latinos, immigrants from multiple nations of the Middle East, and others. Detroit ranks among the nation's poorest cities, yet enjoys pockets of elegance and districts of thriving cosmopolitanism. Any portrayal of Detroiters today captures at best a sampling. The photographs, which accompany this essay, provide a glimpse at a few dozens of the faces of Detroit. Study them, and you'll see neither the hard-core, street-savvy miens of modern Los Angeles and New York nor the softer, unharried lines betokening a rural life. You cannot pigeonhole these faces as people of the streets nor people of the farm. They are the people of Detroit. That is all and that is sufficient. These faces show the burden of work – and work is what Detroit knows most of all – but they also show that mysterious something that, for want of a better way to put it, we can call hope in the future. In the midst of carrying their burdens, Detroiters today are people who – illogically and perhaps impossibly, yet unquestionably – remain ready to believe.

Cities have always occupied the best ground. From the long-ago July day when Cadillac stepped ashore from his canoe, through the hopeful years when Detroiters were bidding to host the Olympics, Detroit is a city that always made sense. With its strategic location, its great industrial wealth, and the boundless energy of its people, Detroit earned its spot of earth in a way few other cities did. In recent years, that sense of rightness about the city, and its place in the firmament, has faded. Outsiders scoff, they tear at the city's tattered garments, they take pleasure in the city's pain. The old glory has gone a'glimmering and the new Detroit waits to be born.

But that new Detroit lies here in embryo. It inherits the DNA of our past even as it pushes out and forward to something new and different, some new future yet to be defined by its own next efforts. No one knows what lies ahead, only that the journey is underway. We may yet define Detroit as a city on the move.

ABSTRACTS

David Bailey / Gill Bentley / Alex de Ruyter / Stephen Hall / Stewart MacNeill: Plant Closures in Automotive Cities: Impact and Policy Responses in the Case of MG Rover in Birmingham

This chapter explores the socio-economic impacts and the associated policy responses to the collapse of MG Rover at Longbridge in Birmingham. It highlights what key lessons were learned from what happened before, during and after the MG Rover closure at Longbridge in 2005 and the work of the Task Force in tackling this "crisis" situation. However, it also moves beyond the "standard" Task Force narrative, recognising that whilst significant policy "successes" were evident at the regional level in anticipating and responding to the crisis, a broader perspective is required that situates this Task Force response in (i) a broader context of labour market precariousness (that in turn mitigates some of its policy "successes"), and (ii) more local perspectives that highlight the local impacts of closure, the role of the neighbourhood-level officials and the third sector in mediating these, plus the longer term regeneration challenge following the Task Force's departure. The chapter's key lessons suggest that public policy responses to industrial closure must be multi-dimensional in that they transcend narrow sector-based concerns and address broader spatial impacts; inclusive in that they build on a broad coalition of economic and social stakeholders; and long term in that they acknowledge that adaptation takes many years. Furthermore, the Longbridge experience illustrates the value in investing in a vibrant third sector over the longer term.

Christoph Bernhardt / Harald Engler: Eisenach – A Socialist Automobile City with Decelerated Development

The article discusses the case of the socialist car city of Eisenach, which followed a specific trajectory in a double sense: Eisenach in 1945 already enjoyed a rich cultural history as the city of Luther and Bach and had been an automobile production site since the late 19th century. Secondly the city did not grow in the socialist period even when car production was expanded. The article's first section analyzes the special conditions and cycles of politically controlled car production in the GDR; the second section considers the industry's spatial and cultural consequences for the city. Special attention is given to the economic restrictions caused by the centrally planned economy and interventions by the central government as well as to representations of "socialist automobile culture" both in the city and in the region. In conclusion the authors state that, despite difficult conditions, local actors succeeded in fusing the traditional image and the socialist car economy to create a popular regional culture.

John Gallagher: Detroit: City on the Move

While Detroit served as a role model for successful automotive cities for many decades during the 20th century, it now stands as the international symbol of urban ills. Detroit recently declared insolvency. It has lost 60 percent of its population since its 1950s peak. Parts of Detroit appear to resemble rural Alabama. Unemployment is high and poverty remains among the worst in the nation. However, contrary to these widespread images of today's Detroit, this essay encourages us to look at the many faces of Detroit. It invites the reader to imagine a new Detroit: a Detroit that could grow into the greenest, most environmentally sustainable city in the world, into a smaller city where new governing models emerge, as could new forms of living. The article defines Detroit not as a declining city but as a city on the move. The old glory has faded but a new Detroit waits to be born.

Martina Heßler: Automobile Cities and Their Histories

The article argues that considering automobile cities as a special type of industrial city can afford new avenues of research. After carving out characteristics of automobile cities, the article suggests that research on industrial cities must open the black box of industries and look into the particularities of each industry and its effects on cities. Automobile cities, where the automobile industry makes its home, challenge common dichotomies of industrial and post-industrial cities by combining production, festivalisation and tertiarisation of industry within one city. Furthermore, research on automobile cities makes clear that research on industrial cities must consider global developments. A global history of automobile cities is necessary.

Jean-Louis Loubet: Renault, Boulogne and Billancourt

Boulogne-Billancourt was the home of the Renault car company for almost a century. In contrast to the majority of cities whose 20th-century histories were dominated by the automotive industry, Boulogne-Billancourt was not characterized by a positive image of the automobile city; its history was marked instead by tension. One tension was that between the two districts: Boulogne, the well-to-do Parisian suburb, and Billancourt, a historical workers' "stronghold". There was also tension between the factory and the city. Synergies honed elsewhere between the city administration and company did not play out here. Instead, the relationship between the two was marred by conflict, for example concerning land use and environmental pollution. Ultimately Billancourt was less a symbol for national prosperity than for hardnosed union-led disputes and fights that shook the nation. The article also shows how discussions about moving or closing the factory, which finally happened in 1992, had accompanied the crises since the 1940s.

Esther Meier: Naberezhnye Chelny – Brezhnev's Boomtown

The new city of Naberezhnye Chelny with the truck factory KamAZ was one of the Soviet Union's major building projects. Naberezhnye Chelny, designed by architect Boris Rubanenko, was planned to be a post-Stalinist model town, a "city of the future". In the 1970s and early 1980s thousands of workers from all parts of the Soviet Union came to Naberezhnye Chelny. Renamed Brezhnev after the death of Leonid Brezhnev in 1982, the city was declared a symbol of an entire era. Today Naberezhnye Chelny is the second-largest city in the Republic of Tatarstan (which is part of the Russian Federation) with more than half a million inhabitants.
In the Brezhnev era, the Soviet leadership initiated two large-scale projects in the automotive industry: the first was the city of Togliatti with the car factory VAZ, which paved the way for motorizing the masses. It served in many ways as a model for Naberezhnye Chelny and KamAZ. KamAZ produced trucks for the construction of mass housing and for the army.
KamAZ and the new city were not built in open fields. The old city of Naberezhnye Chelny and several villages were cleared away. A great many poems (by Evgenii Evtushenko and others), novels, songs, films, paintings and sculptures were produced to celebrate the project. Architecture and urban planning were central themes of these campaigns. The housing programme was one of the main incentives to work for KamAZ. Most of the new flats were built and distributed by KamAZ.
Naberezhnye Chelny was built as a linear city. The city and its surroundings were made up of horizontally arranged functional zones. This model was combined with the concept of the microraion, which was designed to guarantee short distances to all the facilities serving everyday needs. The ideas of everyday life that the planners had in mind, however, were only partially realised. Much of what had been planned has actually never been built: libraries, theatres and sport fields. Naberezhnye Chelny is a city of incomers with different social und cultural backgrounds. Former peasants were frightened to move into multi-storey buildings and believers did not accept a city without mosques and churches. KamAZ cooperated with international companies and was equipped with high technology, whereas there was no such cooperation in the field of urban planning.

Thomas Schlemmer: A Difficult Home: The Auto Union in Ingolstadt and its Workforce, 1945-1965

Ingolstadt is not an organic automobile city like Stuttgart, nor a newly founded, industry-generated town like Wolfsburg. The automobile industry first established itself in the traditional city on the Danube after the end of World War II when the

Auto Union, formerly located in Saxony, found a new home in its abandoned Wehrmacht garrisons. The relationship between the Auto Union and Ingolstadt was problematic in the first two decades following the war – more a marriage of convenience than of love. This development could be traced back not least to the fact that the Auto Union was a refugee in two senses: both as an organization and its workforce, which was made up disproportionately of refugees and *Heimatver-triebene* (expellees). The essay describes the process of putting down roots between irritations and integration, retraces the points of contact and lines of conflicts between the company and the city, which was being increasingly shaped by the Auto Union by the late 1940s, and sheds particular light on the structure of the workforce and the mechanisms of recruitment.

Susanne Stein: "It took us only just over two years..." The Reconstruction of Changchun into the First Automobile City of the "New China", 1953-1956.

According to local authorities, the northeastern provincial capital Changchun is to become "China's Detroit" in the near future. Although Changchun has never been a mono-industrial city, car manufacturing is one of the municipality's pillar industries and – on a more symbolic level – has been the key to its national reputation since the 1950s. From a Chinese perspective, Changchun might reflexively evoke the association of "motor city"; outside the PRC, few will have ever heard about the "cradle of China's automotive industry" and its recent attempts to establish itself as a "world famous automobile city".

This paper focuses on the reconstruction of Changchun as a "motor city" during the early years of the PRC. It opens by tracing Changchun's historical development from a small administrative and commercial town on the Manchurian frontier at the beginning of the 20th century to the highly modernist capital of the Japanese-controlled puppet state of Manchukuo between 1932 and 1945. Departing from this, the paper describes the process of how China's First Automotive Works (FAW) were set up on the southwestern outskirts of Changchun with Soviet assistance in 1953, leaving the distinctive layout of the former colonial city almost untouched. Soon the "No. 1 Motor Works", together with their newly built Soviet-style residential quarters, came to replace the existing city in official representations of Changchun; the nationwide spread of "Liberation"-type trucks produced by FAW since 1956 also contributed to the notion of Changchun's being the first and only motor city in the country. Today's Changchun, in order to maintain a leading position in the highly contested arena of Chinese car manufacturing, heavily draws upon these "historical roots" in every public sphere. The efforts to demonstrate a pervasive "spirit of automobile culture" have a crucial impact on the city's renewal and expansion.

Wulf Tessin: The City of Volkswagen. On the Relationship between VW and the City in Municipal Politics

Wolfsburg was founded in 1938, a consequence of establishing the new car company, Volkswagen (VW), in a rural region of Lower Saxony. In the beginning Wolfsburg had been nothing but a company settlement. Even nowadays as a town of 125,000 inhabitants, VW continues to be the economic basis of the town.

In the beginning the local administration's main problem was keeping up with VW's rapid growth. Being a new town meant major investments in housing estates, infrastructure and in so-called city functions. This challenge could only be met thanks to the high trade tax revenues generated by VW: Wolfsburg has been (and remains) a rich community. Simultaneously VW sponsored or subsidized a great deal of the social and cultural infrastructure. In addition, Wolfsburg could always rely on the help of the state of Lower Saxony, which is a 20 percent owner of the VW company.

Despite its financial involvement, VW did not interfere heavily in local politics but rather only in those (few) cases of greater relevance for the company. VW could rest assured that nothing would happen in Wolfsburg "against" its interests. Later, in the process of the globalisation of production, VW decided to no longer expand in Wolfsburg, thus decreasing the city's importance for the company. Apart from that, the town now seemed to be completed. The situation changed dramatically in the 1990s, however, when VW was forced to reduce its Wolfsburg workforce within a few years by nearly 25 percent. Wolfsburg's unemployment figures jumped to nearly 18 percent. In this critical situation the town and VW founded the Wolfsburg AG, a public-private partnership to promote local development on all levels – large investments in urban infrastructure (sport arenas, museums etc.), establishment of new firms, retraining programs for job-seekers, etc. – with success: the unemployment figures decreased rapidly and Wolfsburg even became a tourist destination thanks to its new cultural and recreational attractions. Today, Wolfsburg has more than merely recovered and so the Wolfsburg AG has slowed down its activities. Although the growth of Wolfsburg has definitively come to an end, it is far from being a shrinking town. Indeed, one assumes that Wolfsburg, the "capital city of the VW empire", will more than just survive as long as it continues to hold its central function for VW.

Anne Volkmann / Uwe-Jens Walther: Flint, Michigan: Rise and Fall of an Automobile City

This paper gives an account of Flint's trajectory over the past century and discusses its present situation and future prospects. Once the nucleus of the automobile industry and the US automotive belt, Flint has lost almost half of its population due to industrial decline since the 1970s.

After the founding of General Motors (GM) in 1908, Flint moved from being a single industry town to, arguably, a single company town (Green). As a city em-

bodying Fordist principles with their concomitant political, social and cultural
characteristics of consumerism, regulated industrial relations and Fordist ways of
life, Flint's urban development has always been largely dependent on car production. The motor industry determined the city's key locations, patterns of land use
and urban design. Three centrally located production sites (Chevy in the Hole,
Buick City, Fisher Body Plant) still testify to this dependency today, as do the
large neighbouring housing areas for the former workforce, which cluster around
these sites. Deindustrialization put Flint on the trajectory of a shrinking city, and
this relatively new and massive experience of permanent economic decline is
again dramatically reflected in the urban fabric. Flint's path to decline has been
described as one of dependent deindustrialisation. GM ultimately withdrew its
headquarters, followed by most of the production line. The company's centrally
located production sites remained vacant and a high proportion of the adjacent
housing became blighted, exacerbated by high rates of vandalism, drug abuse and
crime. The local political arena, with its blend of old and new actors struggling to
forge new ties beyond the old growth coalitions, is another significant aspect of
Flint's urban development in the current period of shrinkage. The old actors had
tried to reform the previous growth coalitions in order to bring the city back onto
a growth path, but they failed in their attempts to boost tourism, conference centres and trade fairs. Whilst these actors now appear to be mixing with new actors
such as the Genesee County Land Bank, problems remain. Widespread images of
Flint as a shrinking city are a legacy hampering future action. The local population, employers and policy makers still tend to cherish the notion that the structural change they are seeing is no more than a temporary decline before a new
phase of growth. Media nationwide present a different view and continue to report
on the devastating nature of urban blight "worse than Afghanistan", label Flint as
"murder city" or simply the "toughest city in the USA". The film "Roger and
Me", about Flint by Flint-born film director Michael Moore, testifies to such dif-
ferences in perspective. It confronts unrealistic assumptions in the self-perception
of local actors with a realistic, critical but ultimately hopeless view from outside.
Nevertheless, there is reason to believe that the rise and fall of the motor city of
Flint may not be the end of the narrative. The article concludes with a discussion
of the city's past dependency and current trends to break away from some of its
lock-ins.

Clemens Zimmermann: Rüsselsheim: Spaces, Actors and Self-images between Locality and Globality

The example of Rüsselsheim in the metropolitan region of Frankfurt, a city with
60,000 inhabitants in a highly dynamic and competitive environment, serves to il-
lustrate the transformation of urban structures of industrial cities. In Rüsselsheim,
this transformation commenced when Opel opened branches in Bochum in 1961
and in Kaiserslautern in 1966 as well as later in other European cities that offered
cheaper production facilities. Whenever there was a sales crisis, Opel has since

been faced with the problem of cannibalisation in terms of reducing individual production lines or even closures. These threats of closures of whole factories have recently, i.e. after 2000, reached the main plant in Rüsselsheim. Sales crises, the debates over model politics, development of price and quality, and the relationship among European factories as well as that between Rüsselsheim and Detroit have turned into a permanent phenomenon. Rüsselsheim is, for all intents and purposes, in several respects a typical case of a (Central or West European) monostructural industrial city as well as of an urban development originally geared towards the social and cultural overall complex of automobility. This poses the question as to what extent the transition between individual phases of urban and industrial development can be attributed directly or indirectly to internationalisation and globalisation. It is also fair to assume that the extent of inner-regional competition is particularly strong in the case of Rüsselsheim: in terms of interurban and inner-regional competition for employment, industrial locations, infrastructure, retail industries, education, knowledge resources and – often disregarded – environmental advantages and the spatial arrangements in the inner city. Furthermore, the paper deals with the question of which new development aims emerged in the city itself and in public discourses, in particular which actor constellations stood behind the vision of a residential city on the one hand and of a technological science city on the other, which is now almost generally accepted in the former automotive city.

AUTOREN UND AUTORINNEN

David Bailey, Professor of International Business and Economic Development at Coventry University Business School, UK. He has written extensively on industrial and regional policy and globalisation, especially in relation to the auto industry. He was principal investigator on an Economic and Social Research Council (ESRC) project looking at the impact of the MG Rover closure and the policy response to this.

Gill Bentley, Lecturer in Urban and Regional Economic Development at the Birmingham Business School. Her research covers industrial and regional policy, industry clusters, the automotive and food industries, and labour market change. She was a co-investigator on the ESRC funded project investigating the impact of the MG Rover closure in Birmingham and the policy response to this.

Christoph Bernhardt, PD Dr., Leiter der Abteilung „Historische Forschungsstelle/Wissenschaftliche Sammlungen" am Leibniz-Institut für Regionalentwicklung und Strukturplanung (IRS), Erkner/Berlin. Forschungsschwerpunkte sind europäische Stadt- und Umweltgeschichte.

Harald Engler, Dr., Wissenschaftlicher Mitarbeiter in der Historischen Forschungsstelle des Leibniz-Institut für Regionalentwicklung und Strukturplanung (IRS), Erkner/Berlin. Forschungsschwerpunkte: Stadtgeschichte, Bau- und Planungsgeschichte der DDR.

John Gallagher is a veteran journalist and author of the book *Reimagining Detroit: Opportunities for Redefining an American City* (Wayne State University Press, 2010). He joined the Detroit Free Press in 1987 to cover urban and economic redevelopment efforts in Detroit and Michigan, a post he still holds. His other books include Great Architecture of Michigan and, as co-author, AIA Detroit: The American Institute of Architects Guide to Detroit Architecture.

Stephen Hall, Associate Head of Department at the Department of Planning and Architecture at the University of the West of England. His research covers spatial planning, area regeneration policy and sustainable urban development in the UK and Europe, often in a comparative context. He was a co-investigator on the ESRC project investigating the impacts of the MG Rover collapse.

Martina Heßler, Prof. Dr., Professur für Neuere Sozial-, Wirtschafts- und Technikgeschichte an der Helmut-Schmidt-Universität Hamburg/Universität der Bundeswehr. Forschungsgebiete sind insbesondere Stadt- und Technikgeschichte des 20. Jahrhunderts.

Stewart MacNeill, Senior Research Fellow in Economic Development at the Birmingham Business School, UK. His research covers the knowledge economy, innovation, the automotive industry, the interface between public policy and business strategies, regional economic development and technology foresight. Recent research projects have included the ESPON funded 'Regional Integrated Strategies in Europe (RISE)' project.

Esther Meier, Dr., Wissenschaftliche Mitarbeiterin für osteuropäische Geschichte an der Helmut-Schmidt-Universität/Universität der Bundeswehr in Hamburg. Doktorarbeit über den Alltag in der sowjetischen Stadt Naberežnye Čelny in den 1970er und frühen 1980er Jahren (ausgezeichnet mit dem Nachwuchspreis der Gesellschaft für Stadtgeschichte und Urbanisierungsforschung). Forschungsschwerpunkte sind sowjetische Alltagsgeschichte und der sowjetisch-afghanische Krieg.

Günter Riederer, Dr., Wissenschaftlicher Mitarbeiter am Projekt „Stadtgeschichte nach 1945: Wolfsburg auf dem Weg zur Demokratie" am Institut für Zeitgeschichte und Stadtpräsentation der Stadt Wolfsburg; Forschungsschwerpunkte: Kulturgeschichte; Film und Geschichte.

Alex de Ruyter, Professor of International HRM at The Glasgow School for Business and Society, Glasgow Caledonian University. He has written extensively on employment relations, labour markets and economic policy. He has been involved in a number of funded research projects, including two recent ESRC projects looking at agency work in the health and social care sectors, as well as the impact of the MG Rover closure in Birmingham and its impact on workers.

Thomas Schlemmer, PD Dr. wissenschaftlicher Mitarbeiter am Institut für Zeitgeschichte München-Berlin und Redakteur der Vierteljahrshefte für Zeitgeschichte, Lehrstuhlvertretungen an der Eberhard Karls Universität Tübingen und der Albert-Ludwigs-Universität Freiburg.

Susanne Stein, Dr. phil., wissenschaftliche Mitarbeiterin am SFB 923 „Bedrohte Ordnungen" der Eberhard Karls Universität Tübingen. Forschungsschwerpunkte: Umweltgeschichte Chinas im 20. Jahrhundert, Geschichte der modernen chinesischen Stadtentwicklung und Stadtplanung in transnationaler Perspektive.

Wulf Tessin, Prof. Dr. i.R., bis 2010 Professor für Planungsbezogene Soziologie am Institut für Freiraumentwicklung an der Fakultät für Architektur und Landschaft der Leibniz Universität Hannover. Forschungs- und Arbeitsgebiete: Stadtentwicklung/Stadterneuerung, städtische Freiraumplanung und Rezeptionsästhetik.

Anne Volkmann, Wissenschaftliche Mitarbeiterin am Lehrstuhl für Raumordnung und Planungstheorie, TU Dortmund. Forschungs- und Arbeitsgebiete: schrumpfende Städte und Regionen, Planungstheorie

Uwe-Jens Walther, Prof. Dr. i. R., lehrt in den Studiengängen Urban Management und Urban Development der TU Berlin, bis 2011 Professor für Stadt- und Regionalsoziologie an der TU Berlin und forscht am IRS, Erkner über Innovationen in der räumlichen Planung.

Clemens Zimmermann, Prof. Dr., Lehrstuhl für Kultur- und Mediengeschichte, Historisches Institut der Universität des Saarlandes. Forschungs- und Arbeitsgebiete: Medien-, Agrar- und Stadtgeschichte

DANK

Der vorliegende Sammelband geht auf die Tagung „Autostädte. Wachstums- und Schrumpfungsprozesse in globaler Perspektive zurück", die vom 27. bis 29. Juni 2012 im Alvar-Aalto-Kulturhaus in Wolfsburg stattfand. Die Veranstaltung war eine Kooperation der Helmut-Schmidt-Universität, Professur für Neuere Sozial-, Wirtschafts- und Technikgeschichte und dem Institut für Zeitgeschichte und Stadtpräsentation (IZS) in Wolfsburg. Sie wäre nicht möglich gewesen ohne die großzügige finanzielle Unterstützung der Stadt Wolfsburg und der ZEIT-Stiftung. Weitere finanzielle Unterstützung erhielten wir von der Helmut-Schmidt-Universität sowie der Gesellschaft für Stadtgeschichte und Urbanisierungsforschung. Ihnen allen gilt unser herzlicher Dank.

Danken möchten wir an dieser Stelle auch denjenigen, die uns bei der Tagungsvorbereitung und -durchführung unterstützt haben: Das waren von der Stadt Wolfsburg die Geschäftsbereichsleiterin Kultur Birgit Schneider-Bönninger, Stadtbaurätin Monika Thomas sowie IZS-Mitarbeiterin Steffi Crain, die die Organisation vor Ort übernahm und für einen reibungslosen Ablauf der Tagung sorgte. Danken möchten wir auch den Referent/innen für ihre Vorträge auf der Tagung sowie den Kommentatoren, die im Band nicht vertreten sind. Dazu gehört auch der keynote-Vortrag von Albert Speer, der faszinierende Einblicke in die Planung chinesischer Autostädte wie Anting und Changchun gab. Weiter möchten wir dem Regisseur Hartmut Bitomsky danken, der einer Vorführung seines Films „Der VW-Komplex" zustimmte und persönlich nach Wolfsburg gekommen ist, um sich im Anschluss daran den Fragen des Publikums zu stellen.

Julius von Ingelheim (Sprecher des Vorstands der Wolfsburg AG), Stadtbaurätin Monika Thomas, Kurt Röder (Bereichsleiter Wirtschaftsförderung und Stadtentwicklung Rüsselsheim) sowie der Detroiter Journalist John Gallagher diskutierten auf einer Podiumsdiskussion über die Gegenwart und Zukunft von Autostädten.

Schließlich danken wir ganz herzlich Hans-Joachim Braun und Markus Montz, die während der Tagung eine hervorragende Übersetzung für die englischsprachigen Teilnehmer/innen leisteten. Besonderer Dank geht an Roland Beilner, der die Übersetzung des Textes von Jean-Louis Loubet aus dem Französischen korrigiert und kritisch gelesen hat.

Den Herausgeber/innn der Reihe der Gesellschaft für Stadtgeschichte und Urbanisierungsforschung danken wir für die Aufnahme in die Reihe sowie für konstruktive Gutachten. Schließlich möchten wir uns bei Sara Ziaabadi für die Unterstützung bei der Erstellung des Bandes bedanken.

BEITRÄGE ZUR STADTGESCHICHTE UND URBANISIERUNGSFORSCHUNG

Herausgegeben von Christoph Bernhardt (geschäftsführend), Harald Bodenschatz, Christine Hannemann, Tilman Harlander, Wolfgang Kaschuba, Ruth-E. Mohrmann, Heinz Reif, Adelheid von Saldern, Dieter Schott und Clemens Zimmermann.

Franz Steiner Verlag   ISSN 1612–5746